メンタルヘルス不調のある親への育児支援

保健福祉専門職の支援技術と当事者・家族の語りに学ぶ

蔭山正子

明石書店

はじめに

　今から3年前、「メンタルヘルスが気になる親への保健師による育児支援——精神保健相談の経験を活かしたヒント」（三菱財団研究助成）を全国の市区町村に配布した。すると「バイブルのようだ」「皆で輪読している」など現場から大きな反響があった。その反響の大きさは、メンタルヘルス不調のある親への育児支援に苦慮している支援者の姿を反映するものだった。

　本書は、メンタルヘルス不調にある親への育児支援に関する支援技術を紹介する書である。熟練の福祉職や保健師に行ったインタビュー調査をもとに、彼らの成功例だけでなく、失敗例も紹介しながら、経験で培われた支援技術を説明する書だ。また、メンタルヘルス不調がいかに育児に関係するのかといった知識や、支援の受け手となる当事者の体験談も紹介している。

　我が国の児童虐待対策は、うまくいっていない。多くの支援者が感じていることだ。矢継ぎ早に打ち出される児童虐待防止対策によって、形式化された業務が増えた。優先順位が見えにくくなり、じっくりと事例に関わることも難しい。児童虐待の状況は好転するどころか更に悪化し、出口を見失っているというのが現状であろう。

　児童虐待とは、現象であり、原因ではない。原因は複雑であり特定することが難しい。しかし、原因にアプローチできなければ、現象の改善は難しくなる。単一の原因ではないが、複雑な背景の一つに、親のメンタルヘルス不調がある。児童相談所や児童福祉施設で扱う児童虐待事例のうち、2分の1〜3分の1に親の精神障がい（メンタルヘルス問題）があると言われている[1]。精神科で治療を受けている人は年々増加している。抗精神病薬の発展、リハビリテーションの普及などによって精神疾患を患っていても地域で生活でき

---

1) 松宮透高，井上信次「児童虐待と親のメンタルヘルス問題——児童福祉施設への量的調査にみるその実態と支援課題」『厚生の指標』57 (10), 6-12, 2010.

るようになった今、人と恋に落ち、結婚し、親となる人は更に増える。欧米では、精神疾患があっても、精神疾患のない人と同程度に親になっている。近い将来我が国も同じような状況になると予想でき、メンタルヘルス不調の親に対応できるだけの支援技術が必要になる。メンタルヘルス不調の親を支援する際、疾患特性や障がい特性を踏まえた対応が必要になる。しかし、日本では、精神疾患や精神障がいがあった場合、育児にどのような影響が出るのかを示した書がほとんどない。本書は、疾患特性や障がい特性を踏まえた育児支援をする上で必要な知識を、事例を使って解説する。

　地域におけるメンタルヘルス不調の親への支援技術は、未確立であると言ってよい。なぜなら我が国では、母子保健業務は保健所から市町村に移管されて、市町村保健師に定着している一方で、精神保健業務は市町村保健師に定着しているとは言えないからである。精神保健業務は都道府県の保健所が長年担ってきた。近年、精神福祉業務は市町村の障がい部門に移管し、保健センター保健師が精神保健相談の経験をもつことは多くはない。つまり、メンタルヘルス不調のある親への育児支援は、母子保健と精神保健の両方の支援技術が融合されて初めて確立されたものになると考えられるが、対応する人が違うために支援技術を融合する機会が限られてしまい、未確立となっていると考える。

　私が今回のインタビューを通して支援者に感心したことの一つが、支援の成否を子どもの自立まで見届けて判断していたことだった。専門職として自らに厳しく、強い責任感をもって対応されていた。本書は、熟達者の支援技術を解説する書ではあるが、この支援が本当に最善なのかを考えるために、支援の受け手の体験談も入れた。熟達者の所属自治体とは異なる地域で支援を受けた方たちではあるが、今後の支援のあり方に多くの示唆を与えてくれる内容である。

　読者の皆様には、本書を通して支援技術や支援者への宿題を学んでいただきたい。本書がメンタルヘルス不調のある親に対応する職員の支援に役立つものとなり、ひいては、メンタルヘルス不調のある親とその配偶者、および、育てられる子どもの生活と人生が豊かなものになることを願う。

蔭山正子

目次

はじめに 3
　　用語の定義 11 ／ 手記の引用文献 11
　　精神障がい者の育児支援に関する研究　概要 12

序章　支援者が目指すゴール ... 15

　　1）子どもの成長と自立 16 ／ 2）親の自立 18 ／ 3）親子に適した家族のあり方 18 ／ 4）最低限の安心と安全が守られた生活 19 ／ 5）困った時にSOSが出せる 19 ／ 6）関係機関が連携した支援 20

第1章　疾患特性と障がい特性の育児への影響 ... 23

第1節　疾患特性と障がい特性 23

1. メンタルヘルス不調・精神疾患・精神障がい 23
2. 疾患特性と障がい特性 26
3. 主要な精神疾患 29
　　1）アディクション 29 ／ 2）統合失調症 33 ／ 3）気分障害 34 ／ 4）解離性障害 35 ／ 5）産褥精神病 36
4. 支援特性 36
　　1）母子領域と精神領域の違い 37 ／ 2）児童福祉領域と精神保健医療福祉領域の会議体 40 ／ 3）長期的支援 44

第2節　育児への影響 46

1. 愛着（アタッチメント）形成 46
　　1）乳児期 49 ／ 2）幼児期以降 53 ／ 3）成人した子どもの体験から 55 ／ 4）親自身の不安定な愛着状態と世代間連鎖 59
2. 安全な生育環境 65
3. 育児手技と状況判断 68
4. 基本的生活 69
5. しつけ 73
6. 社会性 74
7. ヤング・ケアラー 76

第2章　メンタルヘルス不調のある親への育児支援の方法　79

第1節　危機介入　79

1. 自殺・心中の恐れがある親への対応　81
2. 深刻な暴力の恐れがある親への対応　84

第2節　相談関係構築が難しい人への支援　85

1. 相談関係構築が難しい親の特徴　85
   1）操作的にコントロールする人　86 ／ 2）不安の強く固い・自己肯定感が低い人　90 ／ 3）コミュニケーション能力に障がいが疑われる人　92
2. 相談関係構築が難しい人との関係構築　93
   1）相談関係構築が難しい人への初期対応　93 ／ 2）相談関係構築が難しい人との会話　100 ／ 3）周辺や子どもから糸口を探す　103 ／ 4）人として親を理解する〈積極的傾聴〉 105 ／ 5）日頃から継続的に関わる　111

コラム＊二重の共感　94 ／ コラム＊相談に枠をつくる　99

---

3. 相談関係を通して親の生きていく力を伸ばす　112
   1）人に相談できる、SOSを出せる　112 ／ 2）対処力を伸ばす　115 ／ 3）関係性を修復する力をつける　117 ／ 4）親の目標達成を手助けする　118 ／ 5）親の自立を支援する　120

第3節　子どもと家族全体の支援　120

1. 配偶者や実家と連携した支援　121
   1）誰がキーパーソンかをアセスメントする　121 ／ 2）キーパーソンと連携しつつ、支援する　122
2. 子どもの成長を促す支援　124
   1）保育園や学校に子どもが行けるようにする　124 ／ 2）親以外が子どもに関わる機会を増やす　127
3. 親子関係への支援　129

第4節　障がいの影響で育児・家事に支障をきたす人への支援　130

1. 親が育児を担えるように手助けする　131
   1）一つひとつ、その都度育児手技を説明する　131 ／ 2）イライラや不安の高まりを軽減する　131 ／ 3）担える親役割を増やす　132

2．育児や家事をサービス等で調整する　134
　　　　1）育児と家事を補完するサービスを最大限活用する　134／2）訪問支援導入の難しさ　135

第5節　疾患の影響で育児に支障をきたす人への支援　137

　　1．疾患を自ら見立てる　137
　　2．病状悪化を防ぐ　144
　　3．治療につなぐ　146
　　　　1）受診や入院の必要性を判断する　146／2）本人の受診の受け入れを探る　147／3）家族が理解できるように説明する　148／4）精神科の外来や病院のことを具体的に伝え、不安を和らげる　148／5）受診先を一緒に決める　149／6）本人の不安になっていることを取り除く　149／7）丁寧につなぐ　150／8）タイムリーにつなぐ　151
　　4．医療機関と連携して支援する　153
　　　　1）病院連絡や医師連絡をする必要性を判断する　153／2）本人や家族に病院や医師に連絡をとることの了解を得る　153／3）医師連絡の際に、支援者の意図を伝える　153／4）各病院や診療所の医師連絡の取り方にあわせた方法をとる　155／5）必要時、受診に同行して診察に立ち合う　155／6）日頃から病院や医師に連絡しやすい体制を築いておく　155

第6節　親子一緒に暮らすことが難しい家庭への支援　156

　　1．その家庭に適した家族のあり方を考える　158
　　2．親子別に暮らす方法を選択する　159
　　3．一度離れた親子が再び一緒に暮らせるよう準備する　165

第7節　関係機関で連携した支援　167

　　1．効果的な関係機関連携　167
　　2．個別事例に関する関係機関の会議　170
　　　　1）幅広い情報を集約し、多角的なアセスメントを可能にする　170／2）支援方針の共有　170／3）役割分担　171／4）一貫した対応をとる　172／5）支援に行き詰った時に支援方針・方法を修正する　173
　　3．関わる機関と人が多いことのメリット・デメリット　176
　　　　1）メリット　176／2）デメリット　177
　　4．効果的な関係機関連携を進める上での課題　177
　　　　1）マネジメント機能　177／2）支援者が自由に話せる場の保障　178／3）日頃からの関係機関のネットワーク構築　179

第 8 節　妊娠期からの支援　179
 1．疾病性と事例性を把握してアセスメントを行う　180
 2．産科医療機関を探してつなげ、継続的に支援する　180
 3．妊娠中の相談に対応する　181
 4．妊娠中から産後を見据えた支援体制を整える　181
 5．長期的な課題を予測して関わる　183

第 9 節　職場内の体制　184
 1．職員を支援する体制　185
  1）職員の対応を責めない職場　185　／　2）皆で支援方針を考えられる職場　186　／　3）職員の失敗や弱さを安心して出せる職場　186
 2．職場の安全管理　187
  1）自分の身体を守る　187　／　2）自分の立場を守る　188　／　3）組織として一貫した対応をとる　188

第3章　育児にまつわる体験談　189

第 1 節　子どもの体験　189

 1．三島みゆき　46 歳　189

  私（子）：対人援助職、既婚、子ども 4 人
  親：母が統合失調症を 33 歳で発症、他界

 2．安曇野直子 43 歳　197

  私（子）：ひとりっ子。自身も統合失調症を発症。結婚、障がい者雇用にて就労。
  親：統合失調症を患う父とうつ病を患う母。すでに他界

第 2 節　配偶者の体験　206

 1．駒田桂介　38 歳　206

  私（夫）：団体職員、医療・福祉系の大学卒業
  妻：専業主婦、双極性障害にて通院中
  子：小学生。0 歳から保育園、現在は学童保育に通う

2．桜野はな子　46歳　212

> 私（妻）：主婦、パート職員
> 夫：会社員、双極性障害にて通院中
> 子：長女（高校生）、二女（中学生）、三女（小学生）、長男（認定こども園）の4人きょうだい

第3節　親の体験　221

1．木下麻美　34歳　221

> 私（母）：境界性パーソナリティ障害を患う
> 就労支援員（ピアスタッフ）
> 家族：夫（精神疾患既往無し）と三人の子どもと暮らす

2．平野由佳　38歳　228

> 私（母）：双極性障害、PTSD、解離症状を患う
> 精神疾患のある親に育てられた経験をもつ
> 家族：自閉症スペクトラムのある夫、3人の子どもと暮らす

終章　これから必要な育児支援　239

1．虐待予防から育児支援（積極的支援）への転換　239
　　1）虐待の視点で親を支援しない－同じ行為で異なる意味合い　239　／　2）「親としての当事者」を支援する－リカバリーを支える　241　／　3）親になる選択と準備を支援する　244
2．支援の対象者を広げる　245
　　1）メンタルヘルス不調のある父親への支援　245　／　2）配偶者支援　245　／　3）成人した子どもの立場の方への支援　249　／　4）祖父母との協働　250
3．支援者の態度を変える　251
4．メンタルヘルスに関する知識と対応力の向上　253
5．家族丸ごとの支援の展開　254
6．子どもの支援　257

7．親・配偶者・子・成人した子のピアサポート　258
　　　1）メンタルヘルス不調のある親と子のピアサポート　259 ／ 2）配偶者・パートナーと子どものピアサポート　260 ／ 3）成人した子どものピアサポート　261
8．地域住民の理解と協力を得る　262

あとがき　265

用語の定義

▶**メンタルヘルス不調**：精神および行動の障害に分類される精神障害や自殺のみならず、ストレスや強い悩み、不安など、労働者の心身の健康、社会生活および生活の質に影響を与える可能性のある精神的および行動上の問題を幅広く含むもの（厚生労働省「労働者の心の健康の保持増進のための指針」改正、2015）。本書では、メンタルヘルス不調を精神障がいや精神疾患の他に、精神疾患で治療してもよい程度に精神的に不健康な状態を指すというように操作的に定義して用いる。
▶**精神疾患**：平均や価値の基準から偏った精神状態のために、著しい苦痛や機能障害をもたらし得る多様な症状群を包括する上位概念（北村秀明、精神疾患、脳科学辞典、2013、https://doi.org/10.14931/bsd.3507）
▶**精神障がい者**：障害及び社会的障壁により継続的に日常生活又は社会生活に相当な制限を受ける状態にあるもの（障害者基本法）

◉**本人、当事者、精神障がい当事者**：メンタルヘルス不調のある人

免責事項：本書に従って支援してトラブル等が生じても責任は負いません。

手記の引用文献（本文中 📖 箇所）

［Book1］横山恵子、蔭山正子編著『精神障がいのある親に育てられた子どもの語り——困難の理解とリカバリーへの支援』明石書店、2017 年 12 月

［Book2］YPS 横浜ピアスタッフ協会、蔭山正子編著『当事者が語る精神障がいとリカバリー——続・精神障がい者の家族への暴力という SOS』明石書店、2018 年 5 月

［Book3］蔭山正子、嶋津多恵子、田口敦子、永田智子、井野祐美子、上野昌江、岡田久実子、岡田清華、岡本理恵、代田由美、種本香、津田多佳子、長瀬宏子、西野入智子、早川彰子、原田小夜、松本恵子、三宅直美、三橋美和、森松薫「メンタルヘルスが気になる親への保健師による育児支援——精神保健相談の経験を活かしたヒント」平成 25 年度三菱財団社会福祉事業・研究助成「熟練保健所保健師の児童虐待対応に活かす精神保健相談技術の明確化」研究成果物、2015 年 3 月（冊子、全国市町村保健センターに配布、在庫無し）

精神障がい者の育児支援に関する研究　概要

- **研究体制**：蔭山正子（研究代表者、大阪大学大学院公衆衛生看護学）、横山恵子（共同研究者、埼玉県立大学看護学科）
- **倫理的配慮**：大阪大学医学部付属病院の倫理審査委員会の承認を得た。（承認番号16283）
- **研究費**：本研究はJSPS科研費 JP16K12330の助成を受けた。

研究1．支援者へのインタビュー

- **目的**：精神障がい者への育児支援に関する児童福祉領域のワーカー及び母子保健領域の保健師による支援技術を明らかにすること。
- **研究協力者**：機縁法により自治体に連絡し、基準に該当し、関心を示した者に依頼した。精神障がい者の育児支援を10年以上経験し、インタビュー時点で児童福祉領域に勤務しているワーカー8名と母子保健領域に勤務している保健師7名の協力を得た。
- **調査方法**：一人1-2時間の個別インタビューとし、インタビューガイドを用いて半構成的インタビューを行った。支援がうまくいったと判断した事例2例と支援がうまくいかなかったと判断した事例2例をあげ事例ごとに以下を質問した：①事例概要、②うまくいった（うまくいかなかった）と判断した理由、③支援経過と具体的な支援内容（アセスメントや行動を含む）。
- **結果1**：児童福祉領域

　ワーカー8名は、平均50.8（範囲：42-60）歳だった。3名が母子生活支援施設、2名が児童相談所、3名が自治体児童福祉対応部署で勤務していた。32事例のうち、30事例が精神疾患の母親、1事例が父親、1事例は両親だった。事例の診断名では、アディクションとパーソナリティ障害が最も多く、続いて統合失調症、気分障害だった（表1）。

表1．児童福祉部署ワーカーが語った事例の疾患

診断名（6事例が重複診断）	うまくいったと判断	うまくいかなかったと判断	合計
統合失調症	4	4	8
気分障害	2	3	5
アディクション、パーソナリティ障害	8	10	18
不安障害	1	0	1
適応障害	1	1	2
その他	2	2	4
合計	18	20	38

結果2：母子保健領域

保健師7名は、平均44（範囲：35-55）歳だった。28事例のうち、20事例が精神疾患の母親、8事例は両親だった。事例の診断名では、気分障害、統合失調症、アディクション、パーソナリティ障害が多かった（表2）。

表2．母子保健部署保健師が語った事例の疾患

診断名（8事例が重複診断）	うまくいったと判断	うまくいかなかったと判断	合計
統合失調症	6	4	10
気分障害	8	5	13
アディクション、パーソナリティ障害	2	7	9
適応障害	0	2	2
パニック障害	1	0	1
解離性障害	0	1	1
合計	17	19	36

●研究論文

Kageyama, M., Yokoyama, K. "Social Workers' Support Skills for Parents with Mental Disorders: A Qualitative Descriptive Study in Child-Welffare Social Workers." *The Open Public Health Journal*, 11, 309-318, 2018.

kageyama, M., Yokoyama, K. "Childrearing Support Skills Provided by Public Health Nurses to People with Mental Illness: Qualitative Descriptive Study." *The Open Nursing Journal*, 12, 162-170, 2018.

研究2．精神障がいのある親に育てられた子へのインタビュー

- ❖**目的**：精神障がいのある親に育てられた子の生活上の困難を明らかにすること。
- ❖**研究協力者**：精神疾患を患う親を持つ子どもの立場（成人）を対象とした。子どもの立場の人が集まる場が限られているため、機縁法にて「精神障害を持つ親に育てられた方のための家族による家族学習会」参加者・担当者に研究協力を依頼した。男性2名、女性4名の計6名、年齢は20代3名、30代1名、40代1名、50代1名だった。親が発症した時の研究協力者の年齢は、2－3歳が3名、7歳が2名、14歳が1名で、親の疾患名は、統合失調症が4名、気分障害が3名（うち1名は統合失調症と重複）、不安障害・パーソナリティー障害1名（気分障害と重複）だった。
- ❖**調査方法**：グループインタビューを2時間実施した。インタビュー内容は、「子どもの頃の日常生活に関して他の家との違いに気づいた瞬間」「違いに気づいた時の子どもの頃の気持ち・対処方法」「子どもの頃に受けた支援・あればよかったと思う支援」などである。許可を得て録音し逐語録を作成した。

●研究論文
羽尾和紗,蔭山正子「精神疾患を患う母親をもつ子どもの生活体験と病気の気づき」『日本公衆衛生看護学会誌』8(3), 126-134, 2019.

序章
支援者が目指すゴール

　今から3年前、精神障がい者の育児に関する分科会を開催した時、初対面だった一人の精神障がい当事者が話したことが忘れられない。出産後保健師が訪問に来た。二回目に訪問に来た時には児童相談所の人も一緒にいて、赤ちゃんを預かってもらったほうがよいと説得されて渡した。その後、児童養護施設でもなかなか会わせてもらえず、中学生になった最近は、子どもに面会しているが、すでに関係を築くことが難しいと話された。私には、安定している比較的しっかりした母親に見えた。今は訪問看護のサービスも受けている。その話を聴いた後、同じ保健師である私は、深い悲しみの中にいるであろう彼女を前に、かける言葉を見つけることができなかった。彼女にとって保健師はどう映ったのだろうか、施設入所後なぜ再統合が進まなかったのか、自分でも同じことをしていたかもしれない、いろいろと考えを巡らせた。一時保護をしたことで子どもの安全は守られたことは確かだろう。児童虐待を予防できた。しかし、それを支援のゴールにしていいわけがない。

　支援者は何をゴールに据えてメンタルヘルス不調にある親への支援をしているのだろうか。インタビューでは、支援者が支援がうまくいった、あるいは、支援がうまくいかなかったと判断する基準を把握した。その判断基準や根拠から、支援者が何をゴールに支援していたかを検討した。
　本書は、インタビューや体験談を引用しながら解説をしている。以下の引用文は、事例について育児支援をする支援者とメンタルヘルス不調のある親に育てられた子どもの立場の人が語った内容（💬箇所）あるいは体験を書いた内容（📖箇所）である。[　]には識別番号、必要時に支援者の所属機関、

子からみた続柄、親の疾患名（疑いを含む）を記載している。識別番号の英文字は、SW: 福祉職、PHN: 保健師、C: 子どもである。今回のインタビューの他、文献や本書の体験談を引用したものも含まれている。事例の疾患名等については、支援者や筆者による判断であり、正確な判断とは言えないことをお断りさせていただく。また、事例や場所が特定されることを避けるために、内容に支障がない範囲で実際の事例から変えている。読みやすさを重視し、意味が変わらない程度に口語を整えた。

1）子どもの成長と自立

児童福祉領域でも母子保健領域でも最終的なゴールは、子どもの成長や自立であり、それを目指して支援を行い、子どもの姿を把握することで自身の支援が適切だったかどうかを評価していた。

💬 子どもがのびのび、いきいきしている

（母子生活支援施設に来られた時）「どのようになりたいですか」と施設長が聞いた時に、お母さんの第一声が「人間になりたい」と。翌日お子さんに、「どうだった」と訊いたら、「お布団で寝れた」と言いまして。お子さんはお母さんに、「学校に行きたい」「普通にしたい」と言っていたそうです。

手順を踏んで、結局お子さんは児童養護施設に入りましたが、毎日登校しています。運動会の応援団にも入って、勉強も頑張っているらしく、すごくのびのび、いきいきしているという報告を最近受けました。やはりそれはそれで良かったのかなと思います。[SW26、母子生活支援施設、母、不安障害]

💬 子どもが学校を楽しみにして通っている

学校には毎日通えているわけではなく、休む日もあります。家が好きな子なので、理由を付けて、学校に行きたくないと言っていました。しかし、最近は学校が楽しいと言うようになりました。サッカーなどの運動をするのが楽しいと言っていたと、学校の先生から聞きました。学校で楽しみが出てくると、学校に行きたいという気持ちが上向いてきます。学校に行け

るようになってくれば、子どもは全然変わってくるでしょう。子どもが変わると、母子関係も悪化せずに済むと思います。［PHN21、母、双極性障害］

　母子保健領域の保健師は、就学前までの児童とその親を中心に支援するが、児童福祉領域の職員は、18歳までの長期にわたって親子を支援していた。母子生活支援施設の支援者は施設を退所した後も継続的に支援をしたり、気にかけていた。また、児童相談所等では、子どもが自立する頃まで見届けて、自らの支援を評価していた。

退所後も支援、子どもが普通に育っている
　（精神障害者保健福祉）手帳を更新せずに、働いて就労要件でお子さんを保育園に預けているので、今は生活保護を受給していないと思います。施設に比較的近いところに退所したので、節目があると来てくれたり、退所後の支援ということで中学生になっても「夏休みの宿題を教えてくれ」と来ています。お子さんの成長を確認していると、いちばん普通に育ってると思います。かろうじて支援がうまくいったと言えると思います。［SW29、母子生活支援施設、母、神経症］

子どもの就職、自立
　私は子どもが18歳になるまで毎月2回ずつ母親と子どもそれぞれと面接を続けました。高校を卒業して大学受験せずに、もう働きたいということで就職希望になり、見事、割と大企業に合格できました。彼女は、しっかりと資金を貯めたいとおばあちゃんの家にしばらく住んで、それから自立する予定のようです。アルバイトで60万円ぐらいは貯めていますし、今後何とか子どもは自立していけるかなという感触を持っているので、（支援が）成功したと言っていいかと思っています。［SW19、児童相談所、母、うつ病］

　一方で、「子どもが、ああ捨てられちゃったかもと思うようなことがきっと、あったんだろうなと思うんですね。」［SW20］、「施設で育った三男は、

継母さんが言うには、誰にでもベタベタする。やはり気持ちがしっくりいかないところがあります。」[SW21] など、子どもらしく居られない状況はうまくいっていない状況として語られた。

2）親の自立
　支援者は、子どもの生活基盤を支えられるように親が自立することも支援がうまくいっている状況として考えていた。

💬 母の経済的自立
お母さん自身も仕事を継続していて、いろいろ不満は言いながらも一つの所でパートを続けて、社会ともつながりながら、何とかお母さんになれているので、まあまあ支援がうまくいったと言っていいと思います。[SW8、母、パーソナリティ障害疑い]

3）親子に適した家族のあり方
　支援者は、親子が一緒に生活できることを目指して支援を行っていた。しかし、親子によっては親子が一緒に生活することが、好ましい家族のあり方ではなかった。その親子に適した家族のあり方に至った場合に、支援者は、うまく支援ができていると判断していた。

💬 地域で親子で生活できている
産婦人科の先生は、産んでも育てられないだろうという判断をされて、特定妊婦として連絡が入りました。虐待を管轄している別の課と、児童相談所も入り、出産に向けて関わり始めたケースです。ご両親ともに精神科に定期的に受診されて、内服も処方通りにされています。うまくいったと判断した理由は、今現在お子さんは保育園に通っているのですが、いろいろありながらもそれなりに地域で生活できているというところで判断しました。[PHN12、父が双極性障害、母が統合失調症]

💬 適度な距離感を保ち安定した親子関係

　結局、その子と母親は一緒に暮らさないという選択をしました。子どもが親と一緒に暮らせるようになれば、それがゴールだということではないと思います。家族が適度な距離感を保ちながら、お互いの生活のペースを崩さずに、やれるということが、一番大切ではないでしょうか。それができるように、家族の中で、お互いの関わり方がわかり、距離をつかめるようになっていくことが大切だと思います。［SW3、母、適応障害など］

4）最低限の安心と安全が守られた生活

　支援者は、子どもの健全な成長をゴールとしながらも、短期的なゴールとしては、いろいろな課題を抱えていても最低限の安心と安全が守られた生活を送れていれば、支援がうまくいったと判断していた。

💬 問題はありながらも解決しながら過ごせている

　お母さんが育児をしていたのですが、いろんなことが十分にできない。例えば身の回りの洋服を綺麗にするとか、季節にあったものを着せるとか、清潔を保つとか、食事も与えているけども栄養のバランス云々までは行き届かないとか、そういう状況ではあったんですけれども。そういういろいろな課題はあるのですが、ちゃんと保育園に上の子を行かせ、問題もその都度解決しながら過ごせているので、なんとかやれたと判断しました。
［PHN5、母、統合失調症］

5）困った時にSOSが出せる

　親子の安全な生活を守るために、短期的なゴールとして、親が困った時にSOSが出せるような、親との関係性が築けている時に、支援者は支援がうまくいったと判断していた。

💬 自殺企図や虐待を踏みとどまらせる

　お子さんは衝動性が高く発達障害がありますが、知的に高くて才能あふれる素晴らしい子で、お母さんも、お子さんへの愛情が深く、お子さんのた

序章　支援者が目指すゴール　19

めに良い育児をしようと頑張る立派な方です。お母さんは、生育歴から自己評価が低く、良い育児をしたいという思いがある一方で、思い通りにならなかった時にお子さんを強く叱責したい、死にたくなったりする方でした。そういった難しさを抱えている方ですが、私とお母さんとの関係が構築できていると思っています。なぜかというと、本当にもうここで死んでしまいたいとか、もう無理という時に連絡をくださるんです。自殺企図の状況や、お子さんに重度の虐待をするかもしれないという時にSOSを出してくださるので、そこを踏みとどまらせることができています。そのため、支援がうまくいったと判断しています。[PHN20、母、うつ病]

6）関係機関が連携した支援

支援者は、親子の生活や安全を守るために、関係機関が連携して支援ができている時に支援がうまくいったと判断していた。

💬 連携してタイムリーに医療につなげた

支援がうまくいったと判断した理由は、なかなか治療につながらないお母さんではありましたが、当初から、保健師や精神保健担当のワーカーと連絡を取り合いながら、状況の把握をしてきていて、お母さんが本当に治療が必要な状態になった時に、タイムリーに、措置入院につなげてもらえたということが大きかったと思います。[SW25、母、統合失調症]

母子保健領域と児童福祉領域の支援者は、子どもの成長や自立を最終的なゴールに据えて支援を行っていた。特に児童福祉領域では、子どもが高校を卒業して社会人になったり、大学に入学したり、それぞれが自立した人生を歩めるような準備ができているかというところまで確認して初めて自らの支援がうまくいっていたかを判断しており、長期的な視点で捉えていた。それは大人になる子どもの姿を直視し、プロセスではなく、結果でもって自分の支援を評価しようとする専門職として責任感のある厳しい姿勢だった。

支援者は、子どもが成長する環境として、親の自立を目指したり、親子に適した家族のあり方を支援していた。短期的には、最低限の安心と安全が守

られた生活を送れること、困った時に SOS が出せること、関係機関が連携した支援ができていることをゴールとしており、これらが出来ている状態の時に支援がうまくいっていると判断していた。

　母子保健領域と児童福祉領域の支援者は、子どもを中心に支援を展開しているため、親の存在を、子どもが健全な成長をするための環境としての存在と捉えていることが多かった。親自身がどのように成長していったかを見届ける言葉はあまり聞かれなかった。近年、健康課題の複雑化・多様化により制度やシステムも複雑化し、各領域に特化した業務体系をとる自治体が多い。昔は、地域に住むすべての住民、子どもから高齢者、障がい者全てを一人の保健師が担当して住民の健康を支援していた。その頃は、親の成長を意識した支援が行われていた。

📖 ひとりの女性としての成長を支える

　女性として結婚という精神的に非常に揺れる時期に差しかかり、多くの困難が予測された。生活における問題を一つひとつ共に乗り越えることで、それまでの歪んだ家族関係のなかで母性を育てるモデルに出会わず、自我の発達も未熟であった本人が妻として母として成長していった。保健婦が身近な援助者として、結婚から育児までの一連の流れのなかで、予測をもちながら集中的な関わりや、次に結びつける働きかけを行った。［引用[1]、母、統合失調症、1988 年］

　支援のゴールは、支援者が所属する機関が関わる期間やミッションなどによって差異があるが、子どもの成長や自立を最終的なゴールとして、長期的と短期的に子どもの状態をアセスメントし、自らの支援を評価していた。今後は、子どもの成長のための親支援に留まらず、親が親として成長できるようになるための親支援にも目を向けて支援が展開されることが必要ではないかと考えられた。

---

1)　蔭山正子，田口敦子「精神障がいをもつ母親への保健師による育児支援技術——病状と育児のバランスを図る」『日本地域看護学会誌』，16（2），47-54, 2013.

第1章
疾患特性と障がい特性の育児への影響

＊第1章では、メンタルヘルス不調のある親には、どのような特性があるのか、そして、その特性が育児にどのような影響を与え得るのかということを述べる。

第1節　疾患特性と障がい特性

1．メンタルヘルス不調・精神疾患・精神障がい

　メンタルヘルス不調とは、「精神および行動の障害に分類される精神障害や自殺のみならず、ストレスや強い悩み、不安など、労働者の心身の健康、社会生活および生活の質に影響を与える可能性のある精神的および行動上の問題を幅広く含むもの」[1]と定義されている。つまり、精神疾患だけでなく、精神的に不健康な状態を包含している。精神疾患は、一時的なものも含まれるが、精神障がいになると一般的には比較的長期間にわたって障がいが認められる状態を指す。

　精神疾患は、治療につながりにくい。本来治療が必要な人の4分の1しか受診していないという疫学調査の結果がある（疾患はうつ病と不安障害に限定

---

1)　厚生労働省「労働者の心の健康の保持増進のための指針改正」2015.

されている)[2]。また、日本では精神疾患の生涯罹患率は約４分の１、米国では約２分の１にのぼる[3]。つまり、受診していないが精神的に不健康な人の中には、精神疾患に該当する人が多く含まれており、特に米国の基準ではかなりの割合で精神疾患に該当すると推察できる。近年、子ども虐待予防の対策が進み、母子保健の妊婦面接や新生児・乳児訪問において、基本的に全数に精神状態のスクリーニングを行っている自治体が多い。そのスクリーニングがこれまで精神科を受診したことのない方の掘り起こしになっている。現場では、メンタルヘルス不調の親が増えていると聞くが、あえて掘り起こしているため、そういう方の存在に気づくようになったという側面もあると考えられる。

　本書では、メンタルヘルス不調を精神障がいや精神疾患の他に、精神疾患で治療してもよい程度に精神的に不健康な状態を指すというように操作的に定義して用いることとする。そのため社会生活や家庭生活を送ることはできているが、精神的に不健康である人も含む。本書では、基本的には、精神疾患や精神障がいという枠組みで対象を理解し、対応を述べる。

　精神疾患とは、「平均や価値の基準から偏った精神状態のために、著しい苦痛や機能障害をもたらし得る多様な症状群を包括する上位概念」[4]とされる。診断名をつける際によく用いられているのは、DSM（Diagnostic and Statistical Manual of Mental Disorders）という精神疾患の診断・統計マニュアル（米国精神医学会）とICD（International Statistical Classification of Diseases and Related Health Problems）という疾病、傷害及び死因の統計分類（世界保健機関）である。診断する際はこの基準を使うことが標準的であるが、保健や福祉の領域で働く支援者にとっては少々複雑である。

　従来、精神疾患は、①内因性、②心因性、③外因性に分けて説明されることが多かった[5]。①内因性の精神疾患とは、原因不明で、基本的に薬物治療

---

2)　川上憲人他「こころの健康についての疫学調査に関する研究」2006.
3)　Kessler, R. C., Andrews, G., Colpe, L. J., Hiripi, E., Mroczek, D. K., Normand, S. L. T., … Zaslavsky, A. M.（2002）. Short screening scales to monitor population prevalences and trends in non-specific psychological distress. Psychological Medicine, 32（6）, 959–976. http://doi.org/10.1017/S0033291702006074
4)　北村秀明「精神疾患」『脳科学辞典』2013, https://doi.org/10.14931/bsd.3507
5)　4)と同じ

が有効な疾患であり、統合失調症や気分障害（うつ病や双極性障害など）などである。②心因性の精神疾患とは、性格や環境などの心理的要因で発症するとされ、カウンセリングなどが有効とされる疾患であり、不安障害やパーソナリティ障害などを指す。③外因性の精神疾患は、脳への直接的・生理的影響から発症するもので、アルコールや薬物の物質依存などが含まれる。研究が進むにつれて、パニック障害や強迫性障害など従来心因性とされていた疾患にも内因性の側面があることなどがわかり、明確に分類できなくなってきたため、この古典的な分類は使われなくなってきた。しかし、大まかに精神疾患を理解するには有用な分類だと思う。

　精神障がいの「障害」（disorder）という言葉は、精神疾患の診断名にも「気分障害」というように使われている。DSMでは、確かな原因や病態が不明で、主要な症状やその歴史、時に検査所見などで包括される症状群的な特徴を有するカテゴリーとして、疾患単位とは区別している[6]。一方、障害者基本法では障害者を「障害及び社会的障壁により継続的に日常生活又は社会生活に相当な制限を受ける状態にあるもの」と定義している。精神障害者保健福祉手帳は、何らかの精神疾患により、長期にわたり日常生活又は社会生活への制約がある方を交付対象としている。このように制度上は日常生活や社会生活に継続的に制限のある人のことを言う。一般的には後者の見方をすると考えられる。

　まとめると、日常生活や社会生活で制約が多く、それが長期にわたるのが「精神障がい」、制約が少なかったり短期も含むと「精神疾患」に広がり、さらに、治療を受けていないが受けても良い程度の精神的不健康な状態の人を含めたのが「メンタルヘルス不調」という理解になる。

　母子保健領域や児童福祉領域の実践者の話を聞くと、精神障がいや精神疾患をかなり限定的に捉えているように思う。人を疾患名で見ることは先入観につながるため私も賛成しない。また、精神疾患は、疾患か、疾患でないかの境目が曖昧で、疾患名もよく変わる。つかみどころがないのが精神疾患であるということも特徴である。それは承知しても、もう少し幅広く精神疾患

6）　4）と同じ

を捉える必要がある。そうでなければ、単なる性格の問題として対処されてしまう。それは、対象者に辛い想いをさせることになるだろう。

２．疾患特性と障がい特性

　精神障がいのある人が、障がい者であることは今や当然である。しかし、精神障がいが障がい者の仲間入りをしたのは、実質的には障害者自立支援法ができた平成14年である。それは福祉サービスが他障がいに比べて大きく遅れをとっていた精神障がい者の支援拡大を願う家族会にとっては長年の望みだった。望みが叶うと、福祉サービスが都道府県から市町村に移管され、多くの市町村では、これまで知的障がいや身体障がいを担当していた、市町村障がい担当課が制度の窓口になった。以前は、精神障がいに関しては他の障がいとは異なり保健所が担当していた。このような歴史があるのはなぜだろうか。それは、精神障がいの特性にある。精神障がいが他障がいと決定的に違うのは、障がいと疾病を併せ持つということだ。そのため、福祉サービスを提供する支援では不十分であり、医療的な支援も必要になる。その障がい特性は支援特性にも反映する。

　精神疾患といっても様々だが、共通してみられる特性を説明しよう。①病気かどうかわかりにくい、②治療につながりにくい、③病状が安定しにくい、④危機的状況に陥ることが少なくない、⑤不安が強い、⑥他人への不信感をもちやすい、⑦コミュニケーションが苦手、⑧作業・状況判断・臨機応変な対応が苦手、⑨ストレスに弱い、⑩人と適度な距離感を保ちにくい、⑪疲れやすい、という特性をあげる。

①病気かどうかわかりにくい
②治療につながりにくい

　精神疾患の多くは未だ原因が不明であり、脳の機能異常がみられる。脳の神経細胞をつなぐ神経伝達物質が多すぎたり、少なすぎたりする異常がみられる。そのような機能異常は外見から判断ができない。また、画像や血液データなどの客観的指標のみで判断することもできない。つまり、病

気であるかどうかは、周囲の人もわかりにくいし、本人にもわかりにくい。この①病気がどうかわかりにくい、という疾患特性は、②治療につながりにくいという疾患特性につながる。家族も治療につなげなければという危機感を持ちにくく、本人は自分が病気だとは思わないのが普通である。治療につなげることに苦労することは珍しくない。

③病状が安定しにくい
④危機的状況に陥ることが少なくない

　精神疾患は慢性疾患である。また、病状のコントロールが難しく、環境の変化やストレスなどによって病状悪化することも少なくない。統合失調症や気分障害では服薬を中断すると再発することが多い。育児負担、妊娠・授乳中の服薬コントロール、夜間授乳や夜泣きによる生活リズムの乱れなどは、病状悪化に拍車をかける。病状悪化時は、自殺企図、失踪、警察介入など大がかりな事態となることも珍しくない。警察署での保護、病院の保護室入室、身体拘束など、これまでの人生で経験したことのない事態に次々巻き込まれる。この時の経験は家族にとってトラウマになってしまうことも珍しくない。この経験は、子に安全な環境を提供することができず、親の入院に伴い、子が施設に入るなどの結末を迎えることもある。

⑤不安が強い
⑥他人への不信感をもちやすい

　精神症状としては概して不安が強い。心配症の強い状態で、先読み不安が強い。また、他人に不信感をもっている方が多い。妄想も他人から嫌がらせをされている、狙われているといった被害的なものが多い。病気になる方の多くが過去にいじめに遭うなど人間関係に傷ついた経験をもつ。その経験も影響して、他人と人間関係を築くことに臆病になっている人が多いように思う。この特性は、子どもの社会を狭くしてしまったり、訪問によるサービスをいれることに抵抗を示したりする行動につながってくる。

⑦コミュニケーションが苦手

⑧作業・状況判断・臨機応変な対応が苦手

　コミュニケーション、作業、状況判断、臨機応変な対応が苦手というのは、認知機能障害によるものや、過去の対人関係でのトラウマなどが影響していると考えられる。認知機能障害には、コミュニケーションに関わる社会的認知と、課題処理を主とする神経認知の２つが異なる神経回路にあるとされる。統合失調症では約半数で認知機能障害が認められる。

　コミュニケーションに関連する社会的認知では、相手の表情、情動、身振りなどの社会的サインの知覚、相手の意図や信念の把握、自分の感情や過去の情報から全体の状況を理解するといった能力が必要であるが、障がいによって能力が低下する場合がある。そうすると、会話のキャッチボールにならない、こちらの意図と異なる受け方をされるといったコミュニケーションの噛み合わなさが生じる。勘違いされて不意に怒られたりすることもある。子どものニーズに気づきにくい、ちぐはぐなやりとりになるという子どものコミュニケーションにも影響を及ぼす。

　課題処理を主とする神経認知では、注意力、記憶力、実行能力などが関係する。それらは状況判断を行い、臨機応変な対応をすることを難しくさせ、注意力低下による危ない育児手技にもつながってくる。

⑨ストレス耐性が低い

　精神疾患の方は、基本的にストレス耐性が低い。ストレス過剰は再発や病状悪化につながりやすいため、ストレスはなるべく軽減するというのが一般的な対応である。病状を悪化させないために、当事者も無理をしないようにセルフケアをしている人が多い。無理ができるようになれば、かなり回復している状態と考える。育児中は、病気でない人であってもストレス過剰になりやすい。その負担との兼ね合いがメンタルヘルス不調の方には重要になる。

⑩人と適度な距離感を保ちにくい

　人との距離感が近すぎたり、遠すぎたりして、適度な距離感を保ちにくい人が少なくない。パーソナリティ障害の方では、特に距離感をとること

が難しい。一度信頼できると思えば、制限なく一気に頼ってきて、一度うまくいかなくなると介入拒否となるといった具合だ。その他の疾患に関しては、傷つくことを恐れて、比較的距離をとる人が多い印象がある。

⑪疲れやすい

　病気の症状や薬の副作用によって、疲れやすい。帰宅後に疲れ果てて起きられない、子どもを保育園に迎えに行く元気がない、という具合である。外見からはわからないため、なかなか理解してもらえず、単に怠けていると受け取られてしまうこともある。本書でも、「仕事から帰ってきてヘルパーさんが夕食を作ってくれている間、私は横にならせてもらい、子どもたちの送迎の時間まで体力を温存させてもらっている。とてもありがたく感じている。」(p.225-226) と当事者が書いている。

3．主要な精神疾患

　精神疾患には多くの種類があるが、メンタルヘルス不調のある親への育児支援をする児童福祉領域や母子保健領域の支援者が出会う疾患はある程度限られている。それらの疾患は、支援するのに苦労する疾患とも言える。今回私たちが行ったインタビューでは、1）アディクション（パーソナリティ障害を含む）、2）統合失調症、3）気分障害が多かった。その他、解離性障害、不安障害、適応障害などがあった。狭義の精神疾患ではないが合併する発達障害や知的障害もある。これらの中から、本書では、前述の1）～3）の他、被虐待などトラウマ体験をもつ人に多いとされる、4）解離性障害、産後特有の精神疾患として5）産後精神病を説明する。

1）アディクション
❶どのような疾患か

　アディクションとは、嗜癖（しへき）、依存症とも言われ、「身体的・精神的・社会的に、自分の不利益や不都合となっているにもかかわらず、それを

やめられずに反復し続けている状態」[7]と定義される。

　アディクションとは、対象へのとらわれである。人への依存に病んでいる、ある当事者は、「とりつく」という表現をしていた。ありとあらゆるものがその対象となりうるとされるが、3種類に大別できる。物質（アルコールや薬物など）、過程（ギャンブルなど）、関係（人間関係・恋愛関係など）である。境界性パーソナリティ障害は、DSMなどの診断ガイドラインでは、アディクションとは別に扱われるが、対人関係依存という観点ではアディクションの一種とみることが可能である。人を対象とした依存がその病理を最も端的に表すとされる[8]。境界性パーソナリティ障害の対応も、アディクションと重なり合う部分が多い。牛島（2010）[9]によると境界性パーソナリティ障害とは、「治療経過の中で対人関係や社会的同一性における不安定さ、感情コントロールの障害、見境のない行動を呈しては、治療状況その他を混乱させ、周囲に警戒感、無力感、排除感をもたらす病態」とされる。このような人は、クレーマー、リストカット、性依存、薬物乱用など形を変えて問題化し、その本質が隠れていることも多い。単に、性格が悪い人と捉えてしまっては支援がうまくいくはずもなく、問題の本質を見抜く必要がある。

❷支援の中で出会う人

　なぜアディクションの方とよく出会うのか。それは、アディクションと子ども虐待が重なり合うからだと考える。児童福祉や母子保健領域で、メンタルヘルス不調の親を支援する時、多くは子ども虐待のハイリスクとして捉えている。子ども虐待も行動の反復性があり、アディクションの一種という捉え方ができる[10]。もちろん全ての子ども虐待がアディクションというわけではないが、一部についてはアディクションの側面を持っている。配偶者やパートナー間の暴力もアディクションの側面がある。暴力や攻撃は、弱者に向かいやすい。そのため、アディクションの問題をもつ親が子への暴力や攻

7）　松下年子「アディクション看護の本質」松下年子・日下修一編『アディクション看護学』メヂカルフレンド社, pp72-73, 2011.
8）　7）と同じ
9）　牛島定信「境界性パーソナリティ障害の治療ガイドライン」『精神神経学会誌』112（6）：604-608, 2010.
10）　7）と同じ

撃という形で虐待に至った時、育児支援の支援対象者として支援者の前に現れやすいと考えらえる。

　また、アディクションの場合は、依存対象を使わない生活をしていれば問題ないが、飲酒・ギャンブル・性的行動などの依存対象を再び使ってしまう（スリップ）と、一気に生活がままならなくなり、依存対象に過剰に囚われて子どものことが後回しになってしまう。症状が出現している状態では、自分で行動をコントロールできないため、意図的に子どもを虐待しているという捉え方は適切ではない。

3 対応

　アディクションの方へのケアの本質は、「依存する心性を理解し、究極的には、対「人」との間で展開される依存に対して、離れることなくほどほどの距離を保てること、一方で、そうした関わりを通じて本人に、対象との適切な、対等な距離感を学んでもらうことである。」[11]とされる。境界性パーソナリティ障害の方への対応としては、「社会的技能の低さの所為であり、治療としては未成熟な社会的技能の支援に力を入れるほうが治療的成果も上がるという考えを基本とする。情緒的のみならず、社会的にも未熟で、個人的、家庭的ないしは社会的場面でのいわゆる「社会的振る舞い方」を教えるくらいの心づもりで対応することが基本である。」[12]とされる。

　アディクションは、依存対象が物質や過程であったとしても、本質的には対人関係の病である。境界性パーソナリティ障害の方も社会的な振る舞い方を知らずに育ち、対人関係が苦手な方である。子ども虐待の世代間連鎖では、虐待する親もかつては被虐待児だったと言われるように、どのような育ちをしてきたかということが重要な視点になる。子ども時代に親との関係性が不安定であり、恵まれない育ちをした人は、人とどのように付き合えばよいか、その距離感を体得できなかった人が少なくない。子ども時代に「自分にとっての愛着人物は一体誰で、その人に助けを求める時にはどの程度接近しやすく、どうすれば応答してくれるのか、そしてどのような応答が期待できるの

---

11) 7) と同じ
12) 9) と同じ

か」を予測する[13]。そうして体得された愛着人物（多くは親）との関係性を基盤として、他人との関係性を身に着けていく。アディクションや境界性パーソナリティ障害の方は、人との関係性を学ぶ機会に恵まれずに生きることに辛さを抱えている人、という見方をして関わることが大切だと思う。他人との関わり方を体得していく手伝いを支援者がすることになる。その際、他人との関わり方を身に着けていない当事者であり、見捨てられ不安の強い人たちなので、支援者も依存の対象になり得るということを意識しておくことが重要である。巻き込まれた支援者が他の支援者から非難されることがあるが、「依存されないようにする術などはない。それはややもすると、「関わらない」ことを意味するからである。」[14]というように、巻き込まれることはある程度仕方がない。自分が巻き込まれているということを自覚しておくことが大切である。巻き込まれた時に、その勢いに負けて、関わる基準を変えてしまうと、距離感が定まらずにかえって当事者が混乱してしまう。その勢いに負けずに関わる基準を変えずに対応すると、距離感が定まって当事者も安定していくことが多い。

　アディクションは依存対象への囚われであるため、病識がないことが多く、治療につながりにくい。また、治療といっても薬物治療は根本治療ではない。アルコール・薬物などの物質への依存、ギャンブル・性的行動などの行為への依存であれば、対象物質や対象行為を止め続けることが重要である。アルコールを一滴も飲まないことは続けられるが、一杯だけ飲んで二杯目を飲まないことはできないというように、コントロールすることができない病気である。止め続けるためには、断酒会などの自助グループに通い続けることが有効だということが明らかになっている。しかし、再度、依存対象を使う・行うことでスリップしてしまうこともあり、そうすると制御が利かないため、子どものことは後回しになり虐待という状況に陥る危険性が高まる。未治療の人やスリップした人が子育てをしている場合は支援が必要になるであろう。

13）久保田まり「児童虐待における世代間連鎖の問題と援助的介入の方略——発達臨床心理学的視点から」『社会保障研究』45（4）373-384，2010.
14）7）と同じ

2）統合失調症

❶どのような疾患か

統合失調症とは「思考や行動、感情を一つの目的に沿ってまとめていく能力、すなわち統合する能力が長期間にわたって低下し、その経過中にある種の幻覚、妄想、ひどくまとまりのない行動が見られる病態」[15]とされている。人口の1％近くがかかる頻度の高い疾患である。未だ原因は不明であるが、脳内の神経伝達物質の異常が起きている。神経機能のネットワークがうまく働かなくなっている状態である。

統合失調症の主要な症状は、①陽性症状、②陰性症状、③認知機能障害に大きくわけられる。①陽性症状とは、あるはずのないものが現れる症状であり、自分を悪く評価し言動に命令するといった幻聴、何者かから注目を浴び迫害を受けるというような被害妄想（幻覚・妄想）、行動や思考における能動感・自己所属感の喪失（自我障害）などの総称である。②陰性症状とは、感情表現が乏しくなったり、意欲が減退するといった症状である。③認知機能障害は、統合失調症の病態において最も重要とされることもある第三群の症状であり、日常生活機能や社会生活機能に関連する[16]。

現在の医療では、薬物治療が優先的に行われる。その他、心理社会的リハビリテーションが行われる。

❷支援する中で出会う人

妊娠、出産、育児の時期は、身体的変化とともに負担も大きくなるため、ストレス耐性の低い当事者にとって再発しやすい時期である。薬物の変更や減薬も行われる他、児への影響を恐れて服薬を自己中断することもあり、服薬の影響による再発リスクも高まる。このような背景から再発してしまい、育児が不十分となったり、危険な行為が出ることもあり、精神科への入院が必要となることがある。支援者は、病状悪化時の入院支援と育児の体制整備のために関わることがある。その他、育児手技が不十分である時の支援、日々の細々した育児相談、ヘルパーや訪問看護導入といった支援調整などで

---

15) 金吉晴「統合失調症とは何か」日本精神神経学会HP https://www.jspn.or.jp/modules/activity/index.php?content_id=79
16) 福田正人「統合失調症」『脳科学辞典』http://dx.doi.org/10.14931/bsd.6907

支援者が関わることも多い。

3 対応

陽性症状には一般的に抗精神病薬が有効である。統合失調症を発症して2年以内に服薬をやめた場合、1年で78%、2年で98%が再発するという報告もあり、服薬を自己判断で中断した場合は再発のリスクが高い[17]。陰性症状や認知機能障害には現在の薬物療法では、それほど効果が認められない。心理社会的リハビリテーションを利用することが一般的である。育児中で外出が難しい場合は、訪問看護やヘルパーなどを利用する。保育園に児を預けられるようになれば、障がい者向けのリハビリテーションの利用を検討するとよいだろう。

3）気分障害

1 どのような疾患か

うつ病と双極性障害（躁うつ病）の二つが気分障害の主な疾患であり、周産期に発現する頻度が高い。

典型的なうつ病は、DSMにおける正式な病名は大うつ病とされている。また、産後うつ病というものがあり、産褥6か月以内に発病した、大うつ病の診断基準[18]を満たしたものである。有病率は10～15%と言われており、産褥期精神疾患の中でも出現頻度が高い。産後うつ病の50%は妊娠期から発病していると言われている[19]。

双極性障害とは、うつ状態と躁状態を繰り返す病気である。双極性障害は、産後1か月以内に入院になるリスクが高い。また、最初は、産後うつ病だったが、躁状態が表れて、双極性障害に診断が変わることも多い。産褥期の躁

---

17) 日本神経精神薬理学会「統合失調症薬物治療ガイドライン」http://www.asas.or.jp/jsnp/img/csrinfo/togoshiccho_01.pdf
18) 大うつ病性エピソードの診断基準（DSM-IV）
①ほとんど毎日の1日中続く抑うつ気分、②ほとんど毎日の1日中続く興味や喜びの喪失、③食欲・体重の変化、④睡眠障害、⑤精神運動性の制止または焦燥、⑥気力の減退、⑦無価値感や罪責感、⑧思考・集中・決断の困難、⑨自殺念慮や自殺企図
症状項目が2週間以上持続して、そのなかで、①または②の中核症状に該当し、かつその他の付随症状に5つ以上当てはまる場合には、大うつ病性障害が疑われる。
19) 岡野禎治「周産期のうつ」『治療』95（11），1882-1885，2013．

状態は、急速な病像の変化、混乱、錯乱といった病像が特徴的であり、専門医による介入が必要になる[20]。

❷支援する中で出会う人

産科医療機関、あるいは、出産後に新生児訪問や乳児家庭全戸訪問事業（こんにちは赤ちゃん事業）で把握することが多いと考える。産後の訪問で、EPDS（エジンバラ産後うつ病自己評価票）を用いて産後うつ病のスクリーニングを行っている自治体が多く、そこで発見されることが多いだろう。

❸対応

うつ病やうつ状態の時に最も注意しなければならないことが自殺、心中である。詳細は危機介入の節（第2章第1節）を参照していただきたい。

躁状態の時は、攻撃的になることもあるので児の安全が確保できるような対応が必要である。

4）解離性障害

❶どのような疾患か

従来、ヒステリーと呼ばれていた。解離性障害は、自分が自分であるという感覚が失われている状態といえる。例えば、ある出来事の記憶がすっぽり抜け落ちていたり、まるでカプセルの中にいるような感覚がして現実感がない、いつの間にか自分の知らない場所にいるなど、様々な症状がある[21]。原因としては、ストレスや心的外傷が関係しているといわれている。長期にわたる虐待など慢性的に何度もくりかえされる心的外傷もある。複数の人格が出てくる場合もあり、別人格が現れている時はその間の記憶がないことが多い。

❷支援する中で出会う人

自身が虐待を受けて育った親であれば、解離性障害があっても不思議ではない。過去の辛い幼少期を思い出したり、ストレスの高い状況で解離症状が現れやすい。面接時に「ぽーっと」している状態になり、記憶が飛んでいた

---

20) 19）と同じ
21) 厚生労働省「解離性障害」『みんなのメンタルヘルス』http://www.mhlw.go.jp/kokoro/know/disease_dissociation.html

り、身体が動かないなどの運動障害が出ることがある。
　❸対応
　有効な薬物療法はないと言われている。安心できる環境を整える、周囲が症状を理解し受け入れる、ことなどをして、自然経過を見守ることも重要である。

５）産褥精神病
　❶どのような疾患か
　通常産後2週間以内に、幻覚妄想などの精神病症状で発症する。1000回の出産に1-2回の割合で起き、2-3か月で軽快する[22]。DSMでは、短期精神病性障害や精神病性の特徴を伴う気分障害に該当する。産褥精神病の特徴は、1) 発病は急激で多彩な症状が短期間のうちに変動する、2) 双極性の挿話的経過を取る、3) 予後はよいが、再発しやすい。次回の出産における再発の危険性は30-50％と報告されている。産後6週間以降〜1年未満の妊産婦死亡が高く、自殺率が高いことも重要である。また、子殺しは、子どもを殺すよう命令する幻覚や子どもに憑き物がついたというような妄想によることが少なくない[23]。
　❷支援する中で出会う人
　発病時期（中央値）は産後8日目であるという調査がある。急激に症状が出るため、精神科入院を前提した危機介入の相談が入ることが多い。
　❸対応
　再発率が高いため、2回目以降は予防的に対応する。

４．支援特性

　精神疾患や精神障がいの疾患特性や障がい特性は、その支援の特性にも関

---

[22] National Institute for Health and Clinical Excellence（NICE）.（2015）. Antenatal And Postnatal Mental Health: Clinical Management and Service Guidance. NICE Clinical Guideline,（4–51）. Retrieved from http://www.nice.org.uk/nicemedia/live/11004/30433/30433.pdf%5Cnguidance.nice.org.uk/cg45
[23] 日本精神神経学会（監修）『DSM-5　精神疾患の診断・統計マニュアル』医学書院, 2014.

連する。ここでは、1）母子領域と精神領域の違い、2）保健医療福祉領域との連携、3）長期的支援について述べる。

1）母子領域と精神領域の違い

　母子保健と精神保健の両方の支援について同一人物が対応している自治体もあるが、実際にはそのような自治体は多くない。そのため、母子領域（本書では母子保健と児童福祉を指す）と精神領域の職員が連携して対象者の支援にあたる必要がある。連携する際は、母子保健、児童福祉、精神保健福祉において支援のゴールが違うということを認識しておくことが重要である。そして、母子領域と精神領域では、支援の仕組みが異なる。精神科医療機関で働く精神保健福祉士からみると、母子領域の保健師は「言葉が通じない」と言われることもあるほど、業務の前提となる知識や制度が異なる。そのため、互いの仕組みについて基本的な知識を得ておくと連携しやすくなる。

■支援の仕組みやゴールの違い

　支援の仕組みやゴールは、準拠する法律とその機関の役割に基づく部分が大きいと考える。つまり、母子保健領域では、主要な法律に母子保健法がある。母子保健法の目的は、「母性並びに乳児及び幼児の健康の保持及び増進を図る」ことであり、母親と子どもの健康を目的とする。児童福祉領域の児童福祉法では、その理念として「すべて国民は、児童が心身ともに健やかに生まれ、且つ、育成されるよう努めなければならない。」「すべて児童は、ひとしくその生活を保障され、愛護されなければならない。」としており、児童虐待防止法では、目的を「児童虐待の防止等に関する施策を促進し、もって児童の権利利益の擁護に資すること」としている。つまり、子どもの健全な育成をゴールとしている。他方、精神領域の精神保健福祉法（正式名称：精神保健及び精神障害者福祉に関する法律）では、その目的を「精神障害者の福祉の増進及び国民の精神保健の向上を図ること」としている。つまり、精神障がい者に焦点が当てられ、近年はリカバリーという概念がリハビリテーションのゴールとされている。それは、精神疾患が治癒しなくても、その人らしい生き方ができている状態である。

　施策や支援の仕組みは、法律に則って作り上げられるため、準拠する法律

が異なれば、支援の仕組みが変わる。

❷精神領域における支援の仕組み

　メンタルヘルス不調のある親への育児支援において精神領域の支援が必要になる場合は、精神科への入院治療が必要な場合、通院治療が必要な場合、精神障がい者向けの居宅サービスや訪問看護を導入する場合が多く、その他に地域におけるリハビリテーションを利用する場合があるだろう。

　精神科入院は、一般科の入院とは異なり、精神保健福祉法に基づく特殊な入院となり、大きく３つの入院形態がある。①措置入院、②医療保護入院、③任意入院である。①措置入院は、都道府県知事の命令による強制入院であり、自傷他害の恐れがある時に精神保健指定医という資格のある医師の判断で行われる。②医療保護入院は、入院の必要性を精神保健指定医が認め、家族等が入院に同意して行われる。③任意入院とは、本人の同意のもと行われる入院である。子どもと同居している場合、親の病状悪化は子の安全な環境を脅かす可能性があるため、子の安全確保を目的として精神科入院が検討される場合がある。その際、どの入院形態をとる可能性があるかを見立てる必要がある。自傷他害が認められない場合は、医療保護入院となることが多い。医療保護入院では、家族等の同意が必要となるため、保健所や医療機関が家族と面接を行い、意思の確認や入院費の負担等の確認を行う。また、親が入院した後も退院に向けて支援を開始する必要がある。入院費用については自治体独自で減免制度があるものの、国の制度はない。

　通院医療費については障害者総合支援法の自立支援医療の制度を利用することで自己負担額が減る。自立支援医療は、訪問看護、医療機関で行われているデイケアも該当し、自己負担額が軽減される。子が小さい場合、親が通所リハビリテーションを利用することが難しいこともある。訪問看護を利用すれば自宅に看護師等が訪問し、病状観察の他、その方に合った相談や支援を行う。

　育児負担を軽減するため、また、家事の支援を得るために、居宅介護などの障害福祉サービスを導入することがある。この場合、役所の障害福祉担当窓口に申請し、障害支援区分の認定調査を受ける。障害区分に応じてその方に必要なサービスプランが立案される。居宅介護（家事援助）には、育児支

援も含まれる。沐浴や授乳、子ども分の掃除・洗濯・調理、子の通院付き添い、子の通園送迎などを受けることができる（厚生労働省障害福祉課通知、平成21年7月10日）。

3 母子保健・児童福祉の支援の仕組み

日本の母子保健システムは世界一と言われるほど優れている。それは全数把握を基本としていること、つまり、網羅性が高いという点にある。それを可能にするのが戸籍による管理、および、行政の直接サービスである。母親が妊娠、出産し、小学校入学までの間、母子保健法にのっとり、市町村が主要な役割を担う。市町村保健センターの主に保健師が妊婦面接、新生児訪問、乳幼児健診などを行う。

児童虐待のハイリスクだと判断された場合は、市町村の児童虐待担当課や児童相談所が虐待防止の観点で経過観察・介入をする。虐待通告・相談は、市町村や児童相談所が受理し、対応する。市町村では、要保護児童対策地域協議会を設置しており、子ども虐待防止を目的として関係機関のネットワークを構築し、組織的な対応を行う。虐待の危険性が高まった時は、子どもを家庭から離す措置をとる、一時保護が行われるが、この機能は児童相談所が担う。18歳になるまでは、児童相談所や児童福祉領域の支援が必要に応じて提供される。

近年、母子保健においても子ども虐待予防を目的とした業務が増加している。メンタルヘルス不調のある親への支援に特に関連することとしては、平成21年の児童福祉法改正を受け、出産後の養育について出産前の支援が特に必要な妊婦を「特定妊婦」と呼び、支援することが自治体に求められるようになった。妊婦面接を行い、精神疾患既往歴があるか、精神的不安定かどうかなどを把握する。この段階でメンタルヘルス不調のある親への支援が始まることも多い。

出産後は、児童福祉法に規定された乳児家庭全戸訪問事業（こんにちは赤ちゃん事業）がある。市町村が実施主体であり、生後4か月までのすべての乳児がいる家庭を訪問する。その際、母親の産後うつ病のスクリーニング（発見）、精神状態のアセスメント、育児不安の把握を行い、虐待のリスクアセスメントを行う。エジンバラ産後うつ病自己評価票（EPDS）という10項

目の指標が使われることが多い。このような指標も活用しながら、親の精神状態をアセスメントして、支援が必要と判断された場合、養育支援訪問事業で家庭訪問による支援が導入されることがある。

続いて３・４か月児健診、１歳６か月児健診、３歳児健診が市町村で実施され、児の発育と発達をみるだけでなく、親の育児負担や育児の悩みも把握され、親子への支援の必要性が判断される。健診未受診者や予防接種未接種者については、連絡がとれるまで何度も電話や訪問が行われて安否確認される。

児童虐待の通告先は、市町村、児童相談所の二重構造となっている。市町村では、児童虐待のハイリスクケースとして認識されると、「要保護児童」として要保護児童対策地域協議会で把握・管理される。ケースに応じて必要な支援が提供される。市町村の児童虐待担当課と児童相談所は、ケースの情報交換を行い、緊急度に応じて連携して支援が行われる。長期間にわたって親とは別に、子を守り、養護する必要性がある場合は、乳児院や児童養護施設に施設入所をしたり、里親制度を利用して里親のもとで暮らすことになる。社会的養護施設の中で、児童養護施設に次いで多いのが母子生活支援施設である。母子生活支援施設は、児童福祉法に規定された児童福祉施設であり、配偶者・パートナー間の暴力、生活困窮、虐待などの問題を抱えた母子家庭が入所する施設であり、子どものケアや親の自立支援などが行われる。

行政の母子保健を担う中心的な職種は保健師、児童福祉は児童福祉司が多い。

２）児童福祉領域と精神保健医療福祉領域の会議体

メンタルヘルス不調の親への育児支援をする際には、母子保健領域、児童福祉領域、精神保健医療福祉領域、教育機関、地域住民の代表、警察など多くの関係機関と連携した支援が必要になる。関係機関が連携を促進するために会議体を設置している。ここでは、児童福祉領域と精神保健医療福祉領域での主要な会議体について説明する。

1 児童福祉領域：要保護児童対策地域協議会

平成28年児童福祉法等改正法により、支援を要する児童や妊婦等に日頃

から接する機会の多い、病院、診療所、児童福祉施設、学校その他子ども又は妊産婦の医療、福祉又は教育に関する機関及び医師、看護師、児童福祉施設の職員、学校の教職員その他子ども又は妊産婦の医療、福祉又は教育に関連する職務に従事する者が要支援児童等（支援を要する妊婦、子ども及びその保護者）と思われる者を把握した場合は、その旨を市町村に情報提供するよう努めることとされた（児童福祉法第21条の10の5第1項）という経緯があり、関連する機関の要保護児童対策地域協議会への積極的な参加が推奨されている。「要保護児童対策地域協議会設置・運営指針について」（平成29年3月31日一部改正）では、要保護児童対策地域協議会の構成員として以下をあげている。

【児童福祉関係】
・市町村の児童福祉、母子保健、障害福祉等の担当部局
・児童相談所
・福祉事務所（家庭児童相談室）
・保育所
・児童養護施設等の児童福祉施設
・児童家庭支援センター
・里親会
・児童館
・放課後児童クラブ
・利用者支援事業所
・地域子育て支援拠点
・障害児相談支援事業所
・障害児通所支援事業所
・民生委員児童委員協議会、民生委員・児童委員（主任児童委員）
・社会福祉士
・社会福祉協議会
【保健医療関係】
・市町村保健センター

- 子育て世代包括支援センター
- 保健所
- 地区医師会、地区産科医会、地区小児科医会、地区歯科医師会、地区看護協会、助産師会
- 医療機関
- 医師（産科医、小児科医等）、歯科医師、保健師、助産師、看護師
- 精神保健福祉士
- カウンセラー（臨床心理士等）

【教育関係】
- 教育委員会
- 幼稚園、小学校、中学校、高等学校、特別支援学校等の学校
- ＰＴＡ協議会

【警察・司法・人権擁護関係】
- 警察（警視庁及び道府県警察本部・警察署）
- 弁護士会、弁護士
- 家庭裁判所
- 法務局
- 人権擁護委員

【配偶者からの暴力関係】
- 配偶者暴力相談支援センター等配偶者からの暴力に対応している機関

【その他】
- ＮＰＯ法人
- ボランティア
- 民間団体

　要保護児童対策地域協議会設置・運営指針には、障害者総合支援法の自立支援協議会との関係について以下のように書かれている。「相談支援事業所による障害児支援又は障害福祉サービスの利用計画の作成及びモニタリング等と、市町村及び地域協議会における支援方針・進行管理等に乖離が生じないためには、地域協議会の個別ケース検討会議を活用していく必要がある。

また、市町村においては、障害者総合支援法に基づく「(自立支援)協議会（以下「自立支援協議会」という。）」が設置されており、家族全体の困りごとを支援する観点から、この協議会と相互に連携した支援も必要である。」

❷精神保健医療福祉領域

精神障害にも対応した地域包括ケアシステムの構築推進事業がはじまり、「障害保健福祉圏域ごとの保健・医療・福祉関係者による協議の場を通じて、精神科病院、その他の医療機関、地域援助事業者、市町村における障害保健福祉の担当部局、保健所、都道府県における精神科医療及び障害保健福祉の担当部局等の関係者間の顔の見える関係を構築し、地域の課題を共有化した上で、包括ケアシステムの構築に資する取組を推進する。」（精神障害にも対応した地域包括ケアシステムの構築推進事業実施要綱）こととされ、国として地域包括ケアシステムの構築を推進している。協議の場への参加者として以下の者が望ましいとしている。

a 都道府県等における精神科医療を所管する部局の職員
b 都道府県等における障害保健福祉を所管する部局の職員
c 市町村における障害保健福祉を所管する部局の職員
d 保健関係者：保健所、精神保健福祉センター等の職員及び市町村における精神保健担当保健師等
e 医療関係者：精神科病院、その他の医療機関、訪問看護ステーション等の医師、看護師、精神保健福祉士、作業療法士等
f 福祉関係者：基幹相談支援センター、福祉事務所、相談支援事業所、障害福祉サービス事業所、居宅介護支援事業所、介護保険サービス事業所等の従事者等
g その他の関係者：関係機関、関係団体、精神障害当事者及びその家族、障害者等の福祉、医療、教育又は雇用に関連する職務に従事する者等

❸領域を超えた顔の見える関係

以上のように、児童福祉領域と精神保健医療福祉領域では、別の会議体が設置されている。これは縦割り行政の弊害もあり、依拠する法律も担当部署も異なる。要保護児童対策協議会の構成員には、医療機関と精神保健福祉士は含まれているが、精神科医療機関が含まれていない。市町村における障害

者の総合的な相談窓口であり、相談支援の中核的役割を担う、障害者総合支援法の障害者基幹支援センターも構成員に含まれていない。精神保健医療福祉領域での地域包括ケアシステムの構築の協議の場には、児童福祉や母子保健の担当課は含まれていない。既存の会議体では、メンタルヘルス不調のある親への育児支援に必要な関係機関を網羅した会議になっていないことが多いと考える。大きな会議体では別の会議体になったとしても、実務者レベルでは領域を超えて顔の見える関係になる必要がある。互いの仕事がわからない、顔の見えない関係は、個別の支援に支障をきたす。ぞれぞれの地域の実情に合わせ、児童福祉領域と精神保健医療福祉領域の領域を超えた集まりを設けていくことが求められる。

3）長期的支援

メンタルヘルス不調のある親への支援は、周産期に留まらず長期にわたって必要となる。子どもの年齢区分ごとに主に支援する関係機関の領域を示したものが下表である。

		子の年齢区分								
		妊娠前	胎児	新生児	乳児	幼児前期	幼児後期	小学生	中学生	高校生
領域	産科医療		●	●						
	母子保健	○	●	●	●	●				
	児童福祉		●	●	●	●	●	●	●	●
	精神医療	○	○	○	○	○	○	○	○	○
	障がい福祉	○	○	○	○	○	○	○	○	○
	保育園幼稚園				△	△	△			
	学校保健							△	△	△

●：親支援、子支援ともに実施
○：主に親支援を実施
△：主に子支援を実施

産科医療は周産期、母子保健は主に妊娠後から3歳までに集中的な支援が行われる。母子保健の支援は、3歳児健診が終わると全数把握の機会がなくなる。そのため、支援が必要なケースを拾い上げるスクリーニングができなくなり、支援するケースは必然的に限定的になる。しかし、メンタルヘルス不調のある親に育てられた子の体験を聴くと、幼児期よりもむしろ小学生以降の困難が大きいことがわかる。現時点の支援システムでは、幼児後期以降の支援が不足しており、課題だと考える。幼児後期以降に親を支援する機関としては、児童福祉、精神医療、障がい福祉がある。しかし、児童福祉では虐待のハイリスクケースなど支援対象は極一部に限られる。また、精神医療は医療につながっている親のみであり、障がい福祉も医療につながり、かつ、サービスを受ける希望のある親に限られる。精神医療につながっていたとしても、多くのクリニックでは在宅の家族支援まで行き届いていないのが実情である。そのため、ハイリスクケースとして認識されていない限り、子どもが幼児後期になってしまえば多くの家庭に支援は届かず、子どものSOSに気づくことが難しい。メンタルヘルス不調のある親に育てられた子どもは、大人を信頼していないことも多く、誰かに助けてもらった経験が少ないために自分から相談するという習慣がないことも多い。また、親の病気のことを教師や友人に知られないように、気づかれないように暮らしていることが多い。そのため、学校でスクールカウンセラーの配置が進んできたことは前進ではあるが、子どもが助けてもらうために相談するという援助希求行動をとることはなかなか難しい。

　仮に支援体制を整えたとしても、支援を子どもにどうすれば届けられるかは難しいが、それにしても、幼児後期以降の親子支援が手薄であることに違いなく、そこを手厚くする必要があることは明らかである。

第2節　育児への影響

1．愛着（アタッチメント）形成

　愛着（アタッチメント）とは、「人が生後数か月のあいだに特定の人（母親や父親）との間に結ぶ情愛的な絆」（ボウルビィ）と定義される。心理的な絆を形成する母親などの存在を「安全基地」と言う。いつでも保護してもらえる心理的な「安全基地」をもつことで他人との人間関係を安定的に育むことができると言われ、他者との人間関係構築に重要な意味を持つ。子のお腹が空いた、暑い・寒いなどの要求に親が応える、そういったやり取りの中で母親などと愛着という心理的な絆を形成する。それは自分が働きかけることで相手が適切に反応してくれるという安心感と信頼感、そして、自分にはその要求に応えてもらうだけの価値があるという自己肯定感につながると考えられている[24]。

　乳児の愛着形成は、約7割が安定、3割が不安定という説がある。不安定型には、回避型（避けたり無視する）、両価型（接触を求めながら拒絶）、未組織／無方向型（混乱した行動）などがある[25]。

　愛着形成のリスク要因の一つに、親の精神疾患がある。愛着形成の質に与える重要な因子の中には、養育者の感受性や応答性というものがある。赤ちゃんとの関わりの中では、赤ちゃんが出す信号に養育者が気づき、信号を正確に解釈し、適切に迅速に応答するということが重要である。しかし、養育者の感受性が低いと、赤ちゃんの行動の意味に気づかない、あるいは、歪んで解釈するといった受け取り方をしてしまうことがある。応答の仕方も、赤ちゃんの状態・気分・関心にうまく合わせられずに、赤ちゃんのしている行動に割り込んだり、中断させてしまうことも起こり得る。本来ならば、養育

---

[24]　平野美沙子「アタッチメント（愛着）形成と、保育の役割」『環境と経営』19（2）:149-155, 2013.
[25]　金谷有子「アタッチメントの安定・不安定とは何か——アタッチメント理論に基づいた研究の成果と臨床実践から探る」『埼玉学園大学紀要（人間学部篇）』13, 153-165, 2013.

者は、子どもの自律性を尊重して、干渉や直接的なコントロールを最小限にするよう環境を整えることが望ましい。また、乳幼児が怒ったり、反応しなかったりする時でも、乳幼児を受容するのが受容的な親である。一方、拒絶的な親では、赤ちゃんに対して怒り、憤慨したり、自分の人生に不当な邪魔をしていると捉えることもある。メンタルヘルス不調のある親の病状や障がいは、このような愛着形成の質に負の影響を及ぼすリスクがある。

　愛着形成には、親の子への情緒的絆、ボンディングが重要になる。自分の子どもに愛情や慈しみの感情が湧かず、子どもを世話し、守りたいという感情が弱く、かえってイライラしたり、敵意を感じ、さらには攻撃したくなる衝動が出てくる心理状態をボンディング障害（bonding disorder）あるいはボンディング不全（bonding failure）と呼ぶ。産後うつ病、産褥精神病、不安障害、PTSDなどが要因にあげられている[26]。「こんにちは赤ちゃん訪問」などでは、母親のボンディングを評価するために、吉田敬子らが日本語版を開発し、「赤ちゃんへの気持ち質問票」として全国で使われている。「赤ちゃんをいとおしい」「赤ちゃんが腹立たしくいやになる」「赤ちゃんに対して、何も特別な気持ちがわかない」「赤ちゃんに対して怒りがこみあげる」というような項目である。

　ボンディング障害が疑われる症状としては、①子どもとの情緒的絆が感じられず、子どもに無関心な様子（子どもを抱く、授乳するなどの養育行動がみられない、子どもが泣いても反応がない等、母性本能が欠如しているように感じられる）、②子どもを拒絶する様子（妊娠中、妊娠を後悔している様子が見られる、おなかを叩く、「産みたくない」と言う等、妊娠・出産を現実的なものとして捉えたくないような言動が見られる。産後、「子どもをかわいいと思えない」「子どもを育てる自信がない」等の発言がみられ、子どもの世話を拒否する様子が見られる）、③子どもに対する怒り（子どもが泣き止まない、母乳を飲まない等にイライラして、子どもに対して怒鳴ったり罵ったりする）があげられる[27]。

---

26) 北村俊則「「子どもがかわいいと思えない」「子どもを愛せない」産後ボンディングとその障害：総説」http://www.kokoroclinic.jp/common/img/perinatal/perinatal01.pdf
27) 日本周産期メンタルヘルス学会「周産期メンタルヘルス　コンセンサスガイド2017」

親の精神疾患は、愛着形成のリスク要因の一つではあるが、当然ながら、親に精神疾患があっても、健全な愛着形成が築けている場合もあり、精神疾患があるからといって愛着形成ができないということはない。私は、精神障がいの親をもつ子ども（成人）の支援活動をしており、子どもの立場の人と話す機会が多い。彼らと話していると、統合失調症などの精神疾患を患った親に育てられても、親は「愛してくれた」、自分は「幸せだった」と言う人がいる。親の病状が悪い時は、子どものニーズに応じられないこともある。しかし、後で、その理由を子どもが理解できるように説明してあげ、状態の良い時に「愛している」「大好きだよ」と表現することで、子どもは愛情が注がれていると感じ、愛着が安定してくるのだと思う。精神障がいのある人の配偶者とも研究活動を通して話すことが多いが、配偶者が子どもへの影響を最小限にするように配慮している場合も多々見られる。当事者が興奮した様子を子どもに見せないようにしたり、後で病状のせいで興奮したことを子どもに説明したり、子どものことを愛していることを代弁したりしている。配偶者以外の祖父母などが支援していることもある。そのため、病状や障がいの影響があったとしても、それを理解して親や周囲が対処することで子どもは健全に育つと私は思っている。

　繰り返しになるが、メンタルヘルス不調があっても愛着形成はされる。皆が愛着に課題を残すわけではないことに留意したい。最初に、愛着が健全に形成されたと思われる事例を紹介し、その後、愛着形成の問題を説明する。

💬 問題はあるが愛着形成ができている

　家庭訪問した時、お母さんは、ほとんど寝てますね。子どもがちょっと粗相すると、それでイラッとして、怒鳴ったりすることは日常的にあります。不衛生で、布団も真っ黒ですし、ネコの毛だらけです。受診の時にゼロ歳の子を連れて来たら、おむつの上にジャンパー羽織っただけで裸だったとか、ネコの毛だらけは当たり前とか、やはり一般の方が見ると、虐待を疑うと思います。でも、年長のお兄ちゃんに「どうしたい？」って聞いたら、やはり、「おうちがいい」と言います。お母さんのことが大好きなんですね。お母さんの膝の上に乗って、お母さんとのやりとりはとってもいい感

じです。［SW6、両親、統合失調症］

💬 お母さんのことを自慢げに話す

（家庭訪問した時）子どもが自慢げにお母さんのことを話します。お母さんが子どもをカラオケに連れて行ってくれること、誕生会を毎回してくれること、手芸がすごく得意だということを教えてくれました。手芸の作品も私に見せてくれました。とてもかわいかったんですよ。［SW1、母、覚せい剤後遺症］

📖 子の手記：自慢の母親

幼稚園の頃、私にとって母は誰よりも綺麗で素敵な母親でした。遠足や行事では、母が来てくれることをとてもワクワクして、少しでも頑張っていいところを見てもらおうと張り切っていたことを覚えています。母は行事にもよく参加してくれ、幼稚園のお泊り会では銭湯で幼児の身体洗い係を担当していました。役員活動もよくしてくれました。また、引っ込み思案な私に、友達の輪に入るよう促してくれていました。母のそんな後押しもあって、幼稚園が終わった夕方になると私は友達と近くの公園で遊んだり、友達の家に遊びに行ったりしていました。幼稚園の頃は不思議に思うことがありませんでしたが、母は子ども達に「財布の中に薬が入っているから、お母さんが具合悪くなったらこれ飲ませてね」と言っていたことを覚えています。母はこの時期、パニック障害 の発作に苦しんでおり、出かける前には薬の場所を説明されていました。［Book1、p.73-74、母、境界性パーソナリティ障害］

1）乳児期

親に精神疾患があっても、健全な愛着形成が築けている場合がある一方で、子どもの愛着状態が不安定な場合もある。精神科未治療や病状や障害の影響がある場合や、男女関係が不安定な場合などが考えられる。

❶感情鈍麻や感情表現の貧しさによる影響

統合失調症の陰性症状がある場合は感情鈍麻という感情が湧き出てこない

症状がある。うつ症状も気分が落ち込むため、楽しい、嬉しいといった感情は出にくい。

💬 無表情で感情表出が乏しい

お母さんには病識が全くありませんでした。空笑したり、無表情で感情が平坦な感じでした。統合失調症の疑いがあると思っていましたが、受診につながりませんでした。お母さんからは、子どもへの愛着が全く見られなくて、大人だけではなく子どもにも情緒的な関わりは全然できず、子どもを放置している状態でした。［SW32、母、統合失調症］

💬 はしゃいで遊ぶことが苦手

子どもは、施設の職員が遊んでくれると思えば、「抱っこ」と言ったり、キャッキャ笑って何かしたりしていました。保育園に行き始めると、保育園の先生と楽しく遊んでいたことをお母さんは報告を受けます。お母さんは、キャッキャするような遊びは苦手なので、子どもは保育園が楽しかったと思います。子どもをとても大切にケアしてきたお母さんなので、子どもを取られたような気持ちになったのかもしれません。［SW16、母、統合失調症］

2 陽性病状や躁状態、認知の歪みによる影響

幻覚や妄想といった統合失調症の陽性症状が児と関連付けられると愛情をもって接することができない場合がある。陽性症状は、一般的に服薬によって改善しやすい症状である。親が精神科未治療の場合や服薬の調整が不十分な場合には、児への影響が大きくなると考え、医療機関と連携した支援が必要になる。

双極性障害や統合失調症の病状が出産を機に悪化する場合も児に影響を及ぼし得る。認知機能障害があると、児が出す信号に気づかないことや気づいても歪んで認識してしまうことが起こり得る。

ボンディング障害の要因の一つに精神障がいがある。子どもに無関心な様子、子どもを拒絶する様子、子どもに対する怒りといったボンディング障害と共通する症状がみられることもある。

💬 子どもへの応答が乏しい

お母さんは、自分の話を聞いて欲しいというところがあるので、赤ちゃんのことを見ずに、ひたすら自分のことを話すという感じでした。子どもが順調に大きくなってるので、「今笑っているよ」とか「声がしてるよ」、「お母さん呼んでるよ」と言っても、もう見向きもしませんでした。
[PHN10、母、統合失調症・知的障害]

💬 2つの顔

このお母さんは何者かと思いました。上の子には猫なで声で対応していました。癇癪とかおこしても怒らず、優しい顔・声で話しています。下の子はまだ1〜2か月でしたが、飲みが悪かったり、泣いたりすると叱るのです。扱い方も上の子と違い、雑でした。別の人を見ているみたいでした。初めてお会いした時、完全に分かれた二つの顔があるのはなぜだろう。それも隠すわけでもなく、悪びれた様子もなく出していたので、この人はどんな人だろうって思いました。[PHN23、母、未治療]

💬 双極性障害の再発、躁状態となり入院

第二子が誕生した後、お母さんは寝ずに、ずっと起きてる状態で、早朝からご飯を作っていました。赤ちゃんが泣いたら、もちろんミルクはあげてるのですが、お化粧も濃くなったりして、だんだん気分の波が大きくなってきたので、これは、多分第一子の時と一緒だと思い、一旦入院してお母さんが落ち着いたほうがよいのではないか、お薬も1回調整したほうがよいだろうと、入院に至りました。家事も育児も全部自分がするという感じになり、手伝ってくれるおばあちゃんも要らないと言い出しました。ご本人は育児をしているつもりですが、ミルクの量や時間などは、自分の気分でやってしまい、家族も危険に感じていました。[PHN16、母、双極性障害]

3 親の入院や児の入所による分離

双極性障害や統合失調症などの発症や再発によって、入院せざるを得ない

事態になると、養育者が一時的に不在になることがある。愛着対象がいなくなることは愛着を脅かす深刻な状況だと言われている[28]。一方で、児が乳児院に入所しても面会などを通して愛着が形成される事例もある。

💬 2歳まで乳児院入所でも愛着が形成

ご両親の判断で産後2週間くらいで赤ちゃんを乳児院に預け、2歳まで乳児院で育ててもらいました。毎日ご両親が面会に行っていたので、愛着はあります。2歳で児童養護施設に移るかどうかというところでお家に戻られる決断をされました。返るまでに関係機関で何回か集まって話し合いました。外泊の前は、不安でいろいろ訴えてくるのですが、実際に外泊して育児をしてみると、「それなりにできた」という経験を繰り返し、保育園に行くという予定もありましたので、地域にお返しできそうだと判断しました。［PHN12、父が双極性障害、母が統合失調症］

4 不安定な養育者

人に依存的で安定した異性関係を保持できない場合、児も安定した養育者を得ることができないため、愛着形成に影響を及ぼすと考えられる。

💬 無計画な妊娠

生活保護の母子として移管されてきた後に、また出産しました。そのお母さんは、一人でいられなくて、男性に依存的になってしまう方でした。男性からDV（ドメスティック・バイオレンス）を受けていたにもかかわらず、その男性と関係を続けていました。［SW20、母、うつ病］

💬 次々変わる父親

それぞれのお子さんのお父さんからDVを受け、また、他の男性からもDVを受け、結局子どもを連れて逃げる、ということを繰り返しているお母さんでした。［SW1、母、覚せい剤後遺症］

---

28) 岡田尊司『愛着障害──子ども時代を引きずる人々』光文社，2011.

2）幼児期以降

　1歳半までの期間に養育者との間で愛着形成が確立されないと安定した愛着の形成は困難になり、また、身に着けた愛着スタイルは、恒常性を持ち、7－8割で生涯にわたり持続すると言われている[29]。一方で、周囲の人や友人などとの体験が積み重なり、10代前半におおよその愛着スタイルが確立されるというものの、固定化されるわけではなく、まだ揺れ動く余地があることも言われている[30]。幼少期に安定した親子関係を築けるか否かは、子どもの人格形成に影響を与え、生涯にわたって人生に影響を及ぼすと言えるだろう。

　愛着形成にあたり不適切な親の子どもへの関わりには次のようなものがあり、メンタルヘルス不調のある親の一部で問題のある関わり方がみられた。

💭 子に好き嫌いがある

　この子はいいんだけど、この子は嫌なんですとそのお母さんは言ってたんです。［SW31、両親、パーソナリティ障害］

💭 道具として子をみる

　この親は子どもに対して、愛情を向けているのか、愛情のベクトルがあるのかと、ずっとモヤモヤしていたケースでした。口では子どもへの思いをいろいろ言っていましたが、子どもに対する態度や目つきなど、いろいろなところで愛情を感じることができませんでした。道具としてしか子どもを見ていないのかなという感じがしました。［PHN28、両親、パーソナリティ障害疑い］

💭 気分で変わる愛情表現

　当てつけのように、すごく可愛がったりします。お母さんとお父さんの気

29）28）と同じ
30）28）と同じ

分で、相手をされる子どもの今後がすごく心配です。[PHN10、両親、統合失調症]

　不安定な愛着状態で育つ子どもは、３、４歳から周囲をコントロールするようになり、それによって不安定な状況を補う愛着パターンを作り出すと言われている。その一つが、攻撃や罰を与えることで周囲を動かそうとする、支配的な愛着パターンである。例えば、親が良くない行動をとった時や自分の思い通りにならない時に、叩くなど攻撃的な行動をとる。一方、良い子に振る舞ったり、保護者の様に親を慰めたり、手伝ったりすることで、親をコントロールしようとする、従属的な愛着パターンもある。一見するとコントロールとは正反対のように見えるが、相手の気分や愛情を意のままにしようとする点においてはコントロールである。その他、前述の２つをより巧妙に組み合わせた操作的パターンもあると言われている[31]。

🗨 ４歳で母の体調を気遣う

保健師が子どもと遊んであげたら、すごく喜んでたんですけれども、帰る時に「バイバイ」と言ったら、「また元気悪い時来てね」と言ったんです。「元気？　天気が悪い時？」と聞いたら、「元気悪い時」と、お母さんをこうやって指さして。だから、お母さんの調子が悪いから、私たちが来たということをちゃんと４歳児がわかっているんです。訪問した時も、お母さんをかばうように、お母さんの肩にそっと手をあてて、誰が来たんだろうっていう感じでした。保健師が見立て遊びをしながら「今日のお夕飯何がほしい」みたいにやったら、「冷凍ご飯でいいよ」と４歳児が言ったんです。保育園でも、先生が「お母さんがご飯用意してくれなかったんだ。お母さんに用意するように、先生が言ってあげようね」と言った時も、「お母さん、悪くない」と保育士に言ったということも聞いていて、本当に子どもがお母さんを気遣って、役割逆転が起こっていました。[SW15、母、うつ病]

---

31) 28) と同じ

💬 リストカット場面を見て

どう考えても無理だよね、という受験をさせている。それに対してお兄ちゃんが、「僕がお母さんを守る。僕が嫌だって言ったら、お母さんがまた駄目になる」とすごく頑張っていました。どうしてこんなに頑張るんだろうと思ったら、小学生中学年の時に、お母さんがリストカットをしている現場を見ていたんです。お母さんにもう一度笑ってもらいたい、前のお母さんに戻ってもらいたいという想いで、頑張っていたことがわかりました。
[SW24、母、うつ病]

💬 女の子に告白しまくる

母子世帯で、子ども全員の父親が違います。その男の子が一番問題が多く、家出が100回くらい、万引きなども問題行動があります。一度親の物を壊した時は、当時小学生高学年でしたが、もう駄目だと自殺を図りました。自分の首をタオルで絞め、下の子に引っ張るように手伝うように言って、下の子がパニックを起こしたことがありました。その男の子は一時保護されるたびに何人もの女の子に告白をしていました。今は高校生ですが、今でも施設に入ると女の子にすぐ告白しています。愛着障害なんだと思います。この子は果たして自立できるのか心配です。[SW17、母、パニック障害]

💬 お母さんと仲良くなりたい

子どもからSOSが担任の先生に入りました。子どもは、「お母さんが怖い」「怒られるから帰りたくない」と言ったので、学校から自治体に虐待通報がありました。私は、すぐ飛んで行き、お子さんに聞いたら、お母さんと本当は仲良くしたいんだけれど、お母さんは口を開くと怒ってばかりで、仲良くする方法を知りたいという話をしていました。[SW30, 母、境界性パーソナリティ障害]

3）成人した子どもの体験から

精神疾患のある親に育てられた子どもと話していると、乳児期のことは覚

えていないということもあるが、学童期の辛い体験が心の傷となっており、精神的影響が大きいという印象がある。精神疾患があっても子どもを産んでいるということは、発病が結婚前か、あるいは発病していても比較的症状が落ち着いていることが多いと考えられる。しかし、精神疾患の疾患特性として病状が不安定であるということがあり、育児中に病状悪化することは多いと考えられる。その場合、小学生の学童期以降に親のメンタルヘルス不調の影響を受けることになる。

💬 子：入院で母親不在、家庭不和

小学2年生の頃に母が入院しました。家に母がいないというのは結構大変。母はもう治らない病気だからと、周囲の大人からは「あんたたちがしっかりしなきゃいけない」と言われました。そもそも何で具合悪いのか、何で病気になったのかとか、何で精神病なのかとか全くわからなくて、治らないと聞いた時はショックが結構大きくて、何か逃げ出したい気持ちでした。父が母に結構強く辛く当たっていました。父が仕事から帰ってきて、母がよくわからないことを言ったりするので、父はイライラして、また今日もおかしいんだなという感じで、殴ったりしていました。そういう場面では、私が止めに入ったりしていましたので、何か本当に家にいたくないような家だったなという感じで、実際に家にはあまりいませんでした。

今、振り返ってみて、当時私が親にして欲しかったことは、いっぱいありますが、一言で言うと、もう少し自分のことを見て欲しかったし、話も聞いて欲しかったし、甘えたかったです。[C2、母、統合失調症]

幼少期は病状が安定して穏やかな家庭で育った場合であっても、学童期に病状悪化に伴う過酷な環境に置かれた子どもは、その後、自己肯定感の低さなどの生きづらさを抱え、他者との安定的な愛着状態を保つことを難しくさせている場合が少なくない。メンタルヘルス不調の親に育てられる子どもへの支援は、幼少期でだけでは全く不十分であり、学童期にいかに支援できるかが重要になる。以下に、『精神障がいのある親に育てられた子どもの語り』（横山恵子・蔭山正子編著、明石書店）より事例を引用する。彼女は、明る

く、しっかり者で、格好良い女性である。しかし、心の中では苦しんでいた。今から数年前、彼女は、筆者らの活動に加わった。そこで精神疾患のある親をもつ子どもの立場の仲間と出会った。孤立している子どもへの支援を求めて、自分の体験を大勢の人の前で泣きながら話している。彼女は今まさに回復過程にある。

📖 子の手記：学童期以降に生じる愛着の傷

　母が病気になるまでの生活は、家族団らんがあり、誕生日や祭日を祝う家族でした。いつも優しくて、応援してくれて、時には友達のように話して、一緒に遊んでくれたり、私が怖がっている時はしっかり守ってくれる、そんな母が大好きでした。父と母と兄と私の4人家族で、幸せな家庭がするようなことをする家族でした。幼稚園までの我が家は順風満帆な家族として周囲からも見られていたことだと思います。

　…私が小学2年生の頃に父と母は離婚しました。毎日泣くようになった母は次第に妄想が現れたり、独り言が多くなり、優しい母が少しずつ変わっていきました。…離婚後、すぐに親権の問題が我が家にやって来ます。知らない大人に「お父さんと、お母さん、どっちがいい？」と質問をされます。私はお母さんが好きだったので、「お母さんっ！」と答えました。…私が駄々をこねて。母を家へ連れ戻してしまいました。…私が中学3年生のある日、…奇声と悲鳴をあげて、包丁を持ち出し、外へ出て行った母を私は怯えながらも追いかけました。隣の家の扉の前でインターホンを笑いながら押す母は、大変恐ろしかったです。何度私が呼びかけても反応がなく、週に1日程しか自宅に帰ってこれない父がさっき家を出たばかりだったので電話して戻ってきてもらいました。それまでの間、母に説得を試みますが私の声は母には届きません。幻覚の中にいたのでしょう。父が帰ってきた際に母と父は取っ組み合いになり、母の持っていた包丁の刃が父にあたり、父が怪我をしました。…それからの記憶はありません。私は、とっさに走って逃げてきてしまったみたいです。（その後、入院した病院から電話があり）母は「もういいよ。あなたはもう私の子じゃない。私ももうあなたのお母さんじゃないから。サヨナラ。」と言われて電話が切れま

した。母に絶縁をされてしまったのです。…子どもという私たちの存在は、母にとってどこか邪魔だったことだと思います。責任感のある人だったので、母親という役割や責任に悩んでいたのではないか、苦しんでしまっていたのではないかと考えます。

　…「自分には失ったものがある」、「みんなより欠けている」、その思いが私から自信を奪います。…私が小学生の頃、家から出る母を連れ戻しました。今、思うとあの日の別れが最後の別れだったらどんなに良かったのかと悔やまずにはいられません。幼い私が母の人生を変えてしまったのかもしれません。そんな気がして仕方ないのです。母を引き止めといて無責任な私があの傷害事件を起こしたのではないかと後悔の念を抱いています。

　だから、私は傷害事件が起きた日から生きた心地がしません。いつも何か後ろ髪を引かれる思いで過ごしていました。失ったものは大きくて、当たり前のことが当たり前じゃなくなることを知りました。私はそれから自分の気持ちや感情が上手くつかめません。彼氏ができても幸せが何かわからないのです。また、誰にもこの事実を言えなくて、彼氏と付き合いが深くなってから打ち明けるといつも関係がこじれます。普段の明るく振る舞う私からは想像ができないと言われます。

　…私は私を肯定する理由や保証がほしいです。なんのために生まれてきたのか知りたかったのですが、この問いに答えがないことにやり切れない思いでした。親の愛を求めても、もらえません。『期待』は私の心を傷つけます。どうしたら愛されるのか、誰か教えてほしいです。なんの権限もなく、無力な私は何のために生きてるんだろうと思ってしまいます。本当はもっと素直になりたいのに、ありのままに生きることが難しく、許されることなのだろうかと思ってしまいます。『生きづらさ』とは、まさにこの事だと思います。外側の自分は笑っていて、内側の私は泣いています。誰にも頼れず悲しむ内側の私（本当の私）は、いつも助けを求めていました。それなのに甘え方や頼り方、弱さの見せ方を知らない外側の私が内側の自分を閉じ込めてしまいます。　私も同世代のみんなと同じように、心の底から楽しみ、幸せを感じたいです。学校のことで悩んだ時は甘えたり、頼りたい事がたくさんありました。そんな中、男をつくって出て行ってし

まったり、妄想に駆られてどこかに行ってしまったり、そばにいて欲しい時に母はいませんでした。自分で何とかしなきゃ！と奮いたった子どもの頃を思い出します。

　周りに変な子と思われたくなくて、みんなと同じ様になりたくて、自分が頑張ればいいんだとずっと思っていました。自分が頑張れば、犠牲になれば、と思いながら学生時代を過ごしてきました。母の事を誰にも気づかれないように、普通の家庭の子を装って、たくさん頑張って必死に生きてきたけど、社会人になっても報われないことを感じます。どうして今も苦しいんでしょうか。［Book1、p.64-72、母、統合失調症］

4）親自身の不安定な愛着状態と世代間連鎖

　自分の親と適切な愛着関係を築けなかった場合、親自身が幼少期に虐待やネグレクトを受けた経験があり、不安定な愛着状態のまま親になっていることは珍しくない。多くの親が自分が養育された方法とほぼ同じ方法で自分の子どもを育てるようになるため、子どもが大人になって結婚して親になった後も、自分が育てられたように育てるかもしれない。自分と同じような思いを子どもにさせたくないという気持ちから、親は頑張って「普通の家庭」を目指す。婚家を通して「普通の家庭」を知ることができると、身近にモデルができるが、そのような婚家ではない場合は「普通の家庭」を知る機会もない。「見よう見まね」や「育児書」頼りで「普通の家庭」を目指しても当然ながらそれは難しい。そして、できない自分を責めて、自分を否定し、追い詰めてしまう。このようにして世代を超えて繰り返されることがある。

　世代を超えて虐待が発生してしまう親子関係のことを、虐待的親子関係の世代間連鎖と言う[32]。この「世代間連鎖」という言葉には、支援者のスティグマがあると感じることが少なくない。スティグマとは、あるグループがレッテルを貼られることによって生じる否定的な影響である[33]。つまり、「世代間連鎖」という言葉には、虐待をする親の子は、将来的に自分の子を虐待を

---

32) 26) と同じ
33) アーヴィング・ゴッフマン（石黒毅訳）『スティグマの社会学——烙印を押されたアイデンティティ』せりか書房，1980.

するようになるだろう、という否定的な見方や偏見がその言葉に付随している。あえて言うならば、その言葉に愛情を感じられない。なぜ世代間連鎖してしまうのかを考えてほしい。そこには当事者の苦しみと葛藤がある。その苦しみを感じられない支援者が児童虐待に関わる支援者の中に相当数いるのではないかと感じている。そのような支援者に当事者が心を開くはずもなく、支援がうまくいかないことは自明である。支援者がもつ、メンタルヘルス不調のある親へのスティグマが、自らの支援を難しくしている一つの重要な要因であることに気づく必要がある。

支援者は親を支援している時に、親の愛着障害を疑うことがある。

💬 親自身の愛着障害を疑う

お子さんが5人います。母親も父親も気に入らない保健師はバシバシ切って攻撃してくる感じでした。母親の言うことは、相手や場面で違います。「DVを受けている」と言っていると思えば、「夫婦関係はいいです」と言ったり、「父は子どもが好きです」と言っているのに「父のキャパは1人までです」と言うなど、違うことを言います。産科病院も転々と変えていました。

　両親ともに愛着障害があるように感じました。DVもあると思います。幼児健診の場面では、子どもへの接し方として、「どなる」「叱る」以外の方法を伝え、具体的にロールプレイをしてもらいました。その際、子どもが笑いながら答えているところを見た父親は、その光景をすごい目つきで見ていました。今後、子どもの力を信じて成長していくのを待つことでいいのか、悩みました。このままだと母親と父親のミニ版が出来上がってしまうのではないかと考えてしまいます。介入の突破口が見い出せないケースでした。スタッフの苦手意識だけが強くなるケースでした。［PHN28、両親、パーソナリティ障害疑い］

親の不安定な愛着状態は、世代間に受け継がれていると思わせる事例もあった。

💬 職員にお茶をぶっかける中学生

母親と中学生の子ども二人で暮らし、関係者に母方の叔母と祖母がいます。

第一子が虐待されていると中学校で自ら訴えたので、一時保護になったのですが、すごい子でした。ケースワーカーを呼び捨てにして「何々出てこい」「早く帰せ」と大騒ぎをして、母親に連絡を取ろうとすると、「おまえらが勝手に連れて行ったんだろ。引き取るわけがないだろ」という感じでした。こちらもほとほと困りまして、叔母に引き取ってもらいました。叔母の元で第一子は生活を始め、お手伝いもして頑張って生活していた矢先に、第二子が叔母の家に遊びに行きました。それが母親にばれて警察沙汰となり、第二子もまた一時保護され、叔母が引き取らざるを得なくなりました。

叔母が引き取った時点で、私に引き継がれてきました。叔母宅に家庭訪問をしましたが、第二子は家事手伝いなど何もしていませんでした。しかし、叔母は第二子のほうがかわいくて、三者でぎくしゃくし出し、第一子が不登校、第二子も次第に不登校になりました。家庭内で暴れるようにもなりました。当初、叔母は子どもの世話に協力的でしたが、中学校の対応で気に入らないことがあり、攻撃的になり、中学を「転校させろ」と言い出しました。また、転校の手伝いを私がするべきだと言い出しました。しかし、そのお手伝いはできません。その後、私のことは無能呼ばわりでした。

同じアパートに、おばあちゃんと叔母、母親と子どもたちという形でほぼ隣同士に住んでいました。子どもの世話は、ほとんど全部、おばあちゃんがされていたようでした。母親のところには、子どもたちは夜、寝に帰るぐらいだったようです。叔母は若い時からずっと母親の尻拭いをしてきたようで、母親は仕事もなかなか続かないようです。叔母が知り合いから仕事を母親に紹介してもらっても、もめてトラブルになって退職していました。「尻拭いを私がずっとやってきたのに、今度はその子どもの尻拭いまで私にやらせるのか」と叔母はおっしゃって、児相を非常に責められましたね。母親は全く子どもを引き取る気がなくて、子どもたちの激しさや、年齢の大きさから施設入所ということも全く考えられませんでした。

第二子は以前に入所した場所が良かったようで、「そこがよかったのに、なんで私を別の場所に入れたんだ」と言い、面会に行くと、私にお茶をぶっかけました。第二子もそういう激しさのあるお子さんでした。しかし、高校では、友人関係などうまくいっているようです。第一子のほうが、むしろ私に少し懐いていたと思いますが、学校という社会の中には馴染めませんでした。

　第一子が家出の荷物を家に取りに行っていて、その時、叔母も第二子も家にいたので「けんかになりそうだから今すぐ来い」と私は呼びつけられ、行ったところ、私も叔母に暴力を振るわれました。第一子も割りばしの先を折って、尖がったもので叔母に振りかかっていくので、それを止めました。第二子か叔母が通報して、警察も臨場し、大騒ぎになりました。

　そんなこともやりつつ、児相は支援することはできなくなってしまい、その後の状況はわからないままです。第二子が18歳になったので、相談ケース終結の形にせざるを得ませんでした。第二子は、叔母の家から高校に通っていることを高校に確認しました。第一子は、精神科に入院したこともあったようですが、全く支援の手掛かりがつかめず、相談終了となったという、私としては大変なケースでした。

　母親は本当に最たるものという感じでしたけど、妄想じみた発言は第一子、第二子出産の時の生活保護の記録にもありました。自分は、病院で騙されて精神病院に入れられてしまうとか、自分のことを世の中に「あいつは悪いやつだ」と誰かが発信しているなどの発言が書かれていました。苦しかったら精神科に相談してみるといいよということは、生活保護課も案内していましたが、結局は医療につながらなかった方です。非常に被害妄想が強くて、中学では学校ともめたエピソードがたくさんありました。

　子どもたちは、精神疾患のある母親から理不尽にいろいろなことを言われて叩かれたりもしていたのかなという気はします。しかし、家系の気質として人格的な偏りが皆さんあったのだろうということは感じました。上手に枠をつくって支援するとかいうことがなかなか難しく、ずるずると要求に応えて、その要求どおりにこちらが対応できないと能無し扱いされるという、向こうから関係を切ってくるという感じでした。［SW13, 母、パー

ソナリティ障害疑い］

　支援者は、虐待のハイリスクケースを支援しているので、世代間連鎖を断ち切った人たちと出会うことはあまりない。しかし、私が研究活動で交流のある、精神障がいのある親に育てられた子ども（成人）の中には、すでに自身が親になっている人が複数名いるが、皆、子どもを虐待することなく育てている。核家族が多く、近所との付き合いが乏しい近代では、家庭というのものは、密室であり、多くの人は自分の家庭しか知らずに育つ。ある時自分の家庭が普通ではないことに気づく。そして、「普通の家庭」を知らない自分が親になることに不安を抱く。その時に支えになる人は、配偶者、ママ友、近所の人だったと彼女たちは言う。

　子ども（成人）の集まりを開くと、中には自身もメンタルヘルス不調で辛そうにしている人がいるが、メンタルヘルス不調にならない人も多い。また、メンタルヘルス不調になっても、その後、乗り越え自分らしく生きている人も多い。そして、多才で能力的にも高い人が少なくない。大人になった彼らの姿は、子どもが持つ本来の力、いわゆる「レジリエンス」に支えられている部分も大きいだろう。レジリエンスとは、「ストレッサーに曝露されても心理的な健康状態を維持する力、あるいは一時的に不適応状態に陥ったとしても、それを乗り越え健康な状態へ回復していく力」[34]とされる。精神疾患の親を持つ子どもを10年以上追跡した調査では、その後の人生がうまくいき、レジリエンスを促進する要因として、子ども自身の素質、家族の絆、外部のサポートが明らかになったと報告されている。子ども自身の素質とは、自尊心、自己効力感、知的レベル、コミュニケーション能力だった。このような子ども自身の素質で困難を乗り越えて回復していく人もいるが、家族が団結して助け合える場合や、近隣住民や教職員など温かく助けてくれる大人の存在も困難を乗り越えることに有効だった[35]。

---

34) 斉藤和貴・岡安孝弘「最近のレジリエンス研究の動向と課題」『明治大学心理社会学研究』4, 72-84, 2009.
35) Hoge E. A., Austin E D. & Pollack "M. H., Resilience: research evidence and conceptual considerations for posttraumatic stress disorder", *Depression and anxiety*, 24:139-152, 2007.

子ども自身が本来もつ力、家族、周囲の支援があれば、世代間連鎖を断ち切ることができるのではないかと筆者は考えている。

　以下に世代間連鎖を断ち切った人の体験談を紹介する。彼女たちは、自身が子育てする時に不安や苦労を経験したが、愛情に溢れる、素敵で自立した女性である。

📖 子の手記：塾の先生だけはよく見てくれた

　けんかを始めるととても勉強できるような状況ではありません。学校が終わるとそのまま夜遅くまで学校や塾で自習をして、家族と顔を合わせないようにしていました。塾の先生だけは私自身のことをよく見てくれていました。家族のことではなく、私の心配をしてくれました。「ちゃんとご飯食べてる？」と声をかけてくれるだけでも救われました。家族にすら体調の心配なんてされなくなっていたので、唯一安心して過ごせる場所でした。その存在がなければ私はとっくにすべてを投げ出していたと思います。自分が無理して頑張らなくても認めてくれる、無条件での愛情が欲しかったです。［Book1、p.60、父、双極性障害等］

💬 子：近所のおばさんと父親に支えられた子ども時代

　社宅でしたし、商店街で結構地域的にみんなが支えてくれてるような感じで、顔見知りが多かったです。小学生の頃、社宅のおばさんたちが、料理を作って持ってきてもらったりしていました。何か、守られたというか、近所の人に支えられてたというか、甘える場所がそこにあったということを感じています。料理はお父さんがやってくれましたが、大した物は作れないので、食生活は本当にひどかったです。そういう状況を見かねて近所の人が差し入れをしてくれました。同じ服を毎日来ていると「洗濯できてるのか」とか、「お母さんどうした」とか、「寝てる」と言うと、「洗濯してやろうか」と言ってもらったりしました。…父と母は離婚していません。…私には、息子が二人いますが、自分が家庭を持っていることに自信がないという感じはずっとあります。［C2、母、統合失調症］

📖 子の手記：手探りで乗り切った育児

子育てをするにあたり、親はあてになりませんでしたので、育児雑誌をよみあさったり、友達に聞いたりして乗り切りました。[Book1、p.38、母、統合失調症疑い未治療]

💬 子：友人に支えられた育児

母のようにはなりたくない。その一心で、子どもを育てるためにも、自立に向けて仕事を始めました。託児所付きという理由でだけで決めたので、仕事の内容は苦手な営業でしたし、パートなので収入も少しでした。ですが、大事な友人たちとの出会いがありました。母に相談できない子育てのこと、料理の仕方、様々なことを友人たちと話し合いながら一緒に育児をしていきました。今でも付き合いがあり、子どもたちも「友だちというより、親戚みたいだね」と皆が居心地のいい関係になっています。孤独だった私に居場所ができました。気持ちに余裕が出来たからか、実家に育児や家庭のことを相談することはありませんでしたが、孫の成長は楽しみにしていたので、なるべく会う機会を作るようにしました。正月から始まり、お花見、動物園、水族館、潮干狩り、花火大会、誕生日会、クリスマス会など様々な季節の行事を行いました。子育てをしていくなかで、料理も人並みにできるようになりました。[C6、母、統合失調症]

2．安全な生育環境

家庭が安全で安心できる環境であることは、子どもの健全な成長に欠かせない条件である。親にメンタルヘルス不調があっても子どもが安全で安心できる環境を整えることは可能である。しかし、病状や障がいによっては、注意が行き届かずに安全な環境が守られない場合がある。子ども虐待では、ネグレクトに分類される状況である。認知機能障害、陰性症状、うつ症状がある場合は、子どもの面倒を意図的に看ないというわけではなく、能力的に注意力や判断力が低下している状態か、気力がない状態であるがために、安全に配慮して適切な育児ができないことがある。

🗨 注意が行き届かず危険

子どもたちだけで外をうろうろしていて、お金を持ってコンビニに行ったり、信号を無視して渡ったり、車道を歩いたりとかして、子どもたちが全然しつけられてないので、本当に怖いです。事故の危険性もありましたし、連れ去りの危険性もありました。お母さんに話をしても、「わかりました。じゃあ出さないようにします」と言うのですが、全然実行できない方でした。［SW32、母、統合失調症未治療］

親自身の都合を子どもにとって重要なことよりも優先させて行動してしまうこともあった。優先順位に関する判断の不適切さや価値基準のずれによって子どもの安全が守れない場合もある。

🗨 受診の判断

子どもが怪我をした時、本来であれば受診レベルのものですから、受診させると思うのですが、母は、テレビを見ていたか、用事があったかで、子どもの相手をしませんでした。相手にされなかったため、子どもが１人で警察に行って話したので、児童相談所につながりました。［PHN28、両親、パーソナリティ障害疑い］

安全な生育環境が守られない状況には、身体的虐待の暴力や心理的虐待のうち暴言が発生している状況もある。暴言や暴力が発生している場合は、陰性症状や気分の低下ではなく、衝動性や混乱などが関連する場合が多いと考えられる[36]。統合失調症やうつ病などの精神障がいの場合は、普段はどちらかというと内向的で優しい人が多い印象がある。しかし、治療が適切に行われていない場合、病状が悪化した場合、ストレスが高まった場合などに、衝動的に反応してしまうこともある。暴力や暴言が治まった後に、親は罪悪感

---

[36] 蔭山正子『精神障がい者の家族への暴力というSOS——家族・支援者のためのガイドブック』明石書店，2016.

に苛まれることが多いが、暴力や暴言を受けた子どもは、時にその恐怖体験がトラウマとして残ってしまう。

📖 子の手記：トンカチの記憶

　私と弟は、5歳離れています。当時2、3歳だった弟が一番影響を受けていたことでしょう。私が学校から帰ると、家で一人泣いていることがありました。たたみ一畳ほどの洗濯機が置いてあるスペースに入れられ、ドアには、開けられないよう釘が打ちつけてありました。私は、ハンガーを釘に引っかけ、必死に釘を抜きました。また、弟が一人で家から出てしまうと、母は探すことが出来ないため、授業中の私に探しに行けと学校に連絡が来ることもありました。

　急性期の母は、幻聴、妄想による父への浮気の疑い、破壊行動などの症状が強く見られていました。当時の連絡手段は電話だけだったので、父が職場で浮気をしているからと仕事に行かせないためによく電話が壊されていました。また、気に入らないことがあると、壁や私の学習机に穴が開いていました。何かにつけトンカチで破壊してしまうのです。また、ある時、一円玉を百枚持たされ、「炭酸飲料を買ってこい」と家を出されたことがありました。1度目は、しぶしぶ店に買いに行くと「大量の一円玉で買い物ができるのは今日だけだよ」とお店の人に言われ、とても恥ずかしい思いをしながら購入しました。2度目に「行ってこい」と言われた時は、「イヤだ、行かない」と拒否をしてテレビを見続けていたところ、後ろからトンカチを投げつけられました。トンカチは、私の顔の横を通りテレビ台に刺さりました。幸い怪我はしませんでしたが、いつか殺されるとインプットされた出来事となりました。それからというもの、いつトンカチで叩かれるかわかりませんでしたので、安心して眠ることは出来ませんでした。また、家族と話をしなくなったのもこの頃からだと思います。[Book1、p.86-87、母、統合失調症]

メンタルヘルス不調があっても安全が保たれた環境で生活することも多い。安全な生育環境を確保できていない場合は、主治医と連絡をとって病状の安

定を図ること、ストレス要因を軽減すること、家庭内のコミュニケーションを円滑にすることなどの対処が有効である。これらによって多くの暴力や暴言を軽減することが可能である。育児は誰にとってもストレスになりやすいが、メンタルヘルス不調のある人は、一般的にストレス耐性が低い。そのため、育児による負荷を感じやすいため、ヘルパーの導入は積極的に行ってほしい。また、家族以外の人とのコミュニケーションをとることは、精神的な安定をもたらすだけでなく、自分の考えを整理したり、客観視する機会になるなど非常に有効である。訪問看護を導入すること、外に出られる状態であれば地域活動支援センターなど障害者総合支援法の福祉サービスを利用して、人とのつながりをつくることが望まれる。

3．育児手技と状況判断

　精神障がいがある場合、ミルクの作り方、沐浴の仕方など育児手技がぎこちなかったり、状況を判断した柔軟な育児が難しく、支援が必要な場合がある。これは、統合失調症の認知機能障害など障がいによる部分が大きいと考えられる。認知機能とは、言語や視覚などの様々な情報を記憶したり、行動の段取りを効率よく計画し、実行したりする能力などのことであり、日常の社会生活を送っていく上で重要な能力である。統合失調症では約半数の方に認知機能の障害が起こると報告されている[37]。

💬 ミルク・離乳食、薬の塗り方

　お母さんは、ミルクの量や離乳食の配分など、細かいことですごく迷ってしまい、かなり細かい相談が多くなりました。また、育児手技が稚拙なところがあり、湿疹の薬の塗り方もものすごくたくさん塗ってしまったり、薬のキャップが無くなってしまって薬がはみ出た状態で転がっているなどの状況がありましたので、育児支援の家庭訪問員を導入しました。［PHN9、

---

[37] 日本神経精神薬理学会「統合失調症薬物治療ガイド――患者さん・ご家族・支援者のためにー」2018.http://www.asas.or.jp/jsnp/img/csrinfo/szgl_guide.pdf

母、統合失調症］

💬 ミルク、清潔、衣服

そのお母さんは、ミルクをつくる際、熱湯の中に水を足してお湯の温度を下げてしまったり、猫が3匹くらい家の中にいてゼロ歳児の布団の上を陣取っていたり、ゼロ歳児を連れてきた時は、おむつの上にジャンバーだけ羽織って裸だったりします。少しずつ変えていけるように関わっていくしかないと思い、今支援しています。［SW6，両親、統合失調症］

💬 乳児に餅

お正月に、お餅食べさせましたとか、まだ1歳になってないお子さんに何を食べさせて良いかどうかを判断することが難しいのだと思います。
［PHN10、母、統合失調症・知的障害］

このような状況に合わせた育児手技が不十分な場合、育児ヘルパーを導入したり、気軽に相談できる体制をつくるなどの配慮が必要である。臨機応変な対応が苦手な方が多いので、育児書に書いてあることをそのまま実行するものだと思い込むと、その子のその時の状況に合わせてアレンジすることが難しくなる。状況が変わるとどう対応すればよいか、わからなくなるため、その度に相談が入ることも珍しくない。また、記憶力や理解力の低下によって、一度に一つしか伝えることが難しいこともあり、その場合も相談が頻回になる。通常の母子保健相談では、「困ったことがあったら相談してください」と言うことは多いが、障がいがあると、「困ったこと」とは何かがわからずに、相談できなくなる場合もある。具体的に伝えること、わかりやすく伝えること、一度にたくさん伝えないことといった、対応の基本を意識した支援が求められる。

4．基本的生活

メンタルヘルス不調があっても基本的生活には支障をきたさない場合もあ

る。

💬 **子：家事はきっちりしていた**
　うちの母は妄想があること以外は正常でしたので、生活に関することですと、掃除と洗濯は毎日きっちりするなど、家事ができないことはありませんでした。その点に関しては、よその家よりもやっていたのではないかと思うぐらいです。他の共働き家庭で、家の中が乱雑になっている家を見たことがあるので、それに比べればかなり片付いていました。[C1, 母、妄想性障害疑い]

　しかし、病状や障がいの種類や程度によっては、基本的な生活習慣を保つことが難しくなる。身なりが整わない、料理が苦手というのは障がい特性でもある。睡眠障害や気力の減退は、症状でもある。自身の体調不良や障がいによって、生活に支障をきたせば、それは子どもの生活、つまり、育児にも支障をきたす。精神疾患の方は、喫煙率も高く、肥満の方も多く、健診受診率も低く、自死も多く、平均寿命も短い。精神疾患の方は、身体疾患のハイリスク集団でもある。その原因には、薬の副作用もあるが、健康的に生きたいという気力そのものを持つことが難しいということもある。この病気は症状と性格の区別がつきにくいこともあり、「寝てばかりいる」「だらだらしている」と周囲の人は思ってしまうことが多々ある。怠けていると思われることが、当事者にとっては非常に辛いと言う。周囲から見て、家事や育児が不十分であっても、本人の怠慢ではなく、症状や障がいによるものだと理解し、それを補う家事援助サービス等を快く導入することが求められる。

💬 **寝てしまって育児ができない**
　自分たちが寝てしまうので、オムツを半日以上替えないとか、自分たちが寝ている間はミルクも８時間ぐらいあげないという、危機的なところがありました。[PHN10,両親、統合失調症]

💬 片付けができない

家の中はかなり乱雑になってしまっていました。片付けができないということで、お子さんのおもちゃが常に出しっぱなしになっていて、足の踏み場もない状況でした。2階は更にひどい状況で、足の踏み場もなく、「片付けなきゃ」と思うとイライラしてしまい、しんどくなるというようなお話がありました。育児支援のヘルパーという制度があるのですが、この方は精神疾患をお持ちなので、できれば精神障害のヘルパーを導入したいと思いまして、障害担当の職員にも入ってもらって、一緒に面接や訪問をして、障害のヘルパーを導入しました。［PHN9、母が統合失調症、父がうつ病］

💬 子：病状の波

母は、調子がいい時は全然料理もできるのですが、調子が悪くなると、家事ができなくなることがあり、ご飯も作れないし、掃除が苦手で、すごく散らかっていました。近所の友だちから「ゴミ屋敷」と言われたこともありました。父が仕事ですごく朝早く家を出るのですが、母は朝起きれない人で、朝ご飯を作れませんでした。そして、何か子どもたちも朝起きれなくて、みんなで寝坊するという感じですね。生活リズムがちょっと狂っていました。母がつくるご飯は、すごく美味しかったのですが、調子が悪くなると味覚が何かあやふやになるのか、腐った肉とかも平気で出してしまったり、水分を間違えてご飯がべちゃべちゃになるということもありました。［C5、母、統合失調症］

💬 子：料理、受診、掃除

食事は基本的に父が用意してくれてはいたのですが、給食のない土曜日には食事の用意がなかったので、何も食べるものがありませんでした。人の家に行って、食べさせてもらったりしていました。また、洋服なども買ってもらえませんので、着替えもありませんでした。何かを買ってもらうということが本当にありませんでした。周りにいる同級生のお母さんが上履きなどのお下がりをくれることがあったのですが、それがすごく嫌だったという記憶があります。他の家のご飯は美味しいと思ったことも記憶にあ

ります。ゴミ屋敷みたいな家だったので、家庭訪問した先生は、何かに気づいたかもしれないのですが、何も言われませんでした。［C6、母、統合失調症］

💬 子：お金を貯めない、大量買い
お金は元々少ない家庭ではありましたが、貯めるということは、一切なかったと思います。何か1個の物を買うことができなかったようです。例えば、靴下を母が買いに行くと、こんなでっかい袋にたんまり入れて帰って来るとか、八百屋に行くとネギがケースでくるとか。作らないのに。作らないけど買い物はするんです。野菜を大量に箱でバンバンバンって来ちゃうから、それが腐ってしまうという状態でした。［C6、母、統合失調症］

💬 子：お金を使いすぎる
お金はすごく使ってしまう親で、ブランドの服を何百万も買ってきたり、しょっちゅう新しい服を着ていたりとか、いい物を買う人でした。元々お金に余裕はなく、ギリギリで生活をしていたのですが、お金持ちのお父さんがいたんです。そのお父さんのお金もかなり使って、服を大量に買っていました。そのショップでプレミアム会員のようなものになるくらい、買い込んでいました。［C3、母、うつ病］

アディクションを患う方は、依存対象となっているアルコール、ギャンブルなどを絶って生活をしていれば、基本的生活やしつけ等の育児に問題ないことが多い。しかし、スリップして飲酒・ギャンブル・性的行動などの依存対象を再び開始してしまうと、一気に生活がままならなくなり、依存対象に過剰に囚われて子どものことが後回しになってしまう。

💬 普段は生活やしつけは問題ないが、スリップで転落
このお母さんは、家事・炊事・育児もできる方で、部屋も綺麗にされる方です。お子さんに発達障害の傾向がみられるのですが、「1、何々をしましょう。2、何々しましょう。時計を指して何時で、ここで帰ってきて、

ここからご飯」というように、発達障害のお子さんへの関わり方をきちんとわかっていて、対応をされてる方でした。私も、本当に生活できるお母さんだと思っていました。お仕事にも就かれていて、きちっとされてますし、ちゃんとやれる方なんだと思っていました。ところが、ある時、住民票をここに移したのですが、そこから、怖い感じの取り立て屋が来るようになり、実は、高額な借金をしていたとわかりました。それが発覚してからそれを機に、本当に転がるように、働いていた先の男性とお付き合いをするようになって、驚いたのが児童扶養手当など数万円まとめて入った時があったのですが、それをもう数日で使い切ってしまったりとか。お子さんを置いて外泊しちゃったりとか、仕事で長引いちゃったからとか、帰れなくなっちゃったからとかいろんな理由をつけて、だんだん施設に帰って来なくなってしまったんです。[SW12、母子生活支援施設、母、アディクション]

5．しつけ

「しつけ」とは、人が社会生活を営むために必要とされる望ましい行動様式を教えることであり、基本的生活習慣（食事・睡眠・排泄・清潔・衣類着脱）から始まり、日常生活における言葉づかい、立居振舞、礼儀作法など、を繰り返し教え、身につけさせ、それを通してその社会のもつ価値観をも学ばせようとするものである[38]。しつけをする際、どのような行動が社会的に好ましい行動であり、どのような行動が好ましくないのか、親や養育者が一貫した基準で子どもに教える必要がある。同じ行動をしたにもかかわらず、ある時は良しとされ、ある時は罰せられると、子どもは混乱してしまう。また、感情的に叱る、気分によって対応が異なる、理解し難い理不尽な理由で叱る、子どもによって親の態度が異なる、というような場合は、しつけにならないどころか、子どもの心を傷つけて虐待と捉えられかねない状況になりうる。

　メンタルヘルス不調にある親全員がしつけが苦手だということではない。

---

[38]　青木一・大槻健・小川利夫・柿沼肇・斎藤浩志・鈴木秀一・山住正己編『現代教育学事典』労働旬報社，1988．

しかし、中には、病状として気分の波がある、陰性症状など気力が出ない、衝動性のコントロールが難しい、というような症状や障がいのある親もいる。一貫した対応をとることが難しい場合は、周囲の家族や訪問看護などの第三者などによる支援が必要になるだろう。

💬 お菓子、お小遣い、歩行

お母さんは、でき合いのものですけど食べさせるとか、子どもの世話はします。しかし、子どもが要求するからお金を渡すとか、お菓子を食べたいと言うから、栄養バランス考えずにお菓子ばかり与えてしまうというようなことをします。痩せてふらふらになるといった、状況はないのですが、子どもたちが全然しつけられていません。信号も無視して渡ってしまったり、車道を歩いてしまったりとか、本当に怖いんですね。[SW32、母、統合失調症未治療]

💬 子：生活習慣を教えられなかった

親からは、お風呂に入りなさいとかも言われたことがないので、生活習慣が身に付いていなかったですね。[C5、母、統合失調症]

6．社会性

　社会性とは、「子どもが発達過程の中で備えるべき、あくまでも「社会」というものに限定的に関わる性質や能力」である。社会には、家族、学校・学級、近所、地域までを含み、人間関係と社会的な経験を通じて発達する[39]。
　メンタルヘルス不調の親は、体調不良等から子どもを学校に行かせるような関わりができないことがある。そのため、子どもが学校を休みがちになることもある。また、メンタルヘルス不調の方は、人付き合いが苦手な人が多く、それは子どもの社会性の発達にも影響を及ぼすことがある。また、妄想

---

39) 鶴宏史・安藤忠「社会・家族の変化と子どもの社会性発達」『福祉臨床学科紀要』神戸親和女子大学，2007．

があると特定の人との交流を避けたり、家の外が危険だと感じることが珍しくない。そのため、人との関わりを制限したり、外出を制限することがある。

🗨 保育園の送迎ができない
　お母さんは、多分、夜に眠れてないので、朝眠ってしまい、朝起きられなくて、結局、保育園への送迎もほとんどできてなくて、月のうち5日くらいしか保育園に連れて行くことはできませんでした。保育園に行かせたいとは思ってるのですが、行かせるまでの段取りや準備では、子どもが3人もいれば、ワーワーキャーキャーとなって、親の言うことも聞かなくて、それで面倒くさくなってしまうという感じもありました。[SW32、母、統合失調症未治療]

🗨 保育園に行かずに怠惰な暮らしが続く
　一番下のお子さんはほとんど保育園に行っていません。お母さんは働いているわけではないのですが、子どもを保育園に連れて行くのが面倒くさいのだと思います。体がまだ小さいので、ご飯も少しだけ食べさせれば、おなかが空いたとも言いませんから、家にいてもそれほど手がかからないわけです。お母さんは子どものことは可愛がっているんですね。ですから、お家にいて何か危害を加えるということはないのですが、怠惰な暮らしがずっと続いてしまい、子どもが保育園に行かない状況が続いています。[SW1、母、覚せい剤後遺症]

🗨 子：外出を禁ぜられる
　私が小学生のある時、帰宅したら家が留守でした。お隣のおばさんが、声をかけてくれて、お隣の家に上がって母が帰ってくるまで待っていました。その後、母が帰って来たら、怒られました。よその家に行っちゃいけないという発想だと思います。被害妄想のようなものがありましたから。その他にも、友だちと遊んで帰りが遅くなった時に、友だちの家は全然平気なのに私は怒られて、家から閉め出されました。また、小学校から中学校にかけて、友だちに誘われて、隣の駅まで買い物に行こうよとか、電車で映

画に行こうよとか、スケートに行こうよと誘われた時に、親に一応行ってもいいか聞いて許可を得ようと思ったのですが、行ってもいいかと聞いたら駄目と言われるんです。危ないからとか、その必要がないからという理由で、あまり納得できる理由ではない言葉が返ってきて、何も許可をしてくれませんでした。「何でいけないの」「友だちの家は大丈夫なのに」「何でうちだけ」という気持ちを抱いてました。[C1、母、妄想性障害疑い]

7．ヤング・ケアラー

　ヤング・ケアラーとは、家族にケアを要する人がいる場合に、大人が担うようなケア責任を引き受け、家事や家族の世話、介護、感情面のサポートなどを行っている、18歳未満の子どものことである[40]。精神障がいに限らず、障がいや病気のある親等の世話やサポートを行う子どもたちのことである。メンタルヘルス不調の場合は、疾患によってヤング・ケアラーが担う役割は異なる。生活障がいがある場合、子どもたちが担う役割は家事が中心になるが、感情の起伏や自殺願望がある場合は、子どもたちが親の精神的なサポートを担うことが中心になるだろう。これらの役割を担うことによって、子どもは学習面での遅れ、友だちとの遊びの制限、精神的負担などが生じ得る。精神疾患のある親に育てられた子どもの集いでは、女性が多く集まる。彼女たちは、小学生くらいから家事の役割を担っていることが少なくない。母親の情緒的なサポートは男性が担うことが少なくない。

🗨 子どもを当てにする親
　一番上の子が男の子、その下に女の子が2人います。お母さんは、真ん中の女の子にチーママ（ママの補助）をさせてるんです。お母さんは、この娘のことを大事にしてるというより、当てにしている。[SW20、母、うつ病]

---

[40] 日本ケアラー連盟，http://carersjapan.com/ycpj/index.html

💬 子：寄り添う支援

僕が 14 歳か 15 歳ぐらいの時に母が発症しました。うつ病で、リストカットとか自殺しようとしたりとか、大量服薬とかもあって、救急車で運ばれたこともありました。僕が中学生になると、母は、具合の悪い時は本当に何もできずに、ずっと寝ている状態が続いていました。当時は、姉と分担して家事をしたりしてましたけど、他の家と違うのかということは全然気にもせず、淡々とこなしてたと思います。母がひと晩中泣いていたり、寄り添わなければいけないような状況というのは、今考えると他の家とは少し違ったのかなとは思います。朝まで母と一緒にいることは、中学からは当たり前のようになって、働き始めてからもそのようなことがずっとありました。[C3、母、うつ病]

💬 子：学習への影響

勉強どころではないと言いますか、多分、勉強に興味がないという感じだと思います。「勉強しなきゃ」と思うような家庭環境ではないと思うんですよね。[C1、母、妄想性障害疑い]

第2章
メンタルヘルス不調のある親への育児支援の方法

＊前章では、メンタルヘルス不調のある親の疾患特性や障がい特性とはどのようなものかを説明し、次いで、症状や障がいが育児にどのような影響を与え得るかという点について説明した。読者の皆様には、基本的な知識を確認・学習していただけたと思う。本章は本書の中核部分であり、メンタルヘルス不調のある親への育児支援の方法を、熟達者へのインタビューをもとに解説する。ここで紹介する方法には、成功例だけでなく、失敗例から学んだことも多く含まれている。この支援方法が最善か否かは、終章で論ずるが、ここでは熟達者の支援技術から支援の方法を学んでいいただきたいと思う。

第1節　危機介入

　メンタルヘルス不調のある親を支援をする場合、親と相談関係を築くことが支援の入り口になる。しかし、子ども虐待や精神保健を担う支援者は、通常の支援関係に入る前に、まず危機介入が必要な状況か否かを判断する必要がある。危機介入が必要な状況とは、自傷他害の恐れがある状況であり、自殺、心中、深刻な暴力（虐待）が発生する恐れがある状況と言えよう。
　妊産婦はメンタルヘルスのハイリスクである。自殺した妊婦の約4割がうつ病または統合失調症、産婦の6割が産後うつ病などの精神疾患を有してい

たと報告がある[1]。妊産婦に限らず、統合失調症のある人は自殺のハイリスク集団であり、約5-6％が自殺により死亡し、約20％が少なくとも1回自殺を試みると報告されている[2]。境界性パーソナリティ障害を持つ人の多くは自傷行為や自殺の脅しと自殺企図が繰り返され、8-10％が実際に自殺してしまうと報告されている[3]。

国の子ども虐待死亡事例等の検証結果等の第13次報告では、平成27年4月から平成28年3月までの1年間に発生又は表面化した子ども虐待死事例は、心中以外の虐待死事例では48例（疑義事例含む52人）、心中による虐待死事例では24例（同32人）であり、総数は72例（同84人）となっている[4]。自殺企図や心中は滅多に起こらない、特別なことだという思い込んではいけない。一見普通に生活しているように見えても自殺願望がある人もいる。

💬 子どもを殺して自分も死のう

> 息抜きに、と子育て支援センターに行ってみたこともあったが、周りのお母さんたちが幸せそうで、どうして自分は子育てを楽しめないのか、子どもをかわいいと思えないのか、わからなかった。自分が子どもを殺して、自分も死のうと思ったことは何度もあった。［本書 p.223-224、母、境界性パーソナリティ障害］

支援者は、通常支援にあたる前に、自殺、心中、深刻な暴力が発生する恐れがある状況をまず判断し、対処する必要がある。親に自傷他害の恐れがあると判断される時は精神保健福祉法の措置入院を視野に入れた危機介入、子どもが巻き込まれる可能性があれば児童福祉法の一時保護を視野に入れた危機介入を行う。また、そのような状況が予測される場合は、関係機関と協議

---

1) 竹田省「妊産婦死亡"ゼロ"への挑戦」『日産婦誌』68（9）：1815-1822, 2016.
2) 日本精神神経学会（監修）『DSM-5　精神疾患の診断・統計マニュアル』医学書院，2014.
3) 2）と同じ
4) 社会保障審議会児童部会児童虐待等要保護事例の検証に関する専門委員会 第13次報告「子ども虐待による死亡事例等の検証結果等について」2017, http://www.mhlw.go.jp/file/06-Seisakujouhou-11900000-Koyoukintoujidoukateikyoku/0000177954.pdf

して、事前に対応できる体制づくりをしておく必要がある。

1．自殺・心中の恐れがある親への対応

「死にたい」という直接自殺を意味する言葉や「消えていなくなりたい」「ずっと眠っていたい」など間接的に自殺を示唆する言葉を聞いた時、抑うつ状態にある人に会った時、まず初めに行うことは、自殺や心中のリスクアセスメントである。

　自殺という行為に至るには、死にたいという気持ちがあった上で、計画、具体的な行動へと結びつく段階があり、気持ち、計画、行動が関連している。気持ちは、死を願うが自殺まで考えていない希死念慮から自殺で死にたいという自殺念慮になり、更にその気持ちが強固になるほどリスクが高まる。また、自殺で死にたいという気持ちがあっても具体的な計画を考えていない状態から、自殺の手段を考え、準備して計画が具体的であるほどリスクが高い。実際にすでに行動（自殺企図）していれば非常にリスクが高いと判断する。また、育児中の親なので子どもと一緒に心中を考えていないかを確認する。

　親と電話する中で、切迫していることを把握した時は、「死なない」ことを約束させつつ、メモなどで他職員に緊急事態であることを伝え、同時並行的に身元の確認や訪問など最も早く安全を確保できる方法でアプローチをとる。また、同じ課やチームの職員と協力して、他の家族、警察、保健所、子ども家庭支援センター、児童相談所、医療機関などの関係部署に連絡をとり、自殺を阻止し、その後の精神科受診、子どもの一時保護などの手配をする。

　身近な人が死別した場合など重大なライフイベントはうつ病の引き金になり得る。死別体験をした人には、後追い自殺や子どもを巻き込んだ心中のリスクもあるため、注意深い関与が必要になる。

📖 心中のリスクがあり児を一時保護

　子どもの誕生後すぐに父親が自死したと産科から依頼がありました。母親と子どもが入院している産科病院に訪問すると、母親は「自分が悪い」

「死んでそばに居たい」と言っていました。私は、自死遺族への支援を実際にしたことはなかったので私自身感情が揺さぶられた部分があったのですが、保健所で学んだ知識や経験があったので、母親の「死にたい」という言葉から目を背けずにその気持ちを聴くことができました。保健所の先輩にも相談して、気が紛れるように子の出生届など必要な手続きを母親がこなすことを支援しました。また、母親に注目せずに子どもの安全を確保することを中心に考えて支援しました。2回目に訪問した時は、気分の変化が激しく、涙が止まらず、「後追いしたい」と言い、死にたいぐらい辛い気持ちだということか確認すると「本当に死にたい」と言われました。心中を避けるために子どもを一時保護して安全を確保することを第一にしました。母親には生活保護を受けてもらい、経済的基盤を確保することにしました。今後、母親が子どもと一緒に暮らせるよう長期的に支援するつもりです。[Book3、母、診断なし]

「死にたい」という言葉を聞いた時に、本気で死にたいのか、死にたいほど辛いという意味なのかを判断する必要がある。前者の場合は、自殺を防ぐために危機対応が必要であるが、後者の場合は、緊急性は低い。判断するためには、「死にたい」という言葉から目を背けずに、気持ちを聞く必要があり、なぜ死にたいのか、その理由を把握したほうが良い。「死にたい」と言われると精神保健相談に慣れていない人の中には、動揺する人がいる。そして、「死にたい」ということに触れずに避けてしまう人がいる。しかし、相手が支援者を信頼して言ってくれた言葉であり、向き合って、気持ちを聞くことが適切な対応である。

　リストカットなどの自傷や過量服薬を繰り返す人は、生きていることが辛く、耐えられなくなった時に生きるための現実逃避として自傷や過量服薬を選択することがある。自傷直後には、脳内麻薬物質の濃度が上昇するため、自傷行為には、「耐え難い心の痛み」に対する鎮痛効果があり[5]、過量服薬についても、服薬後に意識がもうろうとすれば辛い気持ちから少しの間逃れる

---

5)　松本俊彦「自傷行為の理解と援助」『日本精神神経学会誌』114 (8), 983-989, 2012.

ことができる。しかし、これらの行動は一時しのぎにすぎない。彼らは、自分でも生きる辛さをどうしたら無くせるのか、楽になるのかがわからないと言う。ある人は、過量服薬や自傷行為を死なないための「生き延び行動」と言った。最近では中学生・高校生の約1割に刃物で自身の身体を傷つけた行為が認められ、思春期の若者には比較的ありふれた現象になっているとされる[6]。生きるための自傷行為ではあるが、やり続ければ当然だが死に至る可能性は高くなる。死なないと決めつけてはいけない。死ぬかもしれないと思って対応する必要がある。自傷行為の前後には解離症状といって意識がもうろうとした症状がみられることがある。もうろうとした状態で切ったり、過量服薬をすれば、致死量に至ることがあることは簡単に想像できる。

💬 過量服薬を繰り返して自死

　お母さんには被虐歴、性虐（性的虐待）がありました。人前にはまず出てきませんでした。家に訪問しても、こもっているので顔も1回か2回ぐらいしか見ませんでした。お父さんのほうがまだお話しができる方でしたが、お父さんも仕事はしていましたが精神疾患を発症していました。子どもは保育園に通えて、お洋服もちゃんと準備してくれて、着せているのですが、少し汚れていたりとか、髪の毛も結んでるんですがボサボサ気味だったりしました。また、大きな発達の遅れはありませんでしたが、ぽやーんとした子でした。いじめられていることもなく、保育園には来れてました。家庭では、お父さんとお母さんの間で時々夫婦げんかがあり、オーバードーズ（過量服薬）をしてしまうようでした。ご両親ともにオーバードーズをすることが年中あり、胃洗浄してもらって、すぐ退院することを繰り返していました。

　ある日、また夫婦げんかをしてしまい、2人ともオーバードーズをしてしまいました。お父さんが先にオーバードーズして、病院に運ばれて、大丈夫でしたが、お母さんが次にオーバードーズして、お母さんはお亡くなりになりました。その時に子どもも一緒にいて…。［PHN2、母がパーソナリテ

---

6) 5) と同じ

ィ障害、父がうつ病］

２．深刻な暴力の恐れがある親への対応

　精神疾患のある人から子どもに身体的暴力が出ている・出そうな場合で、自制が効かないと判断できれば危機介入が必要である。自制が効かない状態というのは、幻覚妄想といった陽性症状に支配されて行動している状態、躁状態で攻撃性が高まっている状態、アルコールや薬物を使用して攻撃性が高まっている状態などが考えられる。特にアルコールや薬物使用は、脱抑制と易怒性をもたらすため、暴力発生の危険性が高い。

　対応としては、まず子どもを安全な場所に避難させる。統合失調症や双極性障害の場合は、未治療や治療中断の可能性を疑い、必要であれば親を治療につなげる支援を行う。

　慢性期の精神障がいの方で、ひきこもりがちで家庭内でのみ軽度な暴力が出ている場合は、自制が効かない暴力というよりも、認知機能障害やストレスによる暴力の可能性が高い。そのような暴力では、ある程度自制が効き、深刻な問題にならない程度に暴力が出ている場合が多い。また、メンタルヘルス不調の方による暴言や暴力は、相手をコントロールして思い通りにしたいという意図をもった暴言暴力とは限らない。通常の虐待や配偶者・パートナー間のドメスティック・バイオレンス（DV）は、相手をコントロールすることが行動の中核にくるため、メンタルヘルス不調の人への対応も同様に行う支援者が多く、支援者の対応に問題があることがしばしば見られる。

　暴言や暴力が子どもに向かえば、身体的虐待や心理的虐待とみなされ、対応される。しかし、精神障がい当事者から家族に向く暴言や暴力は、精神症状や認知機能障害のない健常者の暴言や暴力とは異なる側面がある。精神障がいのある人の家族への暴力は、精神症状、認知機能障害、苦悩や心の傷が根底にあり、人とのコミュニケーションがきっかけとなって、衝動的に、あるいは、混乱して、暴力につながることが多いと考えられている。

　対応としては、まず精神症状によって暴言暴力が生じていないかを確認する必要がある。症状悪化による暴言暴力の場合は、薬物治療が鍵となる。し

かし、薬物治療をしても暴言暴力がなくならないことが少なくない。その場合は、認知機能障害や苦悩・心の傷にアプローチをする必要がある。有効なアプローチは、孤独を解消することである。理解ある人とのつながりをつくることは、家族間だけの密着した関係を崩す効果があり、暴力の根底にある苦悩の軽減にもつながり、人と話すことでコミュニケーション力の向上になって認知機能障害を軽減する効果が期待できる。家族間だけの密着した関係で暴言暴力が悪化しやすい。親が外に行けない場合は、訪問看護師や精神保健福祉士などの第三者を家庭に入れるとよい。第三者を家庭に入れることは、家族成員間の物理的距離と心理的距離をとりやすくなることにつながり、暴言・暴力の解決に有効である[7]。

第2節　相談関係構築が難しい人への支援

　子ども虐待で最も深刻なケースが、支援拒否のケースであることは言うまでもない。特に、子が保育園・幼稚園につながっていない場合や保育園・幼稚園・学校に登園・登校していない場合は、子どもの安否確認ができないため、より深刻である。
　支援は、まず相談関係を構築することから始まる。この相談関係の構築は、支援の入り口であり、最も重要であり、かつ、最も難しい支援である。特に、メンタルヘルス不調にある親への支援は、最初が肝心である。

1．相談関係構築が難しい親の特徴

　相談関係は、対人関係の特徴を反映する。次のような特徴が認められた場合、本研究に協力してくれた支援者は相談関係に気をつける必要があると判断していた。これらは明確に分類できるものでもなく、重なり合う部分もあ

---

[7]　第1章36）と同じ

るが、1）操作的にコントロールする人、2）不安の強く固い・自己肯定感が低い人、3）コミュニケーション能力に障がいが疑われる人、について説明する。

1）操作的にコントロールする人

　操作的にコントロールする人に見られる特徴としては、人によって言うことが違う、人により対応が違う、人を選んでうまく立ち回る、人を揺さぶる、利用することがうまいなどがある。このような人は、境界性パーソナリティ障害や薬物依存症などのアディクションと診断されているか、疑いがあると考えられる方が多く、人に依存しやすい疾患特性をもつ方が多かった。依存的になる人には、自分と他者との境界が明確ではなく、距離感が近くなりやすい傾向がある。問題だけを表面的に見て、自分勝手な人間と捉えてしまうと、相談関係を築くことは難しくなる。そうではなく、育ちの中で社会的ルールを教えられなかった、愛着形成がうまくいかなかった、人に傷つけられた経験から人を信頼できなくなった、といった、恵まれない環境で育ち生き抜いてきた方だという本質的な理解をすることが重要である。

💬 引っかき回される

　お母さん自身が、自分の欲求のコントロールがすごく難しい方でした。施設の中の人間関係では、思ったより仲良くなれたのですが、仲良くなる人と、頼る人と、自分より下に見る人という区別が、すごくはっきりしていて、頼る人には自分に必要な情報や都合のいい情報をいろいろともらい、自分より下に見てる人に対してはかなり暴言吐くなどして、施設内もかなり引っかき回される状況がありました。揺さぶりをこちらに掛けるような感じで、「Ａさんはこんなふうに言ってたけど、Ｂさんいいですか」というように言われるのですが、「いや、Ａさんは言ってないはずだな」と内心思いながらも、まずは「そうなの」と聞いた後、Ａさんに確認するとやはり言ってなかったという感じでした。関係する人をどう自分がコントロールするかというような生きていく術のようなものには長けていて、結果として、結構、振り回されてきたと思います。[SW22、母、薬物性精神病]

📖 当事者の手記：人が自分の思い通りにならないと気が済まない

私にとって依存症とは「人が自分の思い通りにならないと気が済まない病気」である。…なぜ人が自分の思う通りにならなければ気が済まないのか、その原因は幼少期に遡る。自分自身が小学校の時に、いじめられる体験などをした。その環境を未だにマイナスに受け止めていて、整理がついていない状態が前提としてある。そんな環境の中で身についた、「こうならなければうまく生きれないのではないか」という恐れや「こうやらなければ生きれないんだ」という自分の中の決めつけが強すぎるとそれが自分の中のストレスを増大させ、「なんで自分はこんなに自分の中の厳しいルールでやってるのに」、「こうならなければ生きれなかったのに」と、どんどん他者に対して心の中で攻撃的になっていく。それが慢性化している状態を一つの依存症状態だと、私は捉えている。［Book2、p.69-70、当事者、共依存］

その他、嘘をつく、頻繁で長時間にわたる相談、ドタキャンや返事がないなどの事例があり、未熟で社会のルールを知らない人がいた。このような社会的ルールに反した行為もその親が家庭で教えられずに育ってきた人、嘘をついて取り繕わなければいけない場面に多く遭遇してきた人、人との信頼関係が壊れてもどうでもよいと自分を大切にできない投げやりな生き方をせざるを得なかった人かもしれないといった捉え方ができる。

💬 嘘をつく

警察がお母さんに職務質問をして、名前などを聞いて帰ってから、署で調べたら、全くいないんです、そういう人は。偽名に、偽の生年月日。それで警察が、これはおかしいとなって、児童相談所に通報したんです。
［SW31、母、境界性パーソナリティ障害］

📖 子の手記：嘘をついてはいけないことを教えられていない

（大人になってから）人との関わり方や嘘をついてはいけないことなど、気がついたことはすぐ改善できるよう努力をしました。知らないことだらけ

で、無知であることを恥ずかしく思いました。［Book1、p.89、母、統合失調症］

📖 子の手記：嘘をついて取り繕う
友達が、お母さんの話をすることがあって、「（私の）家はどうなの？」と聞かれると、なんとかごまかしてその場を取り繕ったり、嘘の出来事をでっちあげて話したりしました。［Book1、p.50、母、統合失調症］

📖 当事者の手記：取り繕うために嘘をつく癖がつく
小学校時代、いじめにあい、いじめの対抗手段を夜、頭の中でこうしてやろうと思うのだが翌日、実行できずに悶々とする気持ちが続く子どもであった。両親の離婚や、再婚相手の存在などでイライラ、恨みなどがたまっていく過程で、心の中に出る感情は出してはいけない、繕わなければいけないという思いが出てきた。その結果として嘘を親以外の友人、仕事仲間、仕事の上司全員についてしまう癖がついてしまった。嘘などついていると心の中に罪悪感がたまる。でもこの罪悪感もやっかいなもので、自分の中にしっかりと生きていこうという理想が高すぎるがゆえにちょっとした嘘でもおれはこの世にいきてはいけない存在なのだと思い込んでしまうほど深刻にとらえてしまう。［Book2、p.97、当事者、共依存］

また、思い通りにいかないと大声で怒鳴ったり、どこでもクレーマーになるなど、威圧的に相手をコントロールしようとする人もいる。

💬 クレーマー
お母さんがクレーマーで、子ども自身も多少問題行動はありましたが、それに対して保育園が言ったことに対して、教育方針が違うとか、いろいろなことで、園に対してクレームを言ってきていました。その後、他の園に移ったのでほっとしたようなところがありました。小学校にあがってもやはり同じで、何かあったらクレーム言ってきているようです。［PHN28、両親、境界性パーソナリティ障害疑い］

📖 当事者の手記：他人のせいにするという救命道具

他人のせいにするということで、私の恨みが一瞬だけ、解消する。そうか、あいつらのせいでこういう状態になっている自分を正当化することができる。仕事の上司が怖いからとか、周囲の人間が優しくないだとか、人のせいというパターンを使えばいくらでも理由づけすることはできる。「なになにがいけない。だからこれをしててもいいのだ」という考え方は一時の私の救命道具であった。私の生きる意味をつなぎとめるほど強固で固い命綱。それを解き放ち、自分の責任でいきる生き方は恐怖でしかない。自分のドロドロした自分でもわからない内面など見たくもない。一番強くて安堵する強力な薬、それが他人のせいにするということなのだ。[Book2（一部改変）、p.98、当事者、共依存]

うまく人と関われない人は、本心から人を拒絶したいわけではなく、人を求めているが、行くところ行くところで人との関係を壊してしまう。

💬 最も信頼を置いていた人を傷つけてしまう

「遊ぶならそっちの部屋にしたら」と職員が子どもの背中をちょんちょんとして、言った感じだったのですが、子どもが「暴力を受けた」とお母さんに言いました。お母さんはそれを聞いて腹を立て、すぐ警察に訴えに行き、すぐに病院にも行きました。結局特に体には怪我も全くなかったのですが、傷害事件として申し立てたんです。実は、その暴力を受けたと訴えられた職員は、この子が大好きな職員だったんですね。何かとこの職員に「勉強教えて」とか「ねぇねぇ遊んで」と言い続けていたのに、その職員を気分が良くなかったのかお母さんに「あの職員にやられた」と言ってしまい、お母さんはすぐ反応してしまいました。母子ともに、うちの施設の中で一番信頼を置いてた職員でした。[SW18、母子生活支援施設、母、パーソナリティ障害疑い]

操作的にコントロールしようとする対人関係の特徴は、相手とどのような関係であるか、その距離感によって特徴の出方が変わる。物理的距離と心理

的距離が近い家族においては、コントロールする関係に傾きやすい。一方、仕事上の関係では距離感が近くないので、関係性に問題が生じにくい。誰とどのような関係になっているのかをアセスメントする必要がある。

💬 仕事はできる

育ちの中で、あまり親御さんに可愛がられなかったという自覚をお持ちのお母さまでした。育児不安の高いお母さまでしたので、イライラすると叩いたり蹴ったりするという発言も当初は頻繁でした。他人とのコミュニケーションはそれなりに取れますし、パートですけれど、お仕事もされています。子どもが生まれる前はフルタイムでお仕事もしていて、職場では真面目にちゃんとお仕事をなさる方と受け取られると思います。その真面目さが極端な方向にいったり、自分はこんなにやってるのに周りはやっていないというように、少し被害的に受け取ったりすることにつながっていきます。[SW8、母、境界性パーソナリティ障害疑い]

2）不安の強く固い・自己肯定感が低い人

　不安が強く固い印象を受ける人とは、人との健康的な距離感が保ちにくく、遠すぎる・壁があると相手が感じるような人で、一般的に警戒心が強い人たちである。人から受け入れてもらえずに深く傷ついた経験があり、人と関わることに臆病になっている人もいる。その一方で、受け入れられたい気持ちが根底にあるため、この人なら受け入れてもらえると思った途端に距離感が近くなり、相手は侵襲されたようにも感じるかもしれない。頻繁に連絡が入ったり、長時間にわたって話を聞かせるということがある。数少ない信頼できる相手を見つけても、見捨てられ不安が強く、嫌われてしまうのではないかと心配になり、相手のささいな言動に精神的に不安定になることも多い。不安が強くなると自傷行為に及ぶこともある。見捨てられないように暴言暴力に出ることもある。

　インタビューの中で支援者は、不安の強く固い・自己肯定感が低い人のことを、なかなか心を開いてくれない人、距離の埋まらない人と感じていた。

💬 関係が深まらない

会話が弾まないというか、なんていうんでしょうね、居心地が悪いみたいな感じがありました。受け入れ拒否ではないのですが、関係性が持ちにくいと感じました。やっぱり診断としては、過去には、うつとか、適応障害みたいなものを診断されていて、今は受診はしてないようでしたが、訪問していても、お母さんは暗いし、元気がなくて、この人と関係が深まっているなとか、保健師を受け入れてるなという感じがしなかったです。
［PHN3、母、うつ病・適応障害］

💬 心と心がつながる相談にならない

応対がですね、言えば返ってくるという感じで、別にすごく拒否されてる意識もないし、こちらの話も聞いてくれたかなと思うのですが、深まらずに終わってしまうんですね。結局、お母さんと私の、心と心がつながる相談にならない。次にいついつ会おうねと言っても、無断で来ない。来たことがないです。ずっと経ってまた次のトピックスが起こると来るのですが、お母さん、ところでこの間言ってた件はどうなの、と尋ねても、「あ、それはいいです。私、うちでやります」という反応です。［SW20、母、うつ病］

　水島によると、自己肯定感の低い人では、「ニセのつながり」が見られ、「本当のつながり」とは区別される。「ニセのつながり」とは、「形」ばかりがつながっていて、「心」のつながりが感じられないものを指す。一方、「本当のつながり」とは、「形」のつながりとは関係なく、「心」のつながりが感じられる[8]。これは、仮面を被って偽りの自分で生きている、苦しい生き方である。

　精神疾患の親に育てられた子どもの中にも自己肯定感が低い人が少なくない。「ありのままの自分」を出すことのできない環境で、困っている自分に気づいてくれない・助けてくれない大人と接していると、人間不信になり、

8）　水島広子『自己肯定感、持っていますか？――あなたの世界をガラリと変える、たったひとつの方法』大和出版, 2015.

人に頼ってはいけない、自分が頑張らなければいけないと思うようになる。弱い内面は見せずに、強い自分を装い振る舞う。精神疾患の親に限らず、恵まれない家庭環境で育った人は、なかなか本当の自分を見せることができない。本当の自分を知らないこともある。そういう人と心の通う相談関係を構築するには時間もかかるし、覚悟も要る。この人にはわかってもらえないと思えば、開きかけた心の扉もすぐに閉めてしまうだろう。その人を理解したい、そういう気持ちで接することが必要だと考える。

3）コミュニケーション能力に障がいが疑われる人

　コミュニケーション能力に障がいが疑われる人とは、これまでの1）2）の人とは異なり、障がいゆえにコミュニケーションに課題を抱えている人達である。支援者は、こだわりが強い、受け止め方が歪んでいる、人付き合いが下手、NOと言えない、うまく伝えられずに怒る、といった特徴をあげていた。認知機能障害とみられる特徴も多い。このタイプの場合は、他人との距離感ではなく、障がいの程度や種類をアセスメントし、その人の障がい部分を補うような支援が必要である。

💬 **こだわり、むくれる**
　なかなか難しくてかなりこだわりが強い方なので、1つ言うとむくれてしまったりというところがあるので、その辺のお父さんとのやり取りも少し難しかった。[PHN10、母、統合失調症・知的障害]

💬 **相談窓口を選択できない**
　学識もしっかりある方でしたが、かなり関係機関との距離のとり方が難しいタイプのお母さまで、本当に相談をしたい時にはいろんな相談機関にずっと電話をかけていらっしゃって、かかる所には何時間もお電話をするというような方でした。なかなか電話がつながらないと、「どうせ電話しても話してくれないんでしょ」と少し被害的になることもありました。多くの機関が関わっているがゆえに、お母さまも自分が迷った相談をどこにしていいのかがわからなくなってしまうことがあったようです。とにかくか

かる所に、担当者がつながる所にひたすら電話をするということをずっとされていました。［PHN26、母、統合失調症］

2．相談関係構築が難しい人との関係構築

1）相談関係構築が難しい人への初期対応

　人との関わりが難しい人との相談関係を構築するためには、初期対応が重要である。特に、操作的にコントロールする人や、不安の強く固い・自己肯定感が低い人との接し方には注意が必要である。初期対応では、❶関係が切れないようにすること、❷相手のペースに不用意に巻き込まれすぎないこと、が重要であろう。

❶関係が切れないようにする

　危機介入の場面でない限り、初回場面（訪問・面接・電話）では、関係が切れないように支援することが最も重要である。初回接触の最後に、また連絡をとってもよいと親から了解が得られれば、初回の目的はほぼ果たせている。言葉かけのポイントとしては、以下が参考になる。

・相手の大変さに寄り添う［あんこ］
・相手の力になりたいという気持ちを示す
・相手の頑張りを見つけて伝える［皮］

　二重の共感という理論がある（コラム「二重の共感」参照）。まずは、本人の困りごとを聞き、共感する［あんこ］。この際、「お困りごとはありませんか？」と聞き、相手が何に困っているのかを把握すると役立つ。支援者が予測している困りごとと、相手の困りごとは一致していないことも多いため、「お子さんのことが心配でしょう」などと先回りして困りごとを提示してしまうと、相手が気にしていることを指摘したことになり、関係構築がうまくいかないことがある。先回りせずに相手の困りごとを聞き、その困りごとが自分の感覚とずれていても、本人にとってはそれが困りごとであるのだと認めることが重要である。困りごとが重要でないかどうかを支援者が判断して

伝えてしまうことのないようにする。ただし、困りごとに焦点を当てすぎると、相手も余計に辛くなる。例えば、「隣の人が嫌がらせする」というような妄想の可能性が疑われる困りごとを話された時に、「それは辛いですね」と共感することはよいが、何度も共感をして辛さが強調されると妄想を膨らませたり、行動化へのきっかけになってしまうことも考えられる。「眠れないのが辛い」ということも不眠に焦点を当てすぎると余計に辛く感じる。辛さに共感しすぎずに、先に進めるような話をするとうまくいくことがある。

　辛さに共感したら、次に、支援者は相手の力になりたいことを伝える。この時に、支援者が支援する側、相手が支援される側という上下関係をつくらないように留意する。相手も自分なりに努力しており、力がある存在である。その力も認めつつ、それでもしんどい時期・状況だから、力になりたいのだということが伝わると良いだろう。例えば、「お子さんのことをよく考えているお母さんだと思いました。お子さんのためにも今はお母さんが元気になることが大切だと思います。私にもお母さんの力になれることがあるのではないかと思うのですが。」などと話す方法もある。相手に自分の味方になってくれる支援者で、頼ってみようかと思えるような支援者になれれば関係構築の第一歩に成功したと言えるだろう。

コラム＊二重の共感[9]

　育児不安があり「自分は駄目な親」だと話す親に対して、「そんなことないですよ。大丈夫ですよ。」という応答はあまり適切ではない。こんなに辛い自分のことを「わかってくれない支援者」として映ることもある。「ありのまま」を受け入れることが応答の基本である。「そう思っているなら辛いですね。」というように大変だと感じている親をそのまま認める。次に、その辛い状況でもなんとか努力してやってきた頑張りや工夫など、できている部分を引き出し、認める。このような方法を光元は二重の共感と言い、饅頭モデルを使って説明している。人の心を、「あんこ」と「皮」でできた饅頭に例えると、心の中にある不安・焦

---

[9] 光元和憲『内省心理療法入門』山王出版, 1997.

り・依存心・怒りなどが「あんこ」、そうした不安や焦りなどをなんとか抱えながら暮らしている、抱え続けている時の工夫や対処を「皮」である。「あんこ」は相談者の〈病んでいる部分〉、「皮」は〈癒そうとする部分〉である。「あんこ」の病んでいる部分にばかり共感すると、ますます辛さが肥大して、相談を受ける側も負担になり、相手も元気になりにくい。一方、「あんこ」の辛さに共感した後、「皮」のできている部分を見つけて認めると、相手に自分にも力があることを気づかせ、元気になる。特に、親に否定され続け、認められないまま育った人は、自己肯定感が低く、自分にある力に気づくことが難しい。相談者は、辛い中でも乗り越えて生きてきたその人の力を見つけて相手に返すという共感を試みると関係構築にも役立つ。

様々に工夫して親と相談関係を構築しようとしても、どうにもやり様がない場合もある。

💬 関係性がとれなかった

家の雨戸が一回も開かない。洗濯物が出てない。乳幼児健診にも現れない。何を食べさせているかわからない。家庭訪問してもいない、出て来ない。やっと開けたと思って出たら、絶対中に入れない。子どもがちらっと見えたけれど、健康なのかどうか判断がつかない。職員が役所に戻るとお母さんから役所に怒りの電話や怒りのお手紙がたくさんきて、「何とかっていうやつ、もう絶対に来させるんじゃない」と。「私のブーツを踏んだ」などものすごい勢いで書かれるので、もうとてもじゃないけれど対応ができない、できなかったです。この人も駄目、この人も駄目、この人も駄目というような感じでした。そのうち転居してしまいました。[SW31、母、境界性パーソナリティ障害疑い]

親と直接的な関係がとれない場合は、関係機関から情報収集・状況確認を

して、子どもの安全を確認するという方法をとるだろう。親が支援者からの関わりを拒み、他者を攻撃する姿勢は、彼らが過去に人から傷つけられてきた経験に基づく部分も多いだろう。自分を他者から守るための自己防衛の行動でもあり、自分が生きていくために行っている行動でもある。熟達者である支援者でさえ、相談関係を構築できない場合がある。それは、仕方がないとしか言えない。

❷相手のペースに不用意に巻き込まれすぎない

境界性パーソナリティ障害など他人との境界をつくりにくく、見捨てられ不安などから、人に依存的になりやすい人がいる。彼らは、親や他人との信頼関係を築くことが難しい環境で生きてきた人である。安定した穏やかな家庭に慣れていない。いつも緊張感がある、言ったことが次の瞬間ひっくり返る、そういう不安定な家庭で過ごしてきた。そのような長年の生活は、彼らの肌に染み付いており、安定した関係性で穏やかに過ごしたいという気持ちとは裏腹に、不安定な関係性に吸い込まれやすい。

📖 子の手記：言うことが覆され進路が決まらない

受験が近づいてきた頃、母にはとても苦労しました。一度、受験したい大学を決めて、父と母に相談して了承をもらっても次の日には覆される。また、違うタイミングで同じ大学を希望して了承されても覆される。そんな中で、私は志望大学も決まらず、受験勉強にも身が入らず、周りが頑張っている空気にただただ居心地の悪さを感じていました。高校3年の夏、私は夜中に心臓がドキドキして息苦しくなり、夜中に目を覚ますことがよくありました。また、頭がしびれて目を覚ますこともよくありました。消えてしまいたい、自分を潰そう、そう思っても簡単には潰れてくれず、布団にくるまり小さくなって1人で泣いていたことを覚えています。[Book1、p.77-78、母、境界性パーソナリティ障害]

このような親とは安定した関係を築くことが重要になる。相手は揺れやすい。これまで相手を揺らしながら、相手との距離感を計ってきた。揺らす癖をもっているので、支援者を揺らしてくる。支援者と、どのような距離感で

どう関わればいいのかがわからないとも言える。支援者は、まず、自分が相手に揺らされていることを意識する必要がある。そして、相手に距離感を示し、相手にわかるように伝える。そうすると相手は揺らす必要がなくなるため楽になる。自分が何ができて何ができないのか、いつ相談に対応できていつできないのか、誰に相談すればよいのか、などを伝える。通常「枠をつくる」と言われる、この方法は、形から入ってはいけない。支援者の仕事が大変だから相談の時間制限をしているわけではない。そうではなく、相手にとってわかりやすく支援者の相談の受け方を伝えることで、相手が楽になるために枠を示すという目的を理解しておくことが重要である。

🗨 混乱させないために距離をとる

基本的にはある程度距離を取らないと難しいと思います。距離をとらないとご本人が混乱してしまう。「一緒に行って」という訴えがあっても、一緒に行っていろいろするというのではなく、自分で行ってもらって、帰ってきて、困ったことがあったら手伝うという、後から支援するスタンスにしたほうが良いと思います。施設内で「前もって一緒にやると、大変になるよ」と言われて、積極的な同行は止めましょうということになりました。
［SW18, 母子生活支援施設、母、境界性パーソナリティ障害疑い］

🗨 制限をかけてもうまくいかない

お母さんは、感情依存があるので、適度な距離をどの関係機関も見出せていない状況でした。生活支援センターには、毎日のように電話があったのですが、「2週間に1回面接しましょう」と言ったら、面接日までぴったり電話がなくなったということでした。それなら役所も同じようにやってみてはどうかということになり、月1回面談をすることに決めて、お母さんに伝えました。面談を始めましたが母が何にも話してくれなくなり、無意味な面談が続きました。お母さんを救えていない。私の中では、そのような想いが強かったです。［PHN8、母、解離性障害］

通常対応を逸脱した対応を求めてくる親に対して、一度ルールを崩すと、

親は揺れてしまう。最初にルールを伝え、例外的な対応をしないことが肝心であり、一度崩してしまうと後から通常対応に戻すことが難しくなる。その結果、親が揺れ続けて苦しくなるという結末に至ることがある。筆者は自身の失敗体験から、最初の電話30分が勝負だと思っている。最初が肝心である。

　支援者を揺らしてくる人への対応は、組織的に行うことが原則である。担当者がルールを崩せないと説明すると、自分の要求を聞いてくれる他の職員を探すことが多々ある。職員の中には、親の意見に同調して担当者を責めることがある。表面的には親の希望通りに支援した職員が好ましい支援をしているように見えるが、実は違う。それでは親は社会で生きていくために他人との関わりを学ぶことができない。職場では、皆が同じように対応することが重要である。そのことによって、親が不必要に揺れる必要もなくなって楽になるだけでなく、親はどうすれば他人と上手に関われるのかを学ぶこともできる。

　また、親に巻き込まれた対応をした担当者を他の職員が責めたりすることも往々にして起きる。どの支援者にとっても精神的に負担が大きい。職員同士で理解し合うことがなければ、職員のバーンアウトにつながり、結果的に親にも適切な支援ができなくなる。職員同士が理解し合い、協力し合うことが重要である。

職員間で理解して対応する

　ある職員に対して怒っているなと思ったら、違う職員がお話ししたらどうかと、すぐそうなってしまいがちですが、私はその方法はあまり好きではありません。職員の中でやり方が定まってないというか、もちろんストップする側は、その職員が傷つかないように、今相手が怒っているから、ぎゃんぎゃん言われると職員が可哀想だからという思いでストップしてくれていると思うのですが。パーソナリティ障害っぽい要素のあるお母さんでは、そういうことがよくありますよね。パーソナリティ障害の人は、「こういう傾向あるよね」とか、「そういう癖だからこんなにクレームがきてるんだよね」ということがわかっていれば、お母さんから言われてしま

ったことに対して、「あなたどうしてそんなことしたの」と言うのではなく、「当たられやすいから気をつけなさいよ」という程度で済んだりします。職員のモチベーションもそこで下がらないですむと思います。「じゃあ気をつけたほうがいいね」とか、「じゃあ誰が言おうか」とか、そういう話もできます。うちの職員は経験も長くて、落ち着いてるので、あまりパーソナリティ障害の人が花開けない施設だと思います。[SW9、母子生活支援施設、母、パーソナリティ障害]

コラム＊相談に枠をつくる

①支援者ができること・できないこと、親ができることを伝える

支援者のすることと親のすることを区別して伝える。ある保健師は、「保健師は子どもの養育・発達・発育について健康相談やあなたの精神保健相談にのります。あなたがする書類の手続きを手伝うこともできます。でも、その書類を役所に届けることは、保健師の役割ではなく、あなたの役割ですよ。」と伝えていた。

②相談時間を伝える

来所面接や訪問の時間は1時間、すべての相談は5時15分までと伝えている保健師がいた。1時間以上になると、支援者自身も対象者も疲れてしまい、適切な考えに至りにくくなる。

③相談者を規定する

決まった担当者に相談するように伝える。困っている時に誰でもよいから聞いてほしい、自分に都合のよい対応をしてくれる人と話したいという人が応じてしまうと、担当者との関係性も崩れかねない。

④相談の手段を一緒に決める

訪問と来所面接では、それぞれに特徴があり、相談者との関係性にも影響する。訪問では、生活環境、普段の児への接し方、児の行動など多くの情報を得ることができる。一方、相手の城に入るということでもあり、相手のペースになりやすい。また、支援者が行くため、相談者にとっては受け身の相談になりやすい。来所面接は、訪問に比べると生活や普段の育児や児の行動についての情報量は少なくなる。しかし、支援者

に相談に来るという相談という目的があるため、相談者としての主体的な行動につながりやすい。親が今困っている問題は何かを考え、自分がすることと支援者にしてほしいことを整理する機会にもなる。子どもの成長に伴い、親は、支援者以外のいろいろな人と関係をもつようになる。将来を見越して、親としての自立を促す関わり方を行っていた支援者は、なるべく来所面接で相談を受けていた。　　　　　　　[Book3を一部改変]

2）相談関係構築が難しい人との会話

　親と関わり始めたら、相談関係を築きながら、その方の対人関係の特徴を把握しつつ、その方に応じた方法で関係性を構築する。メンタルヘルス不調の方で相談関係構築は支援の鍵となる、重要な部分であるが、難しい部分である。関係性が切れてしまうことは珍しくなく、インタビューで「うまくいかなかった事例」として語られた多くは、関係性が切れてしまった事例だった。

💬 許せない言葉を使ってしまった

　私が自分のこととして「親が選べない」「学校が選べない」という言葉を使ったのですが、その言葉は彼女の頭にピーンと入ったと思います。要するに「自分が駄目だ」と言われているように思ったのではないでしょうか。お母さんのことではなく、私のことで言ったのですが、それが失敗したなというのが反省点です。そのお母さんにとって、使ってはいけない言葉をこちらが判断できないままに、不用意に言ってしまいました。お母さんからすると、私が上の立場だというように捉えられたかもしれないと反省しています。私が押し付けがましかったということもあるかもしれませんし、こちらの見極めが甘く、自分に対する過信があったのかもしれません。こちらが良いことを言っているのだから、お母さんもわかってくれるだろうというような、相手の方に対しての甘えのような気持ちが自分にあったのかもしれません。[SW31、母、境界性パーソナリティ障害]

💬 事務的な言い方

経験年数が浅い職員が多いので、どうしても指導的になってしまうことがあります。お母さんの話を受け止めて、「そういう気持ちわかるよ」と言ってから「でもね」と言ってくれればいいのですが、そうではなく、最初から「でもこういうふうになってますから」とか、「こういうふうに決まってます」というような伝え方をしてしまうんです。職員からすると当然のことを言ってるだけなんですけれども、伝え方の問題で、その伝え方ではお母さんの耳に届かないんですよね。本当に支援の難しいお母さんですけれども、受容的な関係をどうしても築けませんでした。［PHN8、母、解離性障害］

💬 死にたいという電話の周囲で職員の笑い声

お母さんが不安定になってきて、「もう死にたい」ということを連発され、1日に何回も電話が入る日が続きました。私は一所懸命親身になって聞いていたつもりですが、周りの他の職員の笑い声などが、お母さんにも聞こえてしまったようで、私も確かに気にはなっていて、私がもっと周りにもサインを出したら良かったのですが、お母さんがその声だけを聞いて、「あなたは親身になってない、私のことを見てくれてない」という感じで、もうそれからは全然連絡が取りにくくなってしまいました。［PHN15、母、統合失調症・境界性パーソナリティ障害］

　メンタルヘルス不調にある人は、過去に自身が他者から傷つけられた経験をもつ方が多い。また、症状や認知機能障害によって被害的に捉えることもある。そのような特性があり、こちらが責めていなくても、相手は責められていると捉えてしまうことが珍しくない。
　事務的な言い方、いわゆる「お役所仕事」的な対応では、相談関係を構築することはできないと思ったほうがよい。事務的な対応では、相手のことをわかろうとする姿勢が伝わらない。そればかりか、関わりたくないというメッセージとして捉えられかねられない。事務的な対応をする人は、相手がどのような状況でどのような気持ちでいるのかを想像することができていない

のだろう。それが対応の根底にあると考える。

📖 祖母：「関わり拒否」に等しい対応

出産直後に、地域の保健師さんに家庭訪問していただけたのは、本人や家族にとって大変に心強いものでしたが、保健師さんの訪問が尻切れトンボのようになってしまったことが残念でした。「何かあったら連絡してください」という対応は、精神障がいを持つ人には「連絡するな」と言われるに等しいと感じます。定期的に連絡を入れてもらい、この人にならいろいろ話ができると思える関係性ができれば、困った時に連絡をしてみようという気持ちになれるのではないでしょうか。一見、しっかりしているように見えても、精神障がいを持つ人は自己表現が苦手ですし、必要以上に不安を抱えてしまいます。時には、何が不安なのかもわからないまま、イライラしたり、混乱が起きたりします。安心できる人と「つながる」ことを丁寧に、細く長く続けていただく支援が、いざという時に大きな助けになるのではないかと…娘の体験から思っていることです。[Book3、母、統合失調症]

「困ったことがあったら相談してください」と当たり前のように支援者が健康な親に対して使う言葉も、メンタルヘルス不調にある親にとっては、関わり拒否のメッセージとして捉えられることがある。なぜなら「困ったこと」とはどのようなことかがわからず、何を相談してよいかわからないため、相談ができないからである。相談するという能動的行為をするためには、相談する内容が何か、この相談を誰にすればよいか、どう伝えればよいか、といった一連の判断が必要になる。その判断ができる状態かどうかを支援者はアセスメントする必要がある。アセスメントできないのなら、相手に率直に訊いてみればよい。そして、相談するという行為をとることが難しそうであれば、支援者から電話を入れることが望ましい。人によっては役所等に相談していることを家族に知られたくないこともあるため、相手との相談を終える時に、また電話してもよいかなど相談の手段や方法について確認しておくことも重要である。

3）周辺や子どもから糸口を探す

　メンタルヘルス不調の親と直接関わることが難しい場合、すでに本人と信頼関係が構築されている人や権限を持っている人を探し、その人を糸口にして本人と接触を試みるという方法が使われることがある。また、子どもと仲良くなることで、親に支援者のことを受け入れてもらうという方法も使われていた。

💬 信頼している人を突破口にする

　私がその方の担当になった当初は、すごく私に対して、「何ができるの」という感じでした。以前から上のお子さんに関わっていた助産師が継続的な関わりをしていたので、私は、助産師と同伴で何回も訪問に行かせていただきました。そのようなことを続けることで、少しずつお母さんの気持ちも穏やかになってきてくれたのかなと思っています。[PHN25、母、統合失調症]

💬 権限を持っている人を突破口にする

　生活保護の担当がお金を握っている（生活保護費の決定に大きく関わっている）こともありますが、男性同士お父さんとの関係をうまくつくれていたので、生活保護の担当者からお父さんをカンファレンスにお誘いしてもらい、参加してもらうことができました。[SW6、両親、統合失調症]

💬 子どもと仲良くなることで親との距離を縮める

　私がこの家庭に関わるようになったきっかけは、保育園からの通報でした。お子さんの背中にもみじ（手跡）が付いているという通報内容でした。当時お母さんは、全然人と関わりたくなくて、髪の毛をざあっと下ろしていて、保育園の園長先生の声掛けにも、「はい」ぐらいしか言わない状態で、すごく精神的に落ちてしまっていました。そのため、「駄目よ」などと言ってしまうとドッシャーンと落ちると危惧しました。私たちは、どのようにこのお母さんとお付き合いすればよいのかと思案しました。

最初はすごく気を遣ってお話をしていましたが、関係機関を調べたところ、精神科に継続して通院していることがわかったので、駄目もとで主治医に連絡しました。すると、そこの心理士の先生が長い時間をかけてお話をしてくださり、実は私も連絡しようと思っていたと言われました。学校と保育園と、その心理の先生と私どもとで、何回も定例でカンファレンスをしながら、今の状況について確認して支援を進めてきました。
　一つの問題として、子どもの歯科治療が必要な状況なのに、こちらが受診勧奨してもお母さんが動いてくれないことがあり、対応に困っていました。私は、親と関係を構築する際の一番のコツは、子どもと仲良くなることだと思っています。その家庭の一番下の子は、当初ものすごい敵がい心を持っていました。私は、その子にとっては「保育園に行け」と言う人だったんです。私がその子と少し仲良くなれた時に、その子は私にビー玉をくれたんですね。私は、「ありがとう。ビー玉、きれいだね」と受け取りました。その数か月後、お母さんがその子を連れて、役所に来てくれた時に、私はその子に「ねえねえ、これ、こないだくれたビー玉だよ。大事にしてるんだ」とビー玉を見せて言いました。そうしたら、急に顔が変わって、私の名前を「〇〇さーん」って大きな声で言ってくれました。子どもの受診に消極的だったお母さんが、「じゃあ（子どもの）受診も相談してみようかな」と変わったのです。私はその子に向かって、「全然怖くない歯医者さんらしいんだけどさ、行ってみる？」と言って、子どもが「うん」って言ってくれて、それがお母さんが先に進める原動力になったかなと思っています。その子とは、すっかり「マブダチ」みたいな感じです。子どもと仲良くなるのが一番いいかなと思っています。［SW24、母、うつ病］

　また、保健師が対応する場合は、子ども虐待という観点ではなく、健康な母親への支援という、健康的な側面から関わりをもつという方法があった。

💬 健康的側面から介入を始める
　お母さんの義理のお姉さんから「ちょっと（子どもの対応が）心配」だと相談が入りました。ワーカーと私がお姉さんと面談をして、状況を確認しま

した。ちょうど下の子が生まれたばかりでしたので、お姉さんから相談があったということは言わずに、保健師が赤ちゃんの様子を見るという目的で訪問に行くという方法をとりました。赤ちゃんの訪問として行き、「あら大変ですね」ということで、そこから自然に関わりを開始することができました。［PHN1、母、うつ病］

4）人として親を理解する〈積極的傾聴〉

　その人を理解しようとすれば、まずはその人の話を「聴く」ことが大切である。ただ聴いているだけでよいのか、支援者の中には自信が持てない人もいる。前述した二重の共感の手法以外に参考になるのが、カール・ロジャーズが提供した、「積極的傾聴」という聴き方である。詳しくは書籍[10]を読んでいただくとして、簡単に紹介する。

　積極的傾聴とは、対人関係においてお互いを尊重する建設的な人間関係を形成するような聴き方である。聴き方の前提として、クライエントは自分のことを一番よく知っていて、その解決法も知っているので、相談を受ける側はクライエントの鏡となって、クライエントの気持ちや考えを照らし返す。クライエントは自分自身でその問題を見つめなおし、整理し、再決断していくことで、問題を解決できるとロジャーズは考えたと言う。アドバイスは、自分のほうがクライエントよりもよく知っているという意味合いが暗黙のうちにあるので、上下関係ができてしまうため、人間関係の構築の上で勧められない。彼は人間関係の三条件に〈共感〉〈無条件の肯定的関心〉〈自己一致〉をあげている。

　〈共感〉は、相手の内側から理解しようとすることであり、100％理解できないが理解しようとする態度が重要である。〈無条件の肯定的関心〉とは、自分が関心のある話題かどうかという基準ではなく、相手が話すことは相手にとって重要なことだから聴いてみるという、相手をわかりたいという態度で何でも聴くことである。〈自己一致〉とは、素直な気持ちで相手の話を聴くことである。聴いている中で率直に疑問がでてくればそれを質問してよい。

---

10) 三島徳雄・新小田春美『看護に活かす積極的傾聴法』メディカ出版，1999.

聴く側も自然な感情を大切にして、それを相手に返すことで初めてクライエントが自分の感じていることに気づくようになる場合もある。聴いている自分の心の動きにも敏感になることが求められる。

　つまり、私たち支援者は、相手を人として理解したいという態度をもち、相手が話すことはすべて相手にとって重要なこととして聴く（無条件の肯定的関心）。その時、なぜそう思うのか等、相手の立場で理解しようとする（共感）。聴くなかで自然に疑問が出れば問うし、感情が出たら「驚きました」などと相手に返す（自己一致）。そのため、自分の心の動きにも気を向ける。そのような自然な返しをしながら相手を理解し、相手は聴く側を鏡として、自分のことに気づき、問題を解決していくなど自分で解決していくことができる。

　以下、積極的傾聴の方法について書籍を参考にしながら、事例を用いて説明する。

1 話を聴く〈無条件の肯定的関心〉

　相談関係を構築するということは、親の疾患や子どもに関心を示すのではなく、親がどのような人か、どのような人生を送ってきたのか、理解しようと関心を持って聴くことが重要である。

💬 お父さんと壁があった

生育歴をもうちょっと掘り下げてみていく必要もあったかなと思っています。お父さんからその辺も聞けるとと良かったかなと。やはりお父さんとの壁があったような気がして、お父さんに信頼して何でも相談してもらえるというところにはたどり着けなかったかなと思います。相談してくれるような関係をお父さんともし築けていたら、すぐ二人目を妊娠するようなことには、ならなかったかなと思います。まず家庭の基盤をつくっていくことが大切だということで、家族計画の指導もできただろうし、就労が無理だったら生活保護という手段があることもお伝えできたのではないかと思います。［PHN19、父、双極性障害］

💬 生きてきた人生を聴く

　症状としては、自傷と過食嘔吐と不眠と不定愁訴、いろいろありますが、医療につながれたことで、今まで人に頼れなかったこと、相談できなかったことを話せるようになりました。具体的にはご自身の病気や被虐待体験、家族のこと、壮絶なDVの体験などです。これまで、自分が困ってるとかこういう気持ちだということを言語化できなかった、相談する人もいなかった。そのような感じで今まで来てしまったわけですが、病院に通うことをきっかけにして、施設職員と一緒にいる時間が長くなり、医師に本当のことを言えるようになりました。職員にはほとんど全部を言ったと思います。そういうところで、少しずつお母さんに変化があったのかなと思います。[SW2、母子生活支援施設、母、パーソナリティ障害他]

　生きてきた人生を時間軸に沿って話す。その時に辛さに共感してもらいながら［二重の共感のあんこ］、自分が頑張ってきたことや強みを見出してくれる［二重の共感の皮］と、自分の経験の解釈が変わる。これは、ナラティブ・セラピー[11]に通じる、人生の物語の書き換え効果があると考える。これまでの人生を振り返り、他の人から二重の共感をしてもらう。このプロセスをたどると、これまで困難や苦労しかなかったと思っていた自分の人生に、やれることは精いっぱいやってきた、苦労をしてきたが得たこともあったなど良い側面を見出すことができる。人生の振り返りを行って肯定することで自分の経験の解釈を変えるため、自分の人生を肯定できるものへと変えていく。

2 「ありのまま」を受け止める〈共感〉

　共感の前提として、判断抜きに「ありのまま」を受け止めるということがあるが、私たち支援者は、相手が言うことに良いか、悪いか、正しいか、正しくないか、判断する癖がついていることが多々ある。また、アドバイスをすることにも慣れている。しかし、相談者を人として理解したい時は、判断やアドバイスは必要ない。

---

11) S・マクナミー＆K・J・ガーゲン著，野口裕二・野村直樹訳『ナラティヴ・セラピー——社会構成主義の実践』金剛出版，1997．

会話の手法としては、次のような方法がある。
・態度で示す：聴いていますよということを態度で伝えるためにうなずいたり、相槌を打ったりする。
・相手の言葉をそのまま繰り返す：相手が辛いと言えば「辛いんですね」、心配と言えば「心配ですね」と言った具合である。このオウム返しは、相手の話を聴いていることを示すことでもあり、相手の気持ちを「ありのまま」受け止めていることを示している。

攻撃的になる親に対しては、支援者も守りの姿勢になってしまう。組織が攻撃されればなおのことそうだ。組織として対応する前に、一人の人間として相手を、判断抜きに、なぜ相手がそう言っているのか、相手の内側から理解することが大切である。

💬 判断抜きに受け止める

ある日妹が泣いて部屋に帰ってきたそうです。お母さんが妹に理由を聞くと、お姉ちゃんが、プレイルームでいじめられていて、みんなに馬鹿にされたり、小突き回されたり、蹴られたりしていたので、そんな姿を見たくないと、泣きながら言ったそうです。お母さんは、それを聞いて、ただ事じゃないと思い、そのプレイルームに行ったら、お姉ちゃんは馬みたいになって誰かが乗ってたそうです。お姉ちゃんは、ニコニコしながらやってて、「うん？」とすごく違和感があったので、自分の子どもをちょっと呼んで「何してんの、遊んでんの、あなたそれ嫌じゃないの？」と聞いたらしいです。そうしたら、その子は「違うんだよ」「それは順番にやってるし、遊びなんだからお母さんは黙ってて」と言ったそうです。お母さんは、いじめを疑ったようです。そして、職員の部屋に怒鳴りこみ、「うちの子、こんな状況になってるの知ってんのあんた！」と、「普段なにしてんの、職員のくせに」とガーっと怒鳴ったらしく、職員は、いじめがあったか、その事実を確認しますとなり、後日その子にいじめがあったかどうか確認したらしいんです。結局そのお姉ちゃんは、「いじめじゃない、遊んでた」と言い、周りの子も「いじめなんかないよ」と言いました。誰もいじめがないと言ってるので、いじめはなかったと結論づけたわけです。

そうすると、お母さんが不安定になって、ぎゃーぎゃー言ってるけれども、それに職員は左右されちゃいけないと、職員全員共通理解とし、今回いじめがなかったということにしましょうと、決まったようです。
　うちの施設としてはいじめがなかったと、そのお母さんに報告しました。そうしたら、お母さんが2回目の大声で「あんたわかってない。自分の子どもがこんな事情だったらどう思うの！」と言ったけれど、「でもあなたね、うつもあるし、ちょっと興奮しすぎだよ」「落ち着いて話そう」ということを言われて、「もう職員に言っても駄目」と思ったようです。
　その騒動があった翌日に私が出勤しました。私の顔を見るなり、近づいてきたので、「どうしたの、なんかあった？」と聞いたら、「これどう思う？」と、説明を受け、「いじめだった、いじめじゃない、どっち？」と聞かれたので、私は思わずポロっと言ってしまったんです。「ひどいいじめだよ、それは。間違ってないよ」と言ったら「でしょう」と言って、「私は別にいじめがあったかどうかじゃないんだ」「ただこの気持ちを理解してほしい、わかってくれる人が欲しかったんだ」「だからいじめがあって、いじめられてたっていう事実があったとしても、それを別にどこかに訴えるとかそういうことじゃないんだ」「こういう辛い状況、子どもがそういう辛い状況があった、そのことを持つ親の気持ちっていうのをわかって欲しかったんだ」と言って、結局それで終わりました。実はそれがきっかけで、もううちの施設にはいたくないと出ていかれました。「いじめがあったかどうかじゃなくて、きちんと普段子どもの話も聞けてない、様子もわかってない、それなのに簡単にいじめがなかったと言い切ってしまう、こういう施設にはいたくない」と言われました。[SW10、母子生活支援施設、母、うつ病]

❸自分の心の動きを返す〈自己一致〉

　メンタルヘルス不調の親の話を聴いていると、虐待を受けた経験、自殺したい、など相談を受ける側がドキッとする内容が含まれることが少なくない。この種の相談に慣れていない支援者ならば、動揺するだろう。重要なことは、相談を受けている側が自分の心の動きに気づいていることである。筆者も経

験があるが、動揺して、その相談から逃げたくなったり、混乱してしまっているのに、必死に冷静を装い対応してしまうことがある。

話を聴いて、相手に返す方法としては、これまでに出た方法以外に次のような方法がある。

① それまでの話を要約する：相手の言っていることが長くなったり、よくわからない場合は、「こういうことでしょうか？」と自分がどのように解釈しているかを伝え、相手にその解釈が合っているかを訊く。そうすると、「ちょっと違います。そうではなく…」などと話してくれる。このやりとりも理解しようとしている姿勢を伝えることにもなる。「こういうことですね」とイエス・ノーで答えられるようなクローズド・クエスチョンにせず、相手が自分の言葉で話せるようにオープン・クエスチョンにすることが大切である。
② 質問する：相手のペースに合わせて、質問しても良さそうな場合は、「もしよければ、どのような気持ちだったのかお話ししてくれませんか」と少し質問する。
③ 相手の態度を言葉にして返す：「緊張されますか」「なかなか言葉にしにくいですか」
④ 自分の気持ちを伝える：相手が話してくれたことに対して「話してくれてありがとうございます」と伝えて自分の気持ちを少し相手に返してみる。「正直に言うと少し驚きました」「少し動揺しています」「難しいですね」などと返して、何ができるわけでもないが、とりあえず受け止めているという姿勢を見せる。何かアドバイスしないといけないと思わなくてよい。わからない時は「私もどうしたらよいかわかりません。一緒に考えていきましょう」などと言って、難しい問題だが一緒に考えていこうという姿勢を示す。

🗨 受け止めが足りなかった

お母さんが話をしていた時に、子どもの頃、義理の父親から性交渉とかではないのですが、着替えているところを見られたということを私に言って

くれたんですけど。私も若干、予想してなかったお話だったので、大丈夫なのかなと思って、「受診したら」ということをすぐに言ってしまいました。そうすると、「あー」という感じで、次に訪問した時も、「どうお母さん？」と言っても、「ええ特に」という感じになってしまいました。その後、お母さんは転居したのですが、私には特に連絡もありませんでした。

今思えば、あの時の対応を反省しています。おそらくお母さんも言ってはみたものの、言った本人はとても辛いじゃないですか。私は、お母さんが言ってくれたことに対しての、フォローが十分ではなかったと思っています。この人に言ってよかったとか、また気持ちのSOS出そうとは、思ってもらえなかったのではないかと。今だったら、すぐに病院のことは多分言わないと思います。お母さんがそうやって話してくれたことに対して、「話すことも辛かっただろうね」というような受け止めをしながら、「時間はかかるだろうけど、自分1人で抱え込むなら、いつでも辛い時は言ってね」というように言うと思います。今こう思い出して、「ああどうしてるのかな」と一番思うのはこの人ですかね。[PHN3、母、うつ病・適応障害]

5）日頃から継続的に関わる

困った時にSOSを出すということは、恵まれない家庭で育った人や精神障がいのある人にとって簡単なことではない。人への信頼を持ちにくい特性や被害的になりやすい特性があるため、状況が悪化した時にいざ関わろうと思っても、なかなか相談関係を構築することが難しい。ある保健師は、先輩保健師から教えられたこととして、日頃から関係を築くことの重要性を語った。

💬 落ち着いている時に訪問することの意義

落ち着いた時にご本人と関係性ができていることが大切だと思います。日頃から関係ができていれば、少し病状が悪くなっても、ご本人はそれほどこちらを拒否しないと思います。保健師のことを、自分の調子が悪い時にだけ来る人というよりは、落ち着いてる時に来て、「どう？」「落ち着いてる？」という感じで、来てくれてる人であるという関係性がやはり大事だ

ろうなと思います。これは、私たちの先輩保健師からの受け売りでもあります。保健師は悪化した時に何かをする人ではない。だから落ち着いているから訪問しないのではなく、何でもない落ち着いてる時に訪問することが大事で、そういう日頃の関係性をもっていることが大切であるということを、新人の頃に先輩たちから教わりました。保健師は、安定していてなんとか生活してる人のところに「どう?」と立ち寄る。あまりこの人はこうだから、このために行くと(理由や目的を明確にして訪問すると)いうよりは、なんとなく「どう?」みたいな、雰囲気で訪問していました。だから、子どもが一時保護所から自宅に帰ってくるというのも、今だったら「ええー!」という感じですが、その頃は普通に「ああおうち帰ってくるんだ」という感じで、「じゃあちょっと様子見なきゃね」というように支援していました。[PHN5、母、統合失調症]

3．相談関係を通して親の生きていく力を伸ばす

1）人に相談できる、SOSを出せる

インタビューの中で支援がうまくいったと判断する理由の一つに、親が辛い時にSOSを出せる、困った時に相談できるようになったということがあげられた。

💬 困った時に必ず連絡をくれる

この方との関係でうまくいったと判断した理由ですけれども、陽性症状が出たりとか、死にたくなった時には、必ず連絡をくれますし、困った時には、自分で動ける方なんですけれども、「これでいいのか」「これでよかったのか」ということを必ず確認してくれるんですね。それがいい時と、時々誤ってる時があるので、いい時はものすごくエンパワーして(力づけて)、「すごくよくできてたと思うよ」と返します。できなかった時なら、「お母さんの考えてることはすごくよくわかるし、お母さんが考えてこういうふうに行動をとったのは、すごく意味があるよね」と評価した上で、「でもこういうふうにしたほうがよかったかもしれないね」というこ

とで、ちょっと受診を勧めたりですとか、スキンケアのやり方をお伝えしたりとかはしています。SOS を適切な時に表出してくれると、関係を築けているかなと思います。[PHN9、両親、統合失調症]

💬SOS を出して一命を取りとめる
　お子さんの発達に偏りがあるため、幼稚園で問題が起きるので、年長になってから幼稚園に行くのをお母さんの意思でやめました。そうすると、エネルギーがいっぱいのお子さんなので、お母さんはお家でストレスが溜まってしまい、非常に辛くなってきて、お母さんから「ベランダから飛び降りたい」「もう死んでしまいたい」と泣きながら電話がありました。その後、緊急訪問をして、お母さんの話を受け止めて、私が間に入って幼稚園と連絡を取りしました。
　最近もお母さんから泣きながら電話がありまして、お子さんがやはり問題行動が変わらず、幼稚園にも行けずにもう卒園してしまうということで、子どもに対して「いらいらが止まらなくて手を上げてしまった」と。怒鳴って、叩いて、殴ってしまって、「もう殺してしまうんじゃないかと思う」と。虐待のニュースを見ると、「こういうふうに自分も映ってしまうと保健師に迷惑がかかるなと思って、そこで踏みとどまる」という話をしていました。お母さんが「本当にもうここで死んでしまいたい」とか、「もう無理」という時に連絡をくださるんです。自殺企図のある時や、お子さんへの重度の虐待を起こすかもしれないという時に SOS を出してくださって、そこを踏みとどまらせることができたというところで、支援がうまくいったと判断しています。[PHN20、母、うつ病]

　なぜ困っていることを言うことが支援のゴールになるほど難しいのかというと、「今自分が困ってるとか、こういう気持ちだっていうことを言語化できなかった、相談する人もいなかった」[SW2] という背景をもっている人達であるということがある。「自分が今何に困ってるっていうのが、自分でも言えないと、支援が始まらない。」[SW7] ため、困っている時に相談できることは、人が生きていく上で必要不可欠な力である。相談するという行為

第 2 章　メンタルヘルス不調のある親への育児支援の方法　113

は、自分のことを大切に思うことができ、他者に信頼をもち、自分のために他者の力を借りてもよいという時に出る行為である。相談する行為は、これまで他者とどのように関わってきたのか、その関係性に影響を受ける。相談するという生きていく上で重要な力は、他者との信頼関係をもとに築かれるものであり、長い時間をかけた支援が必要である。「施設を出て、地域で暮らす時に人との関係性がつくれるように、まず施設の職員や他の利用者との人間関係の中で、人との距離の取り方とか、何か困った時にSOSを出すとか、そういうことを学んでもらいたい」［SW22］というように施設入所の目標とする場合もある。

　長期的に考えれば、メンタルヘルス不調のある親に育てられる子どもへの支援も必要である。子どもは、小さい頃から大人に相談せずに自分で解決してきた人が珍しくない。

📖 子の手記：相談するという考えはない

　（親からは）日常の出来事すら否定されるので、悩みごとや困ったことなど話したらどれだけ否定されるかわかりません。困ったことを話したら、まず困ったことを起こした原因を責められるからです。風邪を引いただけでも風邪を引いた原因を責められていました。こんな状態なので、何か辛いことがあっても一切母に相談しませんでした。親に相談しないクセがついているので、先生や他の大人に相談するなどという考えは、全く思いつきませんでした。［Book1、p.25、母、統合失調症］

📖 子の手記：人への頼り方がわからない

　親に甘えたり、相談することができなかったためか、人に頼るということが苦手でなんでも自分でやろうとする癖があります。精神的にも金銭的にもどう甘えてよいのかがわからず、高校生の頃からアルバイトを掛け持ちして、自分で生計を立てて学校へ行き生活するようになっていました。頼り方がわからないまま大人になり、困った時も、どうやって誰に相談したらよいのか未だにわかりません。自分の感情を表出するのが苦手で、素直に気持ちを伝えることも苦手で、そんな自分が嫌になることも度々ありま

す。［Book1、p.97、母、統合失調症］

2）対処力を伸ばす

　何か問題が起きた時にSOSが支援者に届いても、緊急時を除き、家庭の問題をすべて支援者が預かって、親の代わりに対処することは適切ではない。なぜ問題が起きたのか、どうすればよいのか、支援者がそれについて自分なりの答えをもっていたとしても、すぐに伝えることは親の成長を妨げてしまう。まずは、親と話しながら、自分の気持ちを言語化することを手助けしたり、問題の整理をすることを手助けする。

💬 相談の中で気持ちを言語化する

　イライラすると子どもを突き飛ばしそうになるという母親です。そのため、イライラした時は、保健師に電話をかけていいよと伝えています。電話では、気持ちを自分の言葉で話してもらうようにしています。そうすると、話すだけで落ち着き、問題が整理されることが多いんです。（必要な時に電話をかけてきてくれた時、）電話をかけていいということを覚えてくれたことに「ありがとう」と伝えました。今も家の近くに行った時は、家に寄ったりして母を見守っています。イライラした時に子どもにあたってしまうのは、なぜかをきちんと自分で考えてもらい、虐待につながってしまう危険性に気づいてもらうように話します。今までは、自分の気持ちをあまり感じてなかったし、人に言おうなんて思っていなかったかもしれないけど、保健師に困っていることや感情を話すことで、自分の気持ちをきちんと見つめることができるようになりました。［Book3、母、境界性パーソナリティ障害］

💬 服薬や実家との関係を一緒に考え整理する

　支援していて、一番良かったと思うことは、お母さんの話を聞いて、お母さんの意思をある程度尊重しながら、進められたことです。最初は、「お薬は管理してください」と言ってきたのですが、本人に「どうしたい？」と率直に聞いたところ、「少しずつ自己管理したい」ということでした。

そして、「じゃあ次どうする?」というように、相談しながら薬の管理を進めました。本人が自分の薬について、自分で向き合えるようになりましたし、薬の量も減らしていくことができました。

　他にも、実家との距離のとり方を冷静に考えられるようになりました。実家のおばあちゃん(本人の母)から電話があって、どこかで自殺するだのなんだの大騒ぎがありました。最初は、おばあちゃんから「来い」と言われてるんだけど、どうしようという話でした。でも、「今お子さんはここにいるから行けないよね」「どっか遠くのほうで自殺しようとしてても今行けないでしょ」という話をすると、お母さんも「ああそうかそうか」という感じで捉えられるようになり、最後は、「もうしょうがない」という感じになっていきました。今自分ができることは何か、このおばあちゃんに対して今のお母さんがどこまでならできるか、ということを少し冷静になって、考えられるようになったと思います。［SW29、母、神経症］

💬 子どもとの接し方を一緒に考える

訪問したら、お家の中はもう本当に床が見えないほどの散らかりようで、食べたものは食べっ放し、洗い場は食器が山盛りになっていました。だから、子どもが学校の物が見つからないと言っても、これじゃ当たり前だという感じでした。

　お母さんも、このままではいけないという状況でしたので、イライラした時に落ち着く方法を一緒に考えてみようということで、一緒にその場で考えたりしました。子どもに対する期待値がかなり高いので、簡単なところから認めていくようにするとイライラすることも少なくなることや、それができたら次にいくというスモールステップを踏んで、褒めて認めてあげるようにしたらどうかというような話をしました。［SW30、母、境界性パーソナリティ障害］

　支援者は、親と一緒に考え、事務の手続きなど生きるために必要なことは、できない時に手伝いながら、いずれ親ができるように支援していた。

💬 行政手続きを手伝いながら自分ですることを増やす

　知的障がいや精神障がいを持っている方は、保育園入園にあたっての申請書など書類を書くことが苦手な場合が多いので、一緒に書類を書いたり、提出しに窓口に付き添う支援を行いました。若い保健師の中には、「あっち行って下さい」「それはうちではありません」と言ってしまう人もいます。窓口に行った障がい者が「けんもほろろに門前払いされる」ことは少なくありません。いろいろなケースを経験してきて、そばについて耳元でアドバイスしてあげることの大切さを学んできました。一歩ずつですが、母親が自分でできることを増やす支援を行いました。今は、子どもは家庭で健やかに育っています。小学校に入学するまでは継続支援したいと考えています。［Book3、母、知的障害の疑い］

3）関係性を修復する力をつける

　行く先々で人との関係を壊しやすい人たちがその地域で生きていくためには、一度壊れた関係を修復することも生きるために必要な力になる。

💬 担当は替えない

　保育園の書類を見ると、お父さんのご両親は亡くなってるのですが、お母さんのご両親のことは書いてなかったので、お母さんに尋ねたら、「死にました」と言われました。あ、そうですか。死んでないこと知っていますよと心の中で思いましたが、お母さんは、そのような感じでこれまで他の人との関係が持てなかった方です。そのお母さんが、やっと持てたパパとの関係、やっと持てた子どもたちの関係。それらを保っていくためには、これからいろいろな外的な刺激があるので、「このままじゃ駄目だよね」と、私が担当している間に少しでも、どんな嫌がられてもお母さんに言うしかないのだろうと、思っています。「担当替えろ」と手紙に書いてありましたが、「残念、担当替えられないんだよね」と対応するつもりです。［SW31,母、パーソナリティ障害］

💬 怒らせたけどもう一度やり直したかった

私の中では、お母さんを怒らせたけれど、また関係を戻そうと思っていました。今お母さんは怒ってるけど、いつかのタイミングで関係を戻せると思っていたんです。しかし、他の方が主に対応するようになってしまい、私が十分に仕切りきれませんでした。私がもう少し自分の主張を押せばよかったのですが、その辺が反省かなと思っています。もう1回食らいついていけばよかったかなという気はしてます。だから少し後悔が残っています。［SW4、母子生活支援施設、母、統合失調症］

4）親の目標達成を手助けする

　支援する際に自分たちで親子の支援目標を決めるのではなく、親がどうなりたいのかを中心に据えて支援を行うアプローチ法がある。医療分野では患者中心医療や Person centered medicine などと言われている。精神保健領域では、精神疾患のある当事者を中心にするだけでなく、治療を中心にせずに病があっても自分らしく生きるというリカバリーを目標とする、リカバリー志向などと言われる考え方である。リカバリーとは、1990年代に出現した概念であり、世界共通の、精神障がい者リハビリテーションの新たな目標概念となった。精神疾患のある人のリカバリーとは、たとえ疾患による限界があっても満足のいく、希望のある、そして貢献する人生の生き方であり、精神疾患という衝撃的な影響を乗り越えて、新しい人生の意味や目的を見出す、そのプロセスのことである[12]。リカバリーを支援する際、重要なことは可能性を信じ、当事者がやりたいことを叶えるために支援することである。今回の支援者も当事者である親にどうなりたいか、その目標を中心に据えて実現可能なプロセスを踏めるように支援していた。

💬 親の目標を大切にして支援を組み立てる

　「あなたはどうしたいですか」と入所面接の時に聞いたら、「変わりたい」

---

[12] Anthony, W. A. "Recovery from mental illness: The guiding vision of the mental health service system in the 1990s". *Psychiatr.Rehabil.J*.16（4）;11-23，1993.

「今までの人生を変えたい」と言っていました。「じゃあ変えたいってどんなことからどんなことになりたいの」って聞いたら、「普通の暮らし」と。朝保育園に子どもを送り、自分も仕事をして、家に帰って来て、夜ご飯食べて寝る、それをしたいと言いました。私も、嘘か本当かわかりませんでしたが、とりあえず彼女の言っていることを一生懸命聞くしかないと思い、すごく決意して、「どうしたいの」って聞いたら、まず仕事。普通の生活したいなら今何をやろうかねと一緒に考え、保育園の申請、仕事を探す、病院に通い続けるということだとなり、やっていきました。

　しかし、いい時期はずっと続くわけがなくて、仕事のほうも、結局出会う人出会う人がヤクザさんや薬関係で、まず1回目の仕事を辞めて。2回目の仕事では、レイプまがいのことされちゃって、2回目の仕事を辞めました。彼女は、「なんでうちの知り合い、いつも薬ばっかやってんだろう」「なんでうちの知り合いいつもクズなんだろう」と言っていました。もう刺青もばっちり入ってるお母さんなんですけれども、「普通ね、その刺青がすごい全身あって、そういう人がコンビニでレジやってて、普通の人だったら、ビックリして、俺だったら怖いから話かけたくないよ」「物を買ったら、ああどうもってすぐ帰っちゃうよ」と伝えました。そこで、「お姉ちゃん何やってんの」とか「お姉ちゃんヤクザなの」と話かける人は、やはりそれなりの人なんだよと。働くなら、ちゃんと隠すとか、言葉遣いとかをしっかりしないと、やっぱりそういう人が寄ってきちゃうよと言うと、「ああ、そういうことかあ」とお母さんも納得していました。

　施設内のカウンセリングも勧めて、半年ぐらい続いてます。最初は、カウンセラーに「何を話していいかわかんないし、なんでカウンセリングなんか受けなきゃいけないの」と言っていたので、「イライラしたりすんでしょとか、なんでうちの知り合いはクズが多いんだろうとか言ってたでしょ、その辺のことを、言いたいことをまず言えばいいんじゃないの？」と伝えて、最初は嫌々行っていましたが、最近は約束も覚えていますし、こういうことを相談しようかなと事前に私に言ってきたりするようになりました。［SW7、母子生活支援施設、母、依存症］

5）親の自立を支援する

地域で家族で暮らすということを目標にし、親の社会的・経済的自立を支援の目標とすることもあった。

💬 社会とのつながり

保育料金にならないぐらいの、日数も少ないし、時間も短かったのですが、パートのお仕事を始めて、社会とつながっていくことが育児から少し離れることができ、自分も社会の役に立っているという思いで、「少し気分が変わってきました」という発言もありました。「確かにあなたは仕事しているほうがいいかもね」と私も話しました。一つの所でパートを続けて、社会ともつながりながら、なんとか育児ができているので、まあまあうまくいったと言っていいかなと思いました。[SW8、母、パーソナリティ障害疑い]

💬 親子で経済的にも自立に向かっている

お母さんも、生活保護の受給世帯ではあるのですが、少しずつ就労も始めていて、安定してきました。自立をしたいというところで、心配はありますが、お母さんと二人の息子でまずはアパート暮らしを始めました。[SW3、母、適応障害等]

第3節　子どもと家族全体の支援

　新生児訪問や乳幼児健診など多くの場合、支援者は母親と子どもにしか会うことがない。その母親に支援が必要だと判断した時、配偶者や実家など他の家族と連絡をとって支援を進める。インタビューで語った支援者は、育児を家族全体で補い遂行できるかをアセスメントし、調整していた。
　「基本的に家族のアセスメントは必須だと思います。その中でも協力者、親族の方との関係ですね、どういう関係なのか、協力してもらってるといっても物理的なものなのか、精神的な支えもあるのか。どのような協力をして

もらっているのかということを知ることで、今後の方針にすごく影響が出てくると思います。」[PHN9]と、ある支援者が語ったように、家族全体のアセスメントは、ほとんどの家庭について行われていた。

また、子どもの成長を促す関わりや環境調整、親が親らしく子どもと接することができるような支援など、家族全体に目を行き届かせた支援が行われていた。

1．配偶者や実家と連携した支援

1）誰がキーパーソンかをアセスメントする

　支援者は、家庭の中でキーパーソンとなる人物を見つけ、その人と連絡をとって支援を進めていた。「お母さんは、私たちの評価ではなく、お父さんの評価を求めているということが、だんだんやりとりの中でわかってきて。」[SW15]というようにその親にとって重要な人や、「お母さんは、あんまり何も考えていない感じで、お父さんが家庭の中では決定力を持っているという世帯でした。」[SW6]というように家族の中で決定力を持っている人、「（母親が書いた書類を見て）インターナショナルみたいな幼稚園って、日本語もおぼつかないのにこれはないだろうって、お父さんは言ってて、私はお父さんのそういうご判断っていうのは正しいなあというところに、この世帯の活路を見い出しているわけです。」[SW31]というように常識的な判断ができる人、「おばあちゃんがご高齢だったのですが、非常にクレバーな方で、非常に問題意識を持って子どもの在籍する中学校に、父親が登校制限をかけているということで何度かご相談をされていたようです。」[SW23]というように問題意識や対処力のある人、といった視点でキーパーソンになり得るかをアセスメントしていた。

　キーパーソンに連絡をし、「お電話すれば、ちゃんとお昼休みの時間であれば出てくれますし、コールバックもしてくれます」[SW15]というように、レスポンスの速さや印象で協力してもらえるか手応えを判断していた。また、どういう言い方で協力してもらうことが可能かを判断して協力を依頼していた。

💬 配偶者の反応をアセスメントして連携する

　お母さんには、あんまりこれやってね、あれやってねっていうのは難しい面もあるので、まあ最低限のことの確認をしました。この方がなんとか生活ができたっていうところには、お父さんとのやりとりが結構できたということがあります。お仕事してる中ですが、お父さんと必要時連絡を取り合いました。お父さんもわりと朴訥とした感じの方なので、こちらの関わりに拒否はなかったですし、何か言われれば、やれることはやってくれる感じの、その家族で一番のキーパーソンである、身近なお父さんと割と関係をつくることができました。[PHN5, 母、統合失調症]

2）キーパーソンと連携しつつ、支援する

　キーパーソンに期待をしながらも、負担がかかりすぎないような配慮も行い、連携した支援を試みていた。また、祖父母の協力を得ている場合は、身体的負担や高齢者虐待などのリスクも考慮していた。

💬 負担にも配慮して実家の協力を得る

　お母さんの体調に波がどうしてもあります。だから「あなたがお母さんだから全部やりなさい」とおばあちゃんが監督みたいに指示をするようになると、ここの家はうまくいかないだろうと思っていました。おばあちゃんも働き者でパッパッパってやってくれちゃう人なんです。また、このお母さんもすごくおばあちゃんを頼っているんです。おばあちゃんは、もう疲れるとか、もう大変とか、愚痴みたいなことは出るのですが、基本的には、丸抱えしてもいいよというような雰囲気がありました。だから支援者が一番心配していたことは、おばあちゃんの負担が大きくなりすぎないように、大変になった時に、誰にどうSOSを出してもらえるかっていうところでした。[SW25, 母、統合失調症]

💬 祖母への高齢者虐待を把握して分離

　母方祖母は70代でしたが、保育園の送迎は全てやってくれている状況で、

子どもの話によると、家でご飯作ったり、遊んだりするのも全部おばあちゃんがやっているということでした。訪問した時に、お父さんお母さんが話すと、おばあちゃんがちょっと怯えているような態度もあり、少し気になっていました。ある時、おばあちゃんが何針か縫うほど頭を怪我してしまいました。それは転んだということで、おばあちゃんも、多分、口止め、その時点ではされていたので、自分が転んだんだと言っていたのですが、ご両親が通っている診療所が、内科とか外科とかも併設されていて、そこに一緒におばあちゃんの怪我をみてもらうのに同行した時に、統合失調症のお母さんが、ぽろっと父がやったということを言ってしまって、それで、やっぱり虐待が子どもだけではなくて、高齢者虐待もあることが把握できました。その後、おばあちゃんはグループホームに入りました。[SW6、両親、統合失調症]

配偶者が仕事をしていると密に連携がとれない場合もあり、当事者である親が支援を拒否すると相談関係が成り立たなくなるなど、支援の難しさがあった。原則平日日中にしか対応できないという支援の仕組みによって支援の限界が生じていると考えられる。

💬 配偶者と密に連携がとれず支援関係が途切れてしまった

私が初めて訪問に行った時には、そんなにしんどさは訴えてこなくて、笑顔もありました。ただ、大変な時に母方の実家に頼るかというと「もう迷惑はかけたくないから」と言っていたお母さんで、幸いお父さんの協力はあるので、なんとか生活はしているという感じでした。

ただ毎日4時に起きてお家をピカピカにして、2人のお子さんがいるというのは、やはり無理があるので、そこはファミリーサポートとか他の外部の人にも手伝ってもらったらどうかと話しました。このお母さん自身が外部の人に自分の病気を知られることをすごく警戒して嫌がっていて、結局ファミリーサポートの利用には至りませんでした。お父さんも困ってしまい、精神保健担当の職員が電話でお父さんと相談しましたが、サービス利用には至りませんでした。お母さんには時々電話して、育児の状況やお

母さんの負担感を聞いていたのですが、結局私が情報提供するものがお母さんの意思にはそぐわないものなので、「そんなもの紹介してもらっても」という感じでした。「私みたいな病気を持つお母さんはどうやって子育てしてるんですかね」と不満や怒りをぶつけてくるようになり、連絡も途絶えてしまいました。お子さんが順調に成長していることは、健診等で確認できていますが、こちらの相談としては切れてしまいました。

　お母さんは通院もしてお薬も飲んでいましたが、子育てが重なると負担が大きいのだと思います。お1人目の時も一時入院をしています。お父さんも仕事をされているので、それほど密に連絡は取れなかったのですが、もう少しお父さんをキーパーソンにして、お父さんにどうしたらお母さんの負担を少しでも軽減して、生活できるかというところの相談をお父さんとできたら良かったかなと思ったりしています。［PHN14、母、統合失調症］

2．子どもの成長を促す支援

　メンタルヘルス不調のある人は、どちらかというと家にこもりがちで、人付き合いが苦手な人が多く、日常生活リズムや生活習慣も乱れがちになり、子どもの成長を促す環境をその親だけで整えることが難しいこともある。支援者は、必要に応じて、子どもが健全に成長するための手助けをしていた。

1）保育園や学校に子どもが行けるようにする

　支援者は、「保育園に行けていれば、そこで少なくとも昼間は子どもらしい、楽しい生活ができるので、何とかそこに持っていかなければいけないのですが、今、それができていないので、まだ駄目です」［SW15］、「登校さえできていれば、子どもらしい生活ができる」［SW23］というように、子どもが保育園や学校に通うことは、子どもらしく楽しく生活するために重要なことだと考えていた。「お子さんもちゃんと保育園で正しいしつけを、そこで生活習慣等も身に付けてもらう必要もあったので、とにかく保育園に出す。」［SW6］というように、生活習慣や社会的ルールを習得する場としても保育園が重要だと認識していた。

保育園に入園することがその子どもにとって重要であっても、待機児童も存在し、簡単に入園できない自治体も多い。そのため、「私がしたことは、まず保育園に入れるところで、ある程度保育園の必要性が福祉的な見地から、必要性の高い方と判断をして、保育園にお入れしています。」[SW8]、「私のほうで、お母さんの養育状況が心配なことと、お子さんの発達を促す意味で、保育の必要性の高いご家庭なので、何とかご配慮くださいというものを出しまして、入れていただけました。」[SW8]というように、支援者は必要な場合に、保育園に優先的に入園できるように支援していた。

　保育園に入園することができたとしても、保育園に連れて行くことに困難が生じることも少なくなかった。その場合は、朝、訪問して子どもや親を起こすところから支援する場合もあった。

🗨 保育園への登園支援

　そこのおばあちゃんは、「娘の子まで面倒見切れない」と言って、協力が得られなかったので、子どもは保育園にも行けず、外をうろうろしてるという状況も変わりませんでした。登園支援を入れることになり、私や保健師が朝訪問して、子どもを起こして登園準備をさせたり、育児支援の訪問員を週2回入れて、登校支援として、子どもたちを起こすところからやってもらいました。しかし、子どもたちはYouTubeなどをして夜更かしして、寝るのが4時とかなんですね。だから、朝8時、9時に行っても、子どもたちは全く起きず、結局、昼ぐらいに起きてきて、保育園は「何時でもいいから来てもらえればいいよ」と言ってくれていたので、そういう時間に連れていくこともしましたが、実際は本当に全然通えませんでした。登校登園支援を入れたにもかかわらず、生活習慣が全然変わらないので、結局あまり効果的にならなくて、お母さんが連れていけたのが月5日ぐらいで、登園支援を入れても、私たちが訪問した日に辛うじて行けたくらいで、劇的には増えませんでした。訪問しても、完全に寝ていてどうにもならない日もありましたし。お母さんへの指導は、もちろんしましたし、子どもだけでうろうろさせるのは虐待に当たることも話しましたし、それも結構強く言いましたが、全然、本当に感情の動きもなく、「わかり

ました」という感じで、響かなかったです。[SW32、母、統合失調症]

被害妄想などによって子どもを登校させない場合も珍しくない。「父親の状態が悪くて心配だとか、子どもは学校に行けば、楽しく過ごすのですが、お父さんが学校は安全な場所ではないから行くなと、病状のせいだとは思いますけれども、登校制限をかけていて、おばあちゃんは、そのことでどうしたらいいでしょうと中学校の先生に何度かご相談をされていたようです。」[SW23]というような場合は、登校支援というよりも親の病状を安定化させるための介入が必要になる。

保育園に登園できるようになっても、継続して登園することにも支援が必要な場合があった。また、クレーマーのような対応をする親もおり、保育園の園長や保育士をサポートすることも重要な支援になっていた。

💬 保育園が居心地の良い場所であるように関係機関と連携して支援

このご家庭は、保育園がなければ養育は難しかったし、今も難しいと思いますので、保育園が居心地のいい場所でなくなると、在宅での養育が不安定になって、叩いたり蹴ったりすることが発生し、一番悪い方向にいけば、再び一時保護があるかもしれません。園のやり方へのクレームですとか、園長の言い方に傷ついたとか、そういう訴えにだんだん変わってきました。さすがに、それは、全部そうだね、お母さんの言うとおりだねと受け止めるわけにはいかないので、お母さんの大変な思いは受け止めつつも、保育園はこういう場所だよねとか、集団の中でやってるから、特別な対応は難しいと思いますよとか、園長先生は全体を見てるから、どうしてもそういう発言になってしまうかもしれないけど、担任の保育士とは、その分うまくいってるとお母さん思っているので、話のできる先生がいるなら、その先生にお話をしようとか、言いにくいなら連絡帳に書いてやりとりすると、少しトーンダウンできるかもね、というようなアドバイスを続けてきました。

被害的になりやすいお母さんですので、例えば園の対応を「仕方ないん

じゃない」と私が言ったけど、児童相談所は「そうだよね、お母さんの言うとおり、保育園はすべきだったよね」というようにちぐはぐになってしまうと、恐らく自分のほうに引き付けた回答に乗っかってしまうと思います。そうすると、保育園を攻撃し、保育園は対応がうまくいかなくなって、お母さんは行きづらくなります。

　お母さんはおそらく関係者同士で情報共有することを望んでいなかったと思いますので、児相とやりとりしているとか、保育園と連絡取り合ってるということは、お母さんには見せていませんけれども、バックヤードでは、関係機関で情報は共有していましたので、同じスタンスでお母さんにフィードバックをしながら、育児負担とか不安を受け止めてきました。

　要求の多いお母さんなので、園にとっては結構大変だと思います。保育園を支えることが、結果的にこのご家庭を支えることになるので、そういう意味で、仲介をしたことがうまくいったかなと思っています。[SW8、母、パーソナリティ障害疑い]

2）親以外が子どもに関わる機会を増やす

　保育園の登園や学校の登校だけでなく、祖母、親戚、近所の人など親以外の人が子どもに関わることでも子どもの健全な成長が促される。家庭の中に大人が一人という子育てよりも、いろいろな人が入った子育てができると家庭に風穴が開くという効果もある。

💬 祖母の関わりで子どもの経験が広がった

　子どもに対しては、非常におばあちゃんがいて良かったと思っています。おばあちゃんのおかげで、子どもにいろいろな経験をさせてあげられたと思います。公園1つお散歩1つ。お母さんとだったら外に出てこれなかったかもしれません。[PHN7、母、パニック障害]

💬 祖母の関わりで子どもの成長が凄まじい

　乳児院では本当に丁寧に育ててくれていましたが、家庭では子どもの言葉や、やれることの伸びが凄まじいです。やはりおばあちゃんのおかげです。

家庭での生活は、特に小さな子にとっては意味がある。本当に成長にとって大きな意味がある。[SW25、母、統合失調症]

💬 祖父母との関わり
祖父母の支援があったこともすごく大きかったと思います。おじいちゃんはお仕事をされてますが、平日がお休みのお仕事でしたので、一時保護中も面会に来てもらって、あえておじいちゃんと外出してもらいました。おじいちゃん70歳を過ぎているのに、すごくスポーツが得意な方で、子どもと一緒にプール行ったり、山登りしたりして、おじいちゃんのいろいろな姿を見ることができました。お母さんとだけではなくて、おじいちゃんとの関わりをつくっていけたことも、後々のことを考えると良かったと思います。[SW3、母、適応障害等]

　家庭は社会の中の最小単位であり、家庭がひとり親で子どもと親だけの最小単位になることも仕方がないことではあるが、できれば複数の親や親戚など多くの人が関わる家庭であることが子どもの成長にとって重要だと語る支援者がいた。

💬 子どもを孤独に育てずに社会で育てる
お母さんだけが子どもを育てているという孤独な育て方だと、お母さんの考えが間違っていても、それが家の中で法律になってしまいます。朝起きられずに、だらだら寝ていてもいいわけです。私だって、自分の子どもとだけで生きていたら、ご飯は買ってきちゃおうかとか、ご飯食べなくていいかとか、お風呂も明日でいいかとか思いますが、配偶者という他人がいることで、その他人から怒られたりします。子どもは割と自分のものという感覚があるのですが、配偶者やパートナーは他人です。その他人と関係を結べても結べなくても、家庭の中は一つの社会だと思っています。それを見ながら子どもが学びます。こういう夫婦にはなりたくないとか、こういう夫婦のようになりたいとか、いろいろと思うでしょう。
　お母さんだけでなく、お父さん、おじいちゃん、おばあちゃんなどのい

ろいろな大人がいると、たとえ健全な人でなくても、偏りが減ります。たった一人の大人がその家の皇帝になって子どもを従えていくという構図にはならないほうがいい。複数の大人がいると、子どもは、このことはお母さんに言っても駄目だから、お父さんに相談してみようとか、何かこう、風穴があく気がします。

　生まれてきた子どもを何とか学校というある程度の社会に乗せて、つつがなくいろいろ人の中で育てようというふうにしていかなければいけないのが、私たちの仕事ではないかと、今、思っています。[SW31]

3．親子関係への支援

　長年にわたって親と子どもの関係がうまくいかない場合、親子関係を修復する支援も必要になる。親と子が一対一で話し合う時間をつくったり、カウンセリングを受ける、親と子の仲介をするなどの支援が行われていた。

🗨 親と子の時間をつくる

　長女さんがすごく影響を受けてしまっていました。児相の見立てですと、次女さんはすごくお母さんに甘えるのが上手だから、一時保護中でもそれほど心配な点はなかったけれど、長女さんは一時保護中にお母さんが面会しても遠慮がすごく見られて、難しいというか、保育園でも少し問題がありました。お母さんに長女さんのことを意識してもらいましょうという整理ができました。長女さんとお母さんの2人だけの時間を作ってくださいと約束をして、次女さんを保育している間に、長女さんとお母さんの時間を週に1回つくっています。[SW27、母、パーソナリティ障害・知的障害]

🗨 お母さんと会うことが楽しくなってきた

　施設で、ゲーム禁止という枠をつくったこともあり、母子の会話が増えてきました。お母さんもお子さんと会っていると楽しいというふうに変わってきています。母子の関係も穏やかになってきているように思います。

　お母さんも世間一般のマナーみたいなことも子どもに少しずつ教えた

りして。「こうだったんですよ」というような話を外泊から返ってくると報告してくれて、話をする時も嬉しそうにされています。［SW14、母、アルコール依存症］

💬 親の気持ちを子に伝えられるように手伝う

お兄ちゃんは、高校受験を控え、「もう学校行かない」と言い出したので、お母さんに「どうしたいの？」と聞いたら、お母さんは、自分が中卒ですごく苦労をしたから、子どもには高校に行ってほしいというお話をされました。私は、お母さんに、「今のそのお母さんの言葉を息子さんに伝えようよ」と言っていたんですね。その時、実は、お兄ちゃんが隣の部屋に息をひそめて居ました。だからお母さんのその言葉も聞こえていました。私は直接、彼に言ったわけではないのですが、「だってお母さん、これで高校行ったほうが絶対世界広がるよ」とかあえて言っていました。そうしたら、お兄ちゃんが「こんにちは、初めまして」と部屋から出てきたんです。

その時は、彼に何も言いませんでしたが、結局、受験をして高校に合格しました。お母さんの気持ちを伝えたことがよかったと思います。［SW1、母、覚せい剤後遺症］

第4節　障がいの影響で育児・家事に支障をきたす人への支援

障がい特性［本書 p.26］のうち特に、③病状が安定しにくい、⑤不安が強い、⑥他人への不信感をもちやすい、⑦コミュニケーションが苦手、⑧作業・状況判断・臨機応変な対応が苦手、⑨ストレスに弱い、⑩疲れやすい、という特性は、育児手技と状況判断、育児や家事のサービス導入にも影響を及ぼす。そのため、障がいによって支障をきたす部分について支援が必要である。

1．親が育児を担えるように手助けする

1）一つひとつ、その都度育児手技を説明する

　障がいがあると、一度に多くのことを伝えられると混乱してしまいがちで、整理して理解したり、記憶することが難しい。そのため、支援者は、一つひとつ、具体的に何をどうすればよいか、その都度、親に伝えることが望まれる。

💬 **具体的に次やることを伝える**

　主に関わるのは保健師ですが、途中から育児家庭支援訪問員も導入して、家事や育児のサポートをしながら、お母さんのできていることを褒め、すごく落ち込んでいる時には、「じゃあ、次はこれをしよう」「まず、パン食べさせよう」という感じで、具体的に次やることを指示する形で、お母さんの養育をサポートしてきました。[SW15、母、うつ病など]

💬 **ミルクの作り方など一つずつ確認**

　ミルクもちゃんとあげていたのですが、やはりミルクの量や作り方を適切に行うことが苦手なので、助産師に入っていただきながら、一つずつ確認をしていくという形で支援してました。[PHN25、母、統合失調症]

2）イライラや不安の高まりを軽減する

　精神障がいの人はマイペースで自分の空間や時間を必要とする人が多い印象がある。しかし、育児は、自分の予定通り、思い通りにいかないことの連続である。また、子どもを通して初めての環境、初めての経験も多い。それは人生を豊かにするものであるものの、慣れるまでの間、ストレスに脆弱な彼らにとっては負担のほうが大きくなるだろう。ストレスが溜まるとイライラが募る。

　イライラが溜まって怒る時は混乱してしまう。支援者は、そのイライラを軽減するために、親のストレスを受け止めたり、逃げ場をつくるといった支援を行っていた。

🗨 親の逃げ場をつくる

お母さんは、人への依存度が高く、保健師にもすぐ電話がかかってきました。保健センターの近くに住んでたので「イライラしたら子どもと一緒に保健センターにいらっしゃいね」と、いろいろな所に彼女の逃げ場を作り、「こういう場合にはこうして」「ここまで来れない時は家に行く」というように、状況に応じて逃げ場をつくって対応してきました。[PHN7、母、覚せい剤後遺症]

🗨 イライラを電話と面接で受け止める

育児不安の高いお母さまでしたので、イライラすると叩いたり蹴ったりするという発言も当初は頻繁にありました。保育園入園当初は、お母さまから本当に頻繁にお電話があって、「今日こんなことでイライラして、手あげちゃった」と言われました。児童相談所にも月1回は行って、一時保護もレスパイトで何度かしてもらっていたのですが、それでも「イライラする、私はちゃんと子育てがうまくいってない」という訴えがありまして、大体1時間コースで電話がかかってくるのが、月1回以上ありました。[SW8、母、パーソナリティ障害疑い]

🗨 イライラを軽減するために子どもと離す

お父さんと長く子どもが一緒にいると、どうしてもイライラすることがあり、暴力につながる状況がありましたので、なるべくお父さんも休めるようにする必要がありました。お子さんも保育園で正しい生活習慣等を身に付けてもらう必要もあり、とにかくお子さんを保育園に出すというのが私たちの支援でした。[SW6、両親、統合失調症]

3）担える親役割を増やす

親が苦手とする育児を補うだけではなく、親に育児手技を学んでもらい、親ができる育児をなるべく増やそうと支援していた。

💬 産後ケア事業で助産師に育児手技を習う

　ご両親には、産後ケア事業に１週間行っていただきました。産科から自宅に帰る前にまずそこで、実際の子どもを相手に、育児の仕方をしっかり習いました。私も産後ケアの事業所に行かせてもらって、実際にどのように助産師さんが教えてくれているかを、お母さんとお父さんと一緒に確認をしました。お母さんたちがお家で育児をできるような形で、フォローしていきました。[SW32、両親、統合失調症、母は知的障がいを合併]

　疾患特性として病状に波がある。それは外部から見て理解することが難しかったり、不調のある親自身も自分の状態を理解することが難しいということもある。「怠けてばかりいる」と疾患を理解されずに怠惰な生活を送っていると誤解されることもしばしばである。今回インタビューに応じた支援者がその判断を的確にできていたかどうかはわからない。しかし、支援者は、親が障がいによってできない部分があることを理解しつつも、「体調にやっぱり波がどうしてもあるみたいなんですね。やれる時はやる。」[SW25]というように、補いすぎずに自分でできる時にできることを担ってもらえるような配慮をしていた。

💬 家事を親ができるように支援する

　このお母さんは、育児支援や家事援助のヘルパーさんにも入ってもらっていたのですが、ヘルパーさんを家政婦さんのようにこき使うようになってしまいました。そのため、私は、育児支援や家事援助で「できること」「できないこと」を伝えるということを本当に繰り返し繰り返しやってきました。[SW30、母、パーソナリティ障害]

　子どもに親らしいことをしてあげることに踏み切れない親に対しては、支援者は、様々なお膳立てをして、親役割を後押ししていた。

💬 子どもを受診させるという親役割を後押しする

　生活保護の支給日に合わせて、子どもの歯医者さんを予約していたのです

が、お母さんが支給日に役所に現れなかったり、来ても子どもを連れてなかったりしまして、なかなか歯医者さんに連れて行くことができませんでした。お母さんに任せるのは、簡単ですが、できない人もいるので、「この歯医者さんが良さそうなんだけど、私、一緒に行くので行ってみない？」という感じでお母さんに言って、なんとか歯医者に子どもを連れて行けるようにしていました。［SW1、母、覚せい剤後遺症］

2．育児や家事をサービス等で調整する

1）育児と家事を補完するサービスを最大限活用する

　育児や家事が不十分だと子どもの安全が確保できない危険性もある。育児と家事を補完する必要があると判断した場合は、利用できる資源を最大限に活用するということを原則にし、特に産後などハイリスクな時期には毎日誰かの目が入る体制をとることで、育児と生活を成り立たせるとともに、危険な状況を察知できる環境を整えていた。

　障害者総合支援法の障害福祉サービスでは、該当すれば居宅介護（ホームヘルプ）を利用することができる。ホームヘルプでは、育児支援に関連する業務として、①利用者（親）へのサービスと一体的に行う子ども分の掃除、洗濯、調理、②利用者（親）の子どもが通院する場合の付き添い、③利用者（親）の子どもが保育所（場合によっては幼稚園）へ通園する場合の送迎という業務が含まれる[13]。

🗨 サービス導入

　私がしたことは、利用できる資源を伝えて、それを最大限に活用できるようにすることでした。今この方に与えられるサービスは何かということを、あらゆる側面から考えて、今のこの状態のこの方に、一番適切なものは何かということを、こちらが捉えた上で、「こういったものがあるよ」とい

---

[13] 詳細は、平成21年7月10日厚生労働省・援護局障害保健福祉部障害福祉課通知「障害者自立支援法上の居宅介護（家事援助）等の業務に含まれる「育児支援」について」参照。

うことを伝えることがとても大事だと思います。［PHN9、父がうつ病、母が統合失調症］

🗨 家庭に毎日誰かが訪問する

午前・午後のヘルパーと、あいだあいだで、訪問看護も入っていたので、訪問看護、助産師、保健師、産後の家庭支援とかも入れて、日曜日以外は誰かが短時間でも家庭に入る体制をつくりました。［PHN10、両親、統合失調症］

2）訪問支援導入の難しさ

育児や家事を補完するヘルパー、病状観察などを行う訪問看護師など第三者に訪問してもらう支援は、家にとじこもりがちな精神障がい者にとって重要なサービスであるが、導入が難しいサービスでもある。屋外を安心できないと感じている当事者では、家という空間が安全な場であり、そこに外部の人が入ってくることを不安に感じることがある。人への信頼を置きにくい当事者にとっては見ず知らずの第三者が入れ代わり立ち代わり家に入ることのストレスも感じるだろう。また、彼らなりの生活のペースを第三者に乱されること、物の置き場所や清潔へのこだわりを乱されること、「お父さんがお金の面とかを気にされてヘルパーとか使うのを嫌がるんです」［PHN13］というように経済的負担を過度に気にすることなども訪問支援を導入する時の障壁となり得る。

🗨 育児支援ヘルパーとの相性がよい

育児支援ヘルパーとの関係がすごくいいんですね。上のお子さんの時から入っているので、すごく大変な時も支えてもらったという経過があります。お母さん自身、非常に常識的な方なので、感謝の気持ちをずっと持ち続けてるというところがありまして。すごくいい関係が築けています。［PHN20、母、うつ病］

💬 ヘルパーとの相性で難しい

お母さんの中で許せる人でないと駄目です。何回もヘルパーさんを替えて。断る理由は、対応ではなく、お母さんのインスピレーションのようなもので、「この人には来て欲しくない」となってしまいます。［PHN10、両親、統合失調症］

💬 外部に知られたくないと訪問サービスを拒否

お母さんは、外部の人に自分の病気を知られるということをすごく警戒して嫌がっていました。そのため、ファミリーサポートの利用には至りませんでした。［PHN14、母、統合失調症］

　子どもの安全な環境を確保するためにヘルパー導入をさせたいと支援者が考えても、親が嫌がる場合は、まず支援者自身が部屋を片付けるなどヘルパーがしてくれる業務を行い、清潔にする気持ち良さを体感してもらうことを通してヘルパー利用の動機付けを行うなどの支援を行う人もいた。

💬 支援者が掃除してヘルパー体験

お母さんはヘルパーをあまり入れたがりませんでした。どうしてかなと思って、お母さんに聞いたら、「家が汚いんです」と言われました。そこで私は、「わかった、じゃあヘルパーさん来る前にちょっと、私でよければ行って、人が入るってこんなもんだよってことを実感してみる？」とお母さんに提案したら、「じゃあそうします」と言ってくれたので、お掃除のために訪問しました。そうしたら、もうゴミの中で、お布団もない中で子どもが毛布にくるまって、お母さんも毛布にくるまって寝ていました。お家の外側はいいマンションで、中がぐちゃぐちゃで布団もない。そのようなものすごくアンバランスなお家でした。そこでお母さんとよもやま話をしながら、ゴミを分別し、少しスペースを空けて、「じゃあここに今日お父さん帰って来たらきっと喜ぶね」と言って。掃除機も壊れていることも発見しましたし、でもそれでも何とかかんとか、少し片づけてきれいになりました。「こんなふうに人が入ったら、自分一人じゃなくて人海戦術だ

からうまくいくかもよ」と言ったら、「ヘルパーお願いします」ということになり、ヘルパー利用を開始することができました。［SW24、母、うつ病］

第5節　疾患の影響で育児に支障をきたす人への支援

1．疾患を自ら見立てる

　精神疾患の疾患特性の一つに病気かどうかわかりにくいという特性があるが、診断名が変わりやすいという特性もある。最初から明確な症状があり診断名が変わらない場合もあるが、確定診断がまでに時間がかかる、医師によって診断名が異なる、診断名が変わりやすい、複数の診断名をもつ、ということが比較的多く、疾患を捉えにくい。精神科医療機関の受診歴がない場合はもちろん、診断名がついていても疾患を支援者自ら見立てる力が必要とされる。

💬 診断名を鵜呑みにしない
　最初の診断書には、神経症性障害と書いてありまた。なんだそりゃって感じですけど。［SW29、母、神経症］
　診断名は初めパニック障害だったんですけど、絶対違うだろうなと思っていました。［PHN14、母、統合失調症］

💬 疾患が多い
　母の診断名は、適応障害に、一番悪い時は重度のうつと躁が混在していて、DV（ドメスティック・バイオレンス）の被害も相当ひどいものだったので、PTSD（心的外傷後ストレス障害）もありました。［SW3、母、適応障害等］

💬 診断名がない
　精神疾患の診断名はついていませんが、ストレスによる身体症状悪化や薬

物・人間関係、買い物等様々な依存がある方でした。［SW7、母、依存症］

　精神疾患には、治療につながりにくいという疾患特性があり、治療につながるまでは支援者が見立てて対応をすることになるが、時には、診断の見立て違いも起こり得る。見立て違いによって対応を後悔している支援者もいた。

💬 発達障害だと思っていたら解離性障害だった

　母子生活支援施設に入所していた方で、私が施設に行った時に、施設の方から「いろんなことがわからなくて大変だ」ということで相談を受けました。その後、お母さんは役所のほうに何度か来てくれましたが、この方の特徴として、人と目を合わせるのも苦手ですし、気持ちを伝えるのがすごく苦手で、聞き出すのにものすごく時間がかかります。ずっと虐待されて育っていて、（その方の）兄からの性的な虐待があったようです。それを（その方の）母親は止めなかったと。父親からも身体的な虐待を非常に受けていた方です。そのような家庭環境で、小さい頃から何かあった時にはトイレに閉じこもっていたそうで、「トイレが一番安全な場所だった」という言い方をされていました。

　ある時お母さんが施設のトイレにこもってしまって、お子さんが外に一人で出てしまったという事態が発生して、困ったということで施設から役所に電話が入りました。私が施設に行くと、お母さんは真っ暗なトイレに閉じこもっており、ドアごしに話をしました。お母さんとしては、朝、子どもに「保育園行って」と言ったんだけれども、子どもが行かなかったので、どうしたらいいかわからなくなり、もうお母さんもパニックになって、「仕事も行かなきゃいけないし、保育園も行かせなきゃいけないし、どうしたらいいかわかんなくなって、もう閉じこもった」と言ったんですね。「今日行けなかった理由は何なの？」と状況を確認したら、朝の算段ができてない。子どもを保育園に行かせるまでに、ご飯を食べさせなくてはいけないということが、お母さんにはすごく強迫的にあって、ご飯を食べなければ園には行かせられないと思い込んでいました。私からは、「どっちが優先かといえば、もうご飯食べなかったら、その日はもう連れて行っち

ゃおう」「1時間に1本ぐらいしかバスが来ないんだから、バス遅れたらもうお母さんすごい大変だから、とにかくそこ乗せよう」「保育園に行ってご飯食べてませんって言えばいいよ」と言って。じゃあ、どうやったらできるかということで、朝の算段を一緒に考えて、「じゃあ明日それでやろうね」ということで、「施設の人にちゃんと謝るんだよ」と言って私は帰りました。ところが、実はその夜に、施設のほうで児童相談所に通告をして、結局お子さんは一時保護になってしまったんです。

　お母さんにしてみれば、私と話をして、ちゃんとやると約束したと。一時保護はしないと言ってたから、「うそつきだ」とすごく怒ったんですね。私もお母さんの所に行って、「すごく残念な状況だし、私もすごく悲しい。お母さんも約束守ってくれようとしたんだよね」と話しました。朝保育園に行こうとして、その日は連れていけたんですよ。約束守ってくれたんです。でもその後保育園で保護になるんですね。施設が通告して、児童相談所は保護の判断をしたんです。お母さんは「約束守って保育園に連れてったのに、なんで保護されるんだ、納得いかない」って。私もそれについては、母は間違っておらず、そのタイミングでよかったのだろうかと、いまだに疑問に思います。

　結局、その後お母さんは入院をしました。私もお母さんに入院してもらいたかったんです。というのは、お母さんの見立てが全然できていなくて、何かしらの診断が付くだろうと思っていましたが、受診も服薬もしたことがなかったんです。お母さんには、「本当につらい時期だから、体を休ませよう」と言って、入院してもらいました。そして、お母さんにやっと診断名が付きました。私はずっと発達障害を疑っていて、それこそアスペルガーとかじゃないかと思っていましたが、くだされた診断は解離性障害でした。かなり丁寧な見立てを心理のほうでしてくれたんですけれども、お母さんは発達の偏りは見られない、ただ認知の偏りはあるし、生育歴のものがあるので、具体的に話さないと理解が付いていかなくなったり、相手の話を最後まで集中して聞くことができなかったり、聞き違いをしやすいとかはあると説明されました。思考や発想は、常識から逸れやすく主観的であり、現実吟味は不十分であるとか、意欲や衝動の出し方は洗練されて

おらず、感受性は特異で社会性は低い、と書いているんですけれども、発達の偏りはなく解離性障害という診断でした。

　それを聞いて、「そうだったのか」と思いました。今までを振り返ると、解離症状が疑われる場面がいくつも思い当たります。トイレに閉じこもったのも、もうその現実が受け止められなくなって、シャッターを下ろしたと思うんですよね。役所の中でも1回パニック発作を起こして横になってるのですが、それも役所の職員が男性の職員で、少し言い方が嫌だったということで、パニックになりました。その時も、自分の中ではもう感覚を全部下ろしちゃったんだなと思って、今までのそういった行動を少し理解できました。

　私は発達障害だとずっと思っていたので、発達障害の対応の仕方で考えていました。イマジネーションが弱いから具体的なところを伝えれば、お母さんにも伝わっていくだろうとか、対人が弱いからみんなで話す所では話さないと思うけれども、一対一で安心した信頼できるスタッフとだったら伝えられると思うから、その方に伝えてくださいとかですね。そこの方針としては間違えていないと思いますが、解離している状況だということを、もう少し深刻に受け止めてあげればよかったなと思います。記憶も、断片的には覚えているのですが、どうやって閉じこもったかとか、寝ていて施設の職員が来たことも覚えてなかったりするんです。何となくこんな感じというのは覚えていますが、言ったこととか、やったことは、やはり記憶がちょこちょこないんですよね。

　施設は、本当はできるのに、嫌だからわがままでシャットアウトしたというふうに捉えていたと思います。だけど、それはお母さんの中で本当にもう限界だった、いっぱいいっぱいやって、もう無理だと思ってトイレに閉じこもってしまったという状況をもっと丁寧に見てあげればよかったなと思います。［PHN8、母、解離性障害］

🗨 疾患とキーパーソンの見立て誤り

　その家族が転入してすぐに近隣から、お母さんの怒鳴り声とお子さんの泣き声が心配だという虐待の通報がありました。前任の保健師が訪問した時

に、お子さんは転入前にアスペルガーの診断を受け、識字障害もあり、家ではかんしゃくもひどくて暴れるので、すごく大変だという訴えをお母さんから聞いています。保健師が学校に確認したところ、学校では問題なく過ごせていたということでした。

　その後、総合病院から連絡があり、お子さんのかんしゃくがひどいから、お母さんとお子さんがレスパイト目的で医療保護入院するということで２週間入院されました。そこで驚くべきことが判明したんですけれども、お子さんはアスペルガーで総合病院にずっと受診してたんですね。それが入院中の２週間、かんしゃくとか、そういう発達障害を疑わせる言動や行動が一切なかったそうです。それで先生が不思議に思って、お父さんに入院中に話を聞いたようなんですが、少しこだわりもあるし、かんしゃく持ちではあるけれども、お母さんの言うほどではなかったんですね。

　このケースは、ずっとお母さんから、お父さんのDV、離婚、不倫などいろいろな話を聞いていましたが、それも実は全部お母さんの妄想だったということがわかりました。実はお子さんは発達障害ではなく、養育面からかんしゃくが出ていて、少し偏りはありますが、正常範囲内のお子さんで、お母さんは統合失調症だったということだったんです。

　統合失調症については、総合病院の児童精神科医から、かかりつけ医に連絡を入れて、統合失調症と思われるので治療方針の再確認をお願いしますとお話をしたところ、そのかかりつけ医が、それをお母さんに話してしまったんですね。「病院から電話があってね、統合失調症と言われたのよ」という話をお母さんにされて、「私はそうは思わない」とかかりつけ医は否定をされたようです。

　私もずっと関わってきて、統合失調症を疑っていませんでした。「大変なんです」と訴えるので、話を聞く分にはそれが妄想だとは思わないだろうなと思うんですけれども。実は、いろいろ話を聞いてるうちに出てきた父親の不倫とか、怪文書とか、怪ファクスとか、留守電とか、嫌がらせとかっていうの、全部それはお母さんの妄想だったんですね。そこの総合病院からかかりつけ医への言い方は失敗してしまったんですけれども。

　私たちも今までは、お母さんは不安が強くて、育児負担感もすごくあっ

て、支援が必要な人という思いで支援してきたのですが、実はお母さんの妄想が判明して、統合失調症とわかって。お母さんは、行政がお子さんのことで何もしてくれないという思いがあって、療育サービスの整った地域に転居されることになり、申し送りをしました。

　このケースは最後までお母さんの病名がわからなかったことが一番の問題だったと思います。総合病院の医師も4年間通っていても気づきませんでした。お父さんいわく、やはりかんしゃくはある、暴れることもあるということなので、見通しが持てないと崩れやすいタイプのお子さんではありますが、学校の先生の印象は、ずっと「大丈夫です」ということだったんですね。「お母さんは、そうやっておっしゃるけれどお子さんよく頑張っています」「ノートだって一所懸命とるし、本当に真面目な頑張る子ですよ」という感じでした。学力も真ん中ぐらいだけれども、自分の苦手なところは本当に頑張ろうと努力してるし、お友達も似たような少しこだわりのあるお子さんと仲よくつるんで過ごせているということで、学校生活はずっと「問題ない」という状況でした。

　お母さんは、お子さんが家の窓ガラスが割れるぐらいの怒鳴り声を上げたり、かんしゃくがひどくて、じだんだを踏んですごいということを言っていました。通報も何件かありましたが、お母さんの怒鳴り声と子どもの泣き声がセットでした。お母さんの話だと、お子さんがかんしゃくがひどいということですが、子どものかんしゃくというよりも、お母さんの怒鳴り声による通報だったんですよね。こちらとしても、お母さんがやはり対応しきれなくてつらいという見方をしたのですが、実はお母さん自身の難しさもあって、二人が衝突してしまい、お母さんがすごく叱ってしまうという構図だったんです。お母さんがすごく怒鳴るということが、後になってわかってきたというケースですね。

　下のお子さんは足の関節が柔らかくて療育センターに通っていました。この子は天真らんまんな感じで、人に愛される素質を持っていて、にこにこしてる感じのお子さんなので、お母さんこの子はかわいいんですね。訪問した時も、下の子に対する声掛けのトーンと、上のお子さんへの声掛けのトーンがまるっきり違っていて、本当に上のお子さんはいつも怒られ

てる感じでした。髪を結ってとお母さんに頼んだ時、「なんで自分で結えないの！」とものすごい感じでぎゅって引っ張るのに、下の子が、「ママ、スカートが何とか」と言うと、「あらどうしたの」という感じで、本当にまるっきりトーンが違っていました。

　上のお子さんを支援する必要性はすごく感じていたので、もしそれが早くわかっていたら、お子さんに対しても支援の仕方が違ったと思います。学校側も、お母さんがそういう視点でいることも、うすうす気づいてはいたんですけれども、それに対してお母さんに対してアプローチができませんでした。子どもに風邪薬を飲ませたいと、お母さんが学校に来て、授業中なのにドアをバーンと開けて、「薬飲んでないでしょ、今すぐ出てきなさい」と薬を飲ませたことがありました。お母さんの逸脱した行動も、振り返ればありました。ですが、本当に全部が判明したのが、入院中のケース会議だったんですね。病院の先生と、学校と、児童相談所と、区で情報共有した時に、やはりそうだったんだっていうことで、判明しました。

　このケースがうまくいかなかった理由ですが、お父さんが協力もないし、不倫をしていて離婚すると言われていて、「虐待はおまえのせいだ」といつも言われると。お父さんとは心の交流がないから、もうお金をもらうだけと思って割り切ってますという、本当にかわいそうなお母さんというのを前面に出していたので、お父さんのDVを疑って、こちらもお父さんには積極的にアプローチをしなかったんですね。お父さんと連絡取ることで、お母さんに何か危害がいくのではないかと心配して、お父さんに連絡を取りませんでした。お母さんの負担感のみにフォーカスしてしまっていたというところが、うまくいかなかった理由だと思います。上のお子さんへの虐待をもっと重く捉えて、関係機関でもう少し疑いの目というか、踏み込んだ情報共有が行われていたら、もう少し早くもしかしたらお母さんの病名について判明したのではないかなと思うケースです。

　自分なりにこのケースの対応を分析してわかったことは、やはり家族の状態像のアセスメントが正しくできていないと、相関図がぼやけてしまうということです。本当のキーパーソンは誰かというところのアセスメントが正しくできていることが重要だと思います。本当はこのケース、お父さ

んがキーパーソンだったんですよ。お子さんに対してものすごく愛情があったし、入院中も上のお子さんは、お父さんとお母さんに対する対応が全然違ったようです。お父さんの時は、「大好き」「もう帰んないで」という感じだけど、お母さんの時には、「洗濯物ありがとう」という感じで、すごく気を遣っていたようです。お父さんは私たちの中では、DVで不倫をしている、お金だけ渡す心の交流がない人だと思っていましたが、実はすごくいいお父さんでした。本当にそこのアセスメントができてないと、相関図がぼやけて、支援方針を誤ってしまうの、アセスメントはあらゆる角度から、本当はこうじゃないかとか、こういう可能性もあるなというように見ていかないといけないと、その重要性を再認識しました。[PHN22、母、統合失調症]

２．病状悪化を防ぐ

　育児中は病状が悪化する可能性が高まる。病状が悪化することで育児が不適切になること、夫婦間の喧嘩や暴力につながることもあり、そのような状況は子どもの安全にも影響を及ぼしかねない。支援者は育児や生活状況等から病状を把握し、必要に応じて、主治医と連絡して疾病管理を行うとともに、病状悪化につながる育児や家事の負担を軽減する必要がある。

💬 育児負担による病状悪化

　育児の負担が全部お母さんにのしかかってきたところで、お母さんが日中もお父さんにしつこくメールをして「大変だ、大変だ」と訴え、お父さんは会社を早退したりとか、休みがちになりました。夫婦の喧嘩も絶えなくなり、しばらく落ち着いてた暴力もお父さんから出るようになったりして、やはりお父さんも会社にすごく不機嫌そうな顔で出勤して、職場の方がみんな心配するということが度々ありました。[PHN19、父が双極性障害、母が境界性パーソナリティ障害]

💬 家事のこだわりと育児が相まった病状悪化

お母さんがお部屋を綺麗に掃除をしておかないと気が済まないタイプで、毎日朝4時に起きて掃除をして埃1つ無いっていうぐらい綺麗にピカピカにされていました。お母さんとしては、しんどくてもそれをしないと気が済まないからやらざるを得ないと言っていました。[PHN14、母、統合失調症]

統合失調症などで病状が悪化し、早期に改善できないまま進行してしまうと、周囲が怖くなったり、不信感が強くなったり、身体が動かなくなるなど、閉じこもりがち、周囲の関わりに拒否的になる傾向がある。病状が進行する前に早期に介入することが有効である。

💬 病状悪化した早期に介入する

病状が悪くなってると把握したので、私は施設に行って職員とカンファレンスも頻繁にしましたし、施設に出向いてお母さんを何度も訪ねて話し合いをもったのですが、「もうここにはいられません」という発言がだんだん多くなっていきました。

　受診も途絶えがちになり、施設からは「すごく状態が悪くて、子どもを抱えて、部屋に引きこもることが多くなりました」と報告が入りました。私は業務用の携帯電話を持って役所からすぐに飛んでいき、「お母さん調子悪そうだよね。病院行こうよ」とその場で病院に電話をかけて予約を取ってもらって、一緒に病院に付き添ったりもしました。お母さんの希望で、診察室には入りませんでしたが、待合室で子どもたちを私が見て、お母さんを待ちました。本当は、受診の時に施設が補完保育をしてくれるのですが、お母さんは預けたくないと言うんです。施設は、「自分の悪口を吹き込む所だから預けたくない」と言うから、「じゃあ、私が待合で子どもたち見てるから行こうよ」と言って、一緒に病院まで行って、お母さんに受診をしてもらうということをしました。[SW16、母、統合失調症]

3．治療につなぐ

　精神疾患では病識（自分が病気であることを認めること）がないことが少なくなく、その場合は治療につながりにくい。支援者には、治療につなげる必要性のアセスメント力、治療につなげる支援技術も必要になる。

1）受診や入院の必要性を判断する

　精神保健領域では、ケースへの介入判断をする時に疾病性と事例性という二つの基準がよく用いられる。疾病性がそれほど高くない場合でも受診に抵抗がなければ受診を促す。受診に抵抗がある場合は、事例性の高さによって介入の判断をする。育児ができ、生活が整っていれば、事例性は高くなく、無理に受診を勧める必要はないと判断できる。また、疾病性の高さが外来受診で対応できるレベルか、入院が必要なレベルかについても判断が必要になる。

　精神科の入院の適応となる状態は、幻覚妄想状態、著しい興奮状態、躁状態、重症な自殺念慮、長く続いている重症うつ状態などである。環境を変えて、休息を取ることが症状を改善させることもある。精神科の入院治療の利点として、詳細に症状の観察が出来ること、精神科看護師の関わり、家庭内での症状を悪化させている出来事から離れられること、危険な行動をある程度予防できる設備と人員があること、お薬の変更が容易であること（外来では、次回外来までの副作用などを心配して、どうしても慎重投与せざるを得ません）などがある[14]。

　入院するほどのレベルではない場合、外来受診をして治療の反応を観察し、症状がよくならなければ入院を検討するという方法もある。受診につなげる必要性や方法については、保健所等の専門機関に相談できる。

---

14) 日本精神神経学会「精神科医療機関受診について Q&A」https://www.jspn.or.jp/modules/forpublic/index.php?content_id=2

📖 無理に受診につなげない判断

第一子出産後、育児不安が高いと産科病院から保健センターに連絡があり、助産師と一緒に新生児訪問をしました。高層マンションに居住しており、高層階の自宅から「ふっと飛び降りたくなる」と言い、EPDS（エジンバラ産後うつ病自己評価票）も高得点でした。保健所で「死にたい」と訴えるケース対応に経験が豊富だったので、その言葉に惑わされずに自殺のリスクアセスメントをするために質問しました。死にたいと言っても具体的に考えているわけではなく、実際に飛び降りようとする気持ちはないとわかりました。育児や家事はできており、思考の混乱もありませんでした。精神科受診について案内したものの抵抗がありました。自殺のリスクは高くないが、症状が悪化した時には受診を促す必要性を感じていたため、症状の変化に留意して支援しました。出産後1年近く定期的に訪問して、母が自分で問題解決できるよう後押しする支援を行い、母が元気に楽しく育児ができる姿になったところで継続支援を終了しました。[Book3、母、産後うつ]

2）本人の受診の受け入れを探る

精神疾患が疑われる親に精神科受診を勧める時は、その人がどのくらい受診の必要性を感じているか、抵抗を感じているかなどを探る。精神疾患の場合、身体疾患と違って、病識がない場合が珍しくない。また、近年、精神科外来の敷居が低くなってきたものの、まだ精神疾患への偏見は根強い。そのため、支援者が無理に受診を勧めると信頼関係が崩れてしまう危険性がある。

支援者は、一度受診のことをさらっと話題にしてみて、どのように反応するかを見ることが多い。その時の態度によって、対応を変える。あまり受診したくない様子だった場合、受診の必要性が高くなければしばらく様子をみることにし、精神科受診に興味をもってくれた場合は、精神科について詳しく説明する。

💬 病院に行くように言われたくない親

お母さんは、夜あまり眠れていないと思うんですが、私たちに眠れないと

かは言わないんです。突然ちょっと斜め後ろを見たりしたことがあったので、恐らく幻聴も聞こえてるのではないかと思います。しかし、それを言うと、多分病院行けとかきっと言われると思っているのか、そういうことは人に言わないんですね。私もお母さんの体調不良のことをいろいろな角度から聞きましたが、言いませんでした。［SW32、母、統合失調症］

3）家族が理解できるように説明する

　一般市民の多くは、精神疾患や精神科治療について勉強する機会がなく、基本的な知識がない。虐待予防・育児支援の観点から患者（親）を医療につなげたほうがよいと支援者が判断した場合は、患者の配偶者や近親者にも精神科受診の必要性を理解してもらう必要がある。自治体で行っている嘱託医による精神保健相談を家族からの相談として活用することはよく行われている。精神科医の診立てがない場合は、支援者が診断名を告げることはできないが、精神疾患とは一般的にどのようなもので、標準的な治療は何かをわかりやすく家族に説明し、理解を促す。精神科医から家族が説明を受けた場合でも、正確に理解しているとは限らない。支援者は、家族がどの程度理解しているかを把握し、説明を補う支援をしていた。

4）精神科の外来や病院のことを具体的に伝え、不安を和らげる

　精神科外来や精神科病院は、多くの人にとってできれば関わりたくない場所であり、自分とは関係がないと思っていた場所であるため、どのような場所かを知らないことや、そのために不安になることは当たり前である。支援者は、精神科外来や病院がどのような場所で、どのような職種がいるかなど具体的に説明し、不安を和らげることができる。

　精神科外来は、身体科の外来と違って完全予約制のところが少なくないため、初診までに時間のかかる場合がある。支援者は、各診療所や病院の予約のシステムを把握しておくとよい。また、診療科の標榜は、主に精神科、精神神経科、心療内科がある。心療内科のみの標榜の場合は、内科が専門であり、診療できる精神疾患が限られている場合が多い。神経内科は、精神疾患を治療しない。支援者は、各診療所や病院の診療内容について把握しておく

とよい。

　初診の際には、精神疾患の症状や問題行動が出現した時期、これまでの相談・受診の経過、服用した薬剤名などを聞かれるので、メモをしておくと説明がしやすいといったコツも伝えられるとよい。身体科の場合と違って、血液検査やCTなどの検査で診断できるわけではないので、一度の診察で診断名を断定することが難しいこと、服薬治療をしながら経過をみるため2週間に1回程度の通院をすることが多いなど、一般的な治療経過を説明しておくと心づもりができる。

5）受診先を一緒に決める

　支援者は、親（患者）の受診先についての希望を聞き、距離、精神科医の性別、患者層、精神科医の人間性などからその人に合う人を考え、案内し、親と一緒に受診先を決めていた。特に、精神科に受診したことのない場合は、初めの医療との出会いが嫌なものにならないようにしたい。単に医療機関の一覧を渡すという案内の仕方では、なかなか受診につながりにくい。なるべく医療とのよい出会いになるような受診先を選択し、継続的な受診につながるようにしたい。

6）本人の不安になっていることを取り除く

　精神科の外来受診や入院をするにあたって不安になっていることはないか把握する。不安を取り除かないと受診や入院につながりにくい。

　考えられる不安として代表的なことを以下にあげる。

①子どもの世話：入院中、子どもの世話を誰がしてくれるのかは、親にとって最も気がかりである。日中、夜間を通して、保育園や実家の協力など体制を整える必要がある。

②家事：他の家族からの協力を得たり、育児ヘルパーなどを活用して、体制を整える。

③医療費：外来については障害者総合支援法の自立支援医療を申請し、通院医療費の一部を給付してもらう方法を案内し、不安を軽減することができる。外来通院、投薬、訪問看護、精神科デイケアなどの健康保険が

適応する医療が対象となる。診断書を添えて市町村等に書類申請を行う必要がある。詳しくは、障害担当課に問い合わせる。入院医療は適応にならないが、自治体によっては独自の助成制度があるので確認する。

📖 家族へ説明と母親の不安軽減によって入院につなげた

児が身体疾患にかかったことで母親がパニックになり、児のお見舞いにも行けなくなったため、病院から保健センターに母親への支援依頼が入りました。まず精神科外来を紹介し、内服による症状の改善を期待しました。しかし、内服しても精神症状と身体症状ともに悪化したため、精神科入院を検討。家族は、医師から病状説明を受けましたが、あまり理解していませんでした。家族の理解不足は、母親（本人）にとって辛いこと。父親だけでなく、母方祖父母にも疾患について具体的な説明を行い、家族の理解を深めました。また、家族は、精神科病院に怖いイメージを持っていたため、病棟の種類や構造、入院した後の生活など具体的に行うことで不安を和らげました。また、母親が納得して入院するためには、不安を取り除くことが必要です。そのため、子どもの保育を確保するために、保育園の入園手続きの段取りを行い、保育園の入園を決めました。また、夜間保育のため実家の協力を得ました。病院のソーシャルワーカーに事前に連絡を入れておき、家族が病院に相談に行くと、とんとん拍子で入院につながりました。母親は3か月入院して退院。子どもは、これまで体当たりで自分の感情を表現していましたが、言葉で伝えることができるようになり、保育園で成長できたと思います。今後も継続的に支援する必要性を感じています。［Book3、母、うつ症状］

7）丁寧につなぐ

精神科の受診は、身体科の受診よりも馴染みがなく、抵抗を感じるのが普通である。また、対人関係が苦手な人や説明が苦手な人は、電話でうまく会話ができずに受診から足が遠のく場合もある。単に精神科外来を案内するだけでは、結局医療につながらないことは少なくない。虐待予防や育児支援の観点から、精神科治療が必要だと判断した場合は、支援者が丁寧に医療への

つなぎを行う必要がある。本人の了解をとって事前に医療機関に連絡して受け入れを相談したり、本人と一緒に医療機関に電話をして予約をとったり、支援者も同行受診をするなどのつなぎ方がある。

📖 精神科診療所に親と一緒に受診して確実につなぐ

産後うつがあるということで産婦人科から保健センターに支援依頼があり、訪問しました。症状や今後について把握し、精神科外来を伝えてみると興味をもってくれたので、精神科診療所にはどんなところがあるか案内しながら、母親の希望を聞いて受診先を一緒に考えました。その際、自宅からの距離、診療所の患者層、医師の性別や人間性など具体的な情報を提供しました。母親が自分だけで受診することは、難しいかもしれないと判断し、母親と一緒に診療所に行きました。母親の希望があったため、保健師が母親のいる前で精神科医に状況を伝えました。その後、母親はひとりで通院して服薬し、うつ症状も改善し、育児も問題なくできています。[Book3、母、産後うつ病、一部改変]

8）タイムリーにつなぐ

精神科受診の場合、その抵抗感からなるべくなら受診したくないと思う人が多い。親（患者）が受診する気になった時にタイムリーに医療につなぐことが重要である。気が変わってしまうと医療につながる機会を逸してしまう。また、病状が悪化した状態が続くと、子どもの精神面への影響を含めて家庭への影響が大きくなる。

💬 ずっと治療につなげられなかった

お母さんをどう受診につなげられるかをずっと考えながら支援してきましたが、医療につなげることができませんでした。登校登園支援など相当手厚く支援しましたが、全然効果がありませんでした。嘱託医の精神科医に、お母さんの診立てをしてもらうと、やはり統合失調症圏だということでした。しかし、病識がなく、無理やり医療につなげても、恐らく受診しないし、薬も飲まないし、効果的ではないだろうという医師の判断でした。医

師いわく、お母さんに少し負荷をかけると、自分で体調が悪いという病識が出てくるのではないかということでした。

　お母さんは母子家庭で、当初は仕事をしてなかったので、負荷として就労を勧めたのですが、思いの外、お母さんの病状が悪化せず、低め安定で、大きく崩れないままでした。がくっと崩れることを想定していましたが、お母さんの病状は変わらず、病院につなぐ機会もありませんでした。病院につなげたからといって、子どもの養育が変わったかどうかは、正直分かりませんが、少なくともお母さん自身の変化はあったと思います。子どもの登園登校もうまく運ばず、成果が上がらない状況で、たまたま事故や事件にならなかっただけという状況でした。

　支援の組み立てやお母さんの接し方など、関係者との共有がどこか不十分なところがあったのかもしれないと思っています。やはり近隣から児相とか警察に連絡がくるように、根回しできればよかったというのが反省材料です。なかなか地域の方も、「このぐらいで通報するのか」という思いがどうしてもあったみたいです。

　養育は、不適切でした。子どもは信号を無視して渡ってしまうなど、全然しつけられてないので、本当に怖いんですね。見た人は、「うわっ、怖い」と思うのですが、虐待として通告するということには、なかなか地域の理解が得られませんでした。

　関わった割には成果が出なかったのですが、お母さんの理解と言う点で、私が不十分だったのかなと思っています。いろいろ生活歴などを聞いても、お母さんが本当に語れないというか、エピソードが出てきませんでした。学校も普通に行ってたし、普通に友達はいましたとか、別にきょうだいの面倒も見させられたわけでもなし、普通の家で育ちましたとか、全然、お母さんのこうなった背景が見えませんでした。そのため、お母さんの見立てがうまくできてなかったと思います。お母さんからの聞き取りだけでは不十分で、おばあちゃんに面談申し込んでも、そんな面倒くさいことをやってほしくないと、ぴしゃっと電話切られたりして、実家からも支援が得られず、お母さんのこうなった背景が見えないまま支援をしてきてしまっています。［SW32、母、統合失調症］

4．医療機関と連携して支援する

　多くの精神科病院や診療所では、受診・入院患者の中から地域生活に支援が必要な患者を把握した場合、保健所等の精神保健担当の職員に連絡をとる。しかし、母子保健や児童福祉担当の支援者が精神科病院や診療所に連絡をとることは一般的には少ない。病院や医師と連絡をとる必要性を感じたら、保健所等の精神保健担当と連携を図りながら、積極的な姿勢で精神科病院や診療所に連絡をとることが支援の姿勢として大切である。

1）病院連絡や医師連絡をする必要性を判断する

　医師やワーカーに連絡する必要性を判断する。関係機関が支援方針を決める上で有力な判断材料が欲しい時や、医療機関での本人の様子を支援に役立てたい時などは、連絡をとる必要性がある。

2）本人や家族に病院や医師に連絡をとることの了解を得る

　個人情報保護法が施行され、病院での個人情報の取り扱いは一層厳しくなっている。支援者は、本人（親）や家族に病院に連絡をとることの了解を得る必要がある。その際、連絡をとる必要性をわかってもらえるように説明する。しかし、生命や身体の保護のために必要である場合や、児童の健全な育成の推進のために特に必要な場合は、本人の同意を得ることが困難であれば、同意を得ずに個人情報を利用目的以外に使用することが許されている。個人情報の保護に関する法律や各自治体の条例を確認して対応してほしい。

3）医師連絡の際に、支援者の意図を伝える

　医師や病院のケースワーカーに連絡する際は、支援者の意図を伝えることが重要である。単に、病状や困っていることを伝えて、医師にすべて委ねてしまう連絡の取り方はよくない。支援者の意図を伝え、医師から意見をもらうことが重要である。

📖 支援方針を変えるために医師の判断を得る

　支援者に攻撃的で、子どもを可愛がっているが、思い通りにならないと叩いてしまう母親でした。辛い時に保健センターに電話してきますが、自分の都合のよい人に話します。保育園でも手をあげるため虐待通告するしかないという話が出てきました。しかし、発達障がいの母ということで保育園は通告せず、児童相談所も通告を受理しても通常対応はしないという方向性が出ました。

　私は、子どもを叩くなどした時に自分の問題に直面化させることが重要であり、母親が変われるチャンスだと思いました。児童相談所に通常対応してもらうことが母親にとって必要だと考え、関係機関の方針を出す際に医師の意見が重要であるため、医師に電話連絡して意見をもらいました。この機会が母親にとって変わるチャンスになるという保健師の意図を医師に伝えると、医師から通常対応をする方針にしてほしいという意見を聞くことができました。その意見を保育園や児童相談所に伝えました。その結果、保育園は通告し、児童相談所は通告受理後、母親宅を訪問して虐待だということを伝えました。母親は動揺していましたが、自分の問題に向き合うために必要なことだったと思います。自分の行動には相応の結果がついてくるということを学んでもらえたと思っています。[Book3、母、発達障害]

💬 病状の不安定さが主治医に伝わっていなかった

　精神科の通院は断続的で、しばしば中断していました。第三子を出産した前後に、不調の波がどんと来て、気分不安定になり、幻聴や自殺企図が出て入院し、子どもたちを保護しました。お母さんの状態がなかなか安定しないので、第三子を引き取ることができず、乳児院に入所していました。結果的にこのお母さんは、退院して半年後ぐらいに、自殺をされました。

　お父さんも失職しており、経済的にかなり困窮もしていたので、生活保護でした。生活保護のワーカーとかソーシャルワーカー、お母さんの主治医の病院とも連携しながら、お母さんの支援をしました。生活の立て直しの支援を生活保護担当も一緒になってしていたのですが、お父さんもプラ

イドが高い方で、もともとすごい高給取りだったのが、リストラされた人なので、生活の立て直しも難しく、それがお母さんの病状の不安定さにもつながっていました。いろいろ関わっていたわりには、生活の立て直しも進まず、お母さんの病状はさらに悪化してしまうという感じでした。実際、退院し、お母さんの在宅での生活では、不眠症状があったり、すごく電話をかけてきたりとか、自殺企図があったりとかして、すごく不安定でした。主治医にその不安定さみたいなところが、うまく伝わらなかったかなという思いもあります。[SW21、母、統合失調症]

4）各病院や診療所の医師連絡の取り方にあわせた方法をとる

医師連絡の取り方は、病院や診療所によって異なる。医師と直接話せることもあればソーシャルワーカーなどのコメディカルが間に入ることもあるため、各病院や診療所のやり方を知っておくことが必要である。

5）必要時、受診に同行して診察に立ち合う

親や家族によっては、医師に困っていることや相談すべきことを上手に伝えられない場合がある。また、直接支援者が医師に会って、親や家族を交えて相談したい時もある。そのような場合は、親の受診に支援者も同行して診察に立ち合い、医師に情報を伝え、意見をもらうということが効果的である。

6）日頃から病院や医師に連絡しやすい体制を築いておく

病院や医師に連絡しやすい関係性を築いておくこと、病院連絡の経験を重ねて支援者自身の抵抗感を少なくしておくことが必要であり、日常の活動を通して関係性の構築や経験の積み重ねを行っておくことが支援の基盤となる。

💬 連携のとれている精神科医

一番このケースで助かっているのは、お医者さんとすごく、連携がとれていることです。（施設入所者の）多くが通っているクリニックと精神科病院があります。彼女が入院した時、施設側としては、生活の準備などに時間が必要だったので、どうしても3か月は入院してほしいと考えていました。

こちらの支援方針をお医者さんに伝えておき、本人が退院したいと言ってもすぐに判断せずに、私に聞いてほしいと伝えておきました。実際にお母さんが退院したいと言い出した時には、私が駄目だって言ってたよねと説得した後、先生はなんと言っているのかとお母さんに質問し、やはり先生もまだ入院が必要だと言っているね、というような感じでお母さんを説得しました。そのような感じで、先生とうまく連携して、一貫した対応がとれるようにその口裏を合わせて、お母さんを説得させるという支援ができています。［SW27、母子生活支援施設、母、パーソナリティ障害・知的障害］

第6節　親子一緒に暮らすことが難しい家庭への支援

　インタビューを受けた支援者の中には、子どもが施設で育つことについて、「ずっと引き取れないでそのまま施設とかっていうのやっぱり本当に子どもにとっては不幸」［SW25］というように施設で育つことが最善ではないと語る者は少なくなかった。そのような考えは、保護所や児童養護施設に出入りする多くの親子を見たり、支援してきた経験から出された見解だった。
　現状の社会資源や仕組みの中では、家庭以外で十分な環境を子どもに提供できないため、親子が一緒に家庭で暮らすことが最善とは言えない家庭においても、消極的な選択肢として家庭を選ぶというのが現状のようである。

💬 家庭よりも幸せな環境がない
　保護して施設に行って幸せかというと、ちょっと考えてしまうところはあります。保護所もいい場所とはとても言えないですし、養護施設も本当に恵まれてるとも言えないとは思います。それ以外のいい選択肢がないというか、保護所だったり養護施設が、この今の家と比べて幸せだと私も言い切れないところがあります。もっと幸せな環境があるなら、もしかしたら、そういう選択もするかもしれないですけど、現状の社会支援の中ではないのかな。［SW6］

💬 児童養護施設にいる子を見て

　私が（児童養護施設に入れたくないと）こだわってしまったのは養護施設の子どもを見てきたからなんです。養護施設の子どもは、親御さんとか親族とか、きょうだいとかにものすごく会いたいとか、慕ってたところがあります。私が働いていた時も、60人ぐらいの子どもがいて、1割ぐらいは長期休みになると実家や親のところに帰れる子がいるんです。残された子どもは、もうぽつーんと、「誰々ちゃんいいな羨ましいな」と言っていました。昔はテレビもみんなで1台でしたので、テレビを見て、親を探してくれて何十年何年振りに親子が対面する番組があったり、大家族物語とかがあって、そういう番組をみんな見て「いいなーいいなー」「会いたいなー」「こういうところに応募したら会わせてくれるのかな」とか言っていました。私は、そのような施設にいたこともあり、血は誰も切れないんだな、血のつながりは大事なんだなと感じていました。そういう経験を経てるので、余計ここで、第三者の人間がこう、割って入って、親子を切り裂くようなことは良くないと思ってしまいます。ここで何とかお母さんに頑張ってもらいたい、お母さんは変われるんだと思っているところがあります。[SW12]

　子どもにとって親、親戚、きょうだいという血縁は重要であるため、施設ではなく家庭にいさせてあげたいと思う支援者がいた。おそらく多くの支援者がそうであろう。これは、家族という概念そのものが問われる課題だと考える。家制度、扶養義務など血縁を中心とした相互扶助を基盤とした社会をつくりあげた日本において、特に強い囚われなのかもしれない。日本人は他人に迷惑をかける大人にだけはなるな、など周囲を気にするように教育されている。親の言動を伺いながら育ってきた子どもであればなおさら、周囲の考えを感じ取り、自分に取り入れてしまうだろう。欧米では、家族の捉え方が変わってきている。血縁を家族とする捉え方にこだわらず、その人にとって大切な人が家族であり、近所の人や友人なども家族という捉え方をすることが少なくない。また、筆者が米国に滞在していた時、両親は離婚しないも

のという前提がなく、子どもが生みの親と暮らさずに、その親の家に遊びに行くということも日常的だった。それが良いと言っているわけではない。家制度の中の家族、互いに扶養することが義務であり美徳であるという家族、といった固定観念にとらわれることは、そこからはみ出た子どもを周囲が「可哀想な子」という目で見ることになり、その観念にとらわれている子ども自らが自分を苦しめることになる。その観念にとらわれて支援する支援者が子どもを苦しめてしまうことにもなりかねないのだと思う。

1．その家庭に適した家族のあり方を考える

　多くの親子は親子一緒に暮らしたいと願い、支援者は暮らさせてあげたいと願う。しかし、どの家庭でもそれが最善とは限らない。病状悪化時などの危機的状況の場合は、とりあえず分離せざるを得ないことが多いだろう。しかし、それは一時的な分離である。長期にわたって親子が一緒に暮らすのがよいのか、そうではなく別に暮らすほうがよいのかを決める必要がある。そのような重大な判断は、安定した状況の中で時間をかけて行う必要がある。支援者は、安定した状況まで支援し、その後は、家庭の判断を尊重していた。特に、子どもが判断できる年齢になれば、子どもの意思を尊重した関わりをしていた。

🗨 危機介入と生活支援を行い、子どもの判断を待つ

　お父さんと一緒に暮らしていると子どものためにならないから、子どもはおばあちゃんに任せて、あなたは自分の療養に専念しなさいねという職員の説得に、お父さんは応じてくれました。退院後にお父さんが住むアパートを設定した後、私のほうで、生活保護の申請をお手伝いしました。

　アパート生活が始まって、何か月かうまくいってたようですが、子どもとおばあちゃんがいる家に会いに行ってしまいました。その頃は、病状が悪化しているようでした。統合失調症の治療は、行きつ戻りつだと思います。でも、必要な治療を受けて、きちんと子どものことと向き合って、子どものためにどうするのがいいのかを、保護者として判断できました。お

父さんにとって、少なくとも、その時点では最善の選択だったと思います。これは、精神担当のソーシャルワーカーがすごく頑張って対応してくれたから、できたことだと思っています。

　お父さんとお子さんは、できれば一緒に暮らさないほうがいいとは思ってますが、それを選択するのはご家族です。特に子どもさんは、そろそろ高校生になるぐらいの年齢なので、お子さんが自分で決めるのではないかと思います。［SW23、父、統合失調症］

親子が一緒に暮らすことが支援の最終的なゴールではなく、最終ゴールは、子どもの成長だと支援者は考えていた。そのためにどのような環境が子どものために良いかという視点を大切にしていた。

💬 お互いの生活のペースを崩さない

家族皆が一緒に暮らせるようになれば、それがゴールということではないと思います。家族が適度な距離感を保ちながら、お互いの生活のペースを崩さずに、やれるということが、一番大切なのではないでしょうか。それができるように、家族の中で、お互いの関わり方や距離感をつかめるようになっていくのがいいかなと思っています。

　お母さんと息子さんは、距離がすごく近くなってしまい、本当母子密着、恋人のようでした。結局お母さんは、息子さんに依存してしまいます。そのため、息子さんは、お母さんや娘さんとは別に暮らす選択をしました。お互い関係が切れてるわけではないので、一緒に住んでいなくても、家族であるということに変わりはありません。そういう気持ち、自覚の元に、息子さんは、祖父母の家から学校に通い、時々、お母さんの家に帰るという形をとっています。それも一つの選択かなと思っています。［SW3、母、適応障害等］

2．親子別に暮らす方法を選択する

支援者は、親の症状、育児の能力、親子の愛着、虐待のリスクなどから親

子が一緒に暮らせるか否かを判断していた。子どもの成長を考えると分離に踏み切るしかないと決断されることもある。児童養護施設への長期入所を検討していたところで祖母が協力してくれて施設入所せずに済んだという事例もあった。

児童養護施設入所せずに実家に頼ることができた

お母さんは、情緒的な交流が全くなく、子どもが甘えてきても、うっとうしいという感じで対応ができないんですよね。役所に来て、私と話して、私がいろいろ話し掛けてる時に、「ちょっとたばこを吸ってきます」とか言って、子どもと遊んでる場面からぱーっといなくなったり、お子さんと関わる場面でも、私がちょっと仕向けようとしても、逃げてしまって全く関われないんです。

子どもたちの情緒面の発達に関しては、まず集団生活への保障ができない、保育園や学校といった所属への保障ができないということと、情緒的な関わりが全くできず、愛着関係もない中で、子どもがずっと養育されていくのは、高学年になるともう手遅れだという思いが私にも児相にもありました。ご実家で一緒に暮らして面倒をみてもらうのが一番いいと思っていましたが、難しいと言われてしまいました。登園支援を入れても子どもの生活が変わりません。この養育環境が変わらないのであれば、一時保護を何回か実施して、施設入所かという話が出てきたところでした。

ちょうど実家のおばあちゃんが、さすがに見るに見かねて、協力すると連絡をくれました。私たちも頻繁に電話をしてたせいもありますが、実家がマンションを持っていたので、そこの一室に住まわせて、おばあちゃんができる範囲で保育園の送迎や学校の手続きとかも、できない部分はおばあちゃんがしてくれると言ってくれました。

今となっては、私たちの支援とは全く関係なく、おばあちゃんが支援したことで環境が大きく改善しました。そのマンションには、お母さんのきょうだいがいっぱい住んでいるので、お母さん以外の関わりがたくさんでき、情緒的な関わりもお母さんだけではなくなり、いろいろ遊びに連れて行ってもらうこともできるようになりました。一緒に遊ぶことが家ででき

たり、全然、私たちの支援と関係なく、おばあちゃんがそうやって連れ戻してくれたことで、子どもにとっての環境が大幅に改善できたという状況です。［SW32、母、統合失調症未治療］

　支援者は、親子を分離したほうがよいと簡単に結論づけるのではなく、親子別に暮らすという方法を「これしかない」「仕方がない」と思えるようになるまで、なかなか諦められずに何度も親子一緒の生活を実現させるための支援をしていた。支援者は、こうあってほしいという親子の理想と、突きつけられる現実のギャップにジレンマを感じていた。また、子ども自身が親と離れて暮らすことについて「これしかなかった」と思えるようになることも支援者は大切にしていた。それは、児童養護施設に入所して生活するためには、子どもにもある程度の覚悟が必要であるからであり、子どもが自分の人生にどう向き合えるかという将来的な成長を見据えた上での支援だった。

💬 分離しかなかった、と思えるまでの葛藤

　離婚した母子家庭です。子どもは1人、お母さんは覚醒剤の後遺症で、うつとか不眠がある方ですが、定期的な受診が全くできていなかった方です。主治医が閉院してしまって、その後ずっと未受診の状態が続いていました。何回も一時保護をくり返していく中で、お母さんが薬物を再使用してしまいました。それでお子さんが児童養護施設に入所しました。

　それまで生活自体は、ある程度きちんとできていました。子どもはきちんと話ができる子だったので、お母さんの話を聞くと、すごく丁寧にいろんなことを、きちんと説明して、教えてきたことがわかりました。ただ、子どもが小学校に入る頃になってから精神状態の波が激しくなり、近隣トラブルが多くなり、お母さんも疲れてしまって体調が悪くなり、そうなると子どもを怒鳴ってしまうこともあり、結構一時保護をくり返していました。お母さんの状態が落ち着いていた時の親子関係や生活の状況は、それほど悪くなく、子どももお母さんのことが大好きだったので、結果的に一時保護をかなりくり返しながらも、長期の分離を判断するまでにとても時間を要してしまったことが、支援がうまくいかなかったかなというふうに、

私が考える理由の1つです。

　また、お母さんの精神状態がかなり悪化していましたが、受診には全然つながりませんでした。生活保護を受給してからは、生活保護の担当者、役所のソーシャルワーカーとも相談をしていましたが、お母さんは、頑なに受診はダメでした。もう少し早く医療につなげられることができたら、もしかして在宅でも、生活が継続できたかもしれないという思いもあります。

　子どもが児童養護施設に入所した後も、お母さんの生活は安定していません。お母さんには同棲している男性もいますが、結局長続きしません。子どもは、もう中学生なので、その成長にお母さんの気持ちがちょっと追いついていかなくて、定期的な交流が難しくなってきています。中学になると部活にも入るので、子どもは部活を優先したい、でもお母さんは、どうして定期的に会えないのかという感じで、ちょっとバチバチ喧嘩になったりしていて、難しくなっていますね。

　一時保護をくり返していると、保護所から学校に通えないんです。登校できないと体験の不足になります。逆に考えると、早く入所にして、お母さんにきちんと治療とか支援を入れたら、早い段階で、家族再統合ができたかもしれないという考え方もできます。ここまできてしまうと、今のお母さんの状況だと、一緒に暮らすという意味での家族再統合は、もう難しいと児相としては判断せざるを得ないという感じです。でもこの子も、本当にいろんなことをよくわかっていて、お母さんとの生活、良いことではなかったこともわかっています。自分で、中学校はあの施設から行きたい、今の小学校の友だちと一緒の中学校に行きたいという言い方ですけれど、していますね。お母さんも子どもの言うことを受け入れてくれて、親なりの子どもを思う気持ちもあったので、強引な引き取り要求はありません。本音のところでは一緒に暮らしたいと思っているだろうと思います。だから本当にこれ、難しいです。

　所内ではいろいろ言われました。「これどうすんの、こんなんで」ということは言われましたけど、強引な形ではなく、親子ともに、このタイミングでこれしかないと思ってもらうには、これしかなかったかなと思って

います。しかし、他の担当者がやってたらもっと違う展開もあったかもしれないと思うところもあります。

親子が納得する形で、長期の分離に至ることが大切です。子どもも施設で頑張って生活するためには、子どもなりの納得とか覚悟がどうしても必要です。子どもも、幾度となく一時保護所に入って出てを繰り返しても、お母さんの状況や体調は戻らない。11回目の保護で、入所になった時も、もう半年以上一時保護をして、子どもの誕生日にお母さんは面会にも来れなかったんです。それくらい、お母さんの状態が悪いということも伝えて、その中でお母さんの状況が変わっていかないと、もう難しいから、一旦学校にきちんと行かれるところに移ろうというところでようやく子どもも納得しました。［SW11、母、覚せい剤後遺症］

親子一緒に生活することを支援者が諦められないことで分離するまでの期間が長くなり、結果的に子どもから施設に入ると言わせてしまったことや、当事者の病状悪化等により再統合が難しい状況まで長引かせてしまったことを後悔する支援者もいた。

🗨 子どもに施設に入ると言わせてしまった

母子生活支援施設を出た後は、おばさんが家で親子の面倒を見てくれていました。しかし、おばさん宅でもお母さんは男性依存やギャンブルが止められなくて、子どもを置いて出ることを繰り返していたそうです。それを見ていた子どもが、「もう僕施設に入るよ」と言ったそうです。このおばさんは、泣く泣くこの子がもう本当にお母さんのそういうのを見たりして、自分で「もう僕施設に入るよ」と言ったこともあり、「児童養護施設に入れた」と、私がおばさんに電話した時に聞きました。私は、お母さんが変わるのではないかと希望を持ち過ぎていたのかもしれません。［SW12、母子生活支援施設、母、アディクション］

🗨 親子分離のタイミングを逃したか

アルコール、ギャンブル、買い物とかそういうのがもう止められない方で

した。依存症治療をしているクリニックに転院しました。そこで自助グループに参加して、最初は良かったんです。貯金もできるようになったり、アルコールも煙草も、ギャンブルも断っていました。半年ぐらい経った頃、貯金も何十万もできていたのですが、その自助グループで男性と親しくなってくうちに、飲みに行くようになったり、ギャンブルもするようになってしまって、それも何かタガが外れてしまい、お金はもう何十万があっという間になくなりました。施設が金銭管理をする約束だったのですが「これ私の金でしょ」というように言って、私にいろいろ言われるのが「マジうざい」「ほっといてくれ」「何で自分のお金なのにこう、自分が自由に使えないんだおかしいだろ、泥棒だろ」と、職員のほうがなじられてですね。だんだん、その男性のお宅に泊まりに行ったりして、だんだんひどくなったと同時に、今度はお子さんに対しても八つ当たりがひどくなりました。お子さんは一時保護になりました。お母さんは、行方不明になったこともありました。施設のルールを守れなかったので、ご実家のおばあちゃんをお呼びして、ご実家に引き取ってもらいました。

　振り返ると、自分に全能感や万能感みたいなのを持ち過ぎてしまい、結果的に時期を逸してしまったのかなと思います。重症化してもうどうしようもなくなって、施設を出ていただくという形にしてしまったかなという思いもあります。ボロボロになってもう無理だから、はい（出てください）というような、形になってしまったかなというところが、ちょっとうまくいかなかったと判断した理由です。関係機関とか施設内の職員からも声が出てた時に、分離という決断をできていれば良かったのかなというところで、まあこれは私の判断、独りよがり的なところがあったかなと思いますね。［SW28、母子生活支援施設、母、パーソナリティ障害等］

子どもの成長を考えると親子を分離するしかないのか、分離するしかないという状況まで支援を尽くしたのか、分離するとしたらそのタイミングはいつどのような状況なのか、などいろいろなことを考え、支援が展開されていた。分離に至るまでには、精神保健部署とも連携をとり、医療や強制的な入院の必要性の判断、受診援助も行われていた。しかし、未治療の統合失調症、

アディクションの治療中断などは、受診援助が難しいことは間違いないが、治療や関わり方がうまくいっていれば結果は違っていたと思われる事例であり、打開策はなかったのかと正直残念に思う部分もある。

3. 一度離れた親子が再び一緒に暮らせるよう準備する

　支援者は親子分離をしても、再び親子で暮らせるための支援（再統合支援）を行っていた。今回の調査では乳児院や児童養護施設の職員にインタビューを行っていないため、再統合支援に関する十分な内容を本書でお伝えすることはできない。より詳細な支援方法については専門書を参考にしていただきたい。

　乳児院等の施設では、親との面会から始まり、祖父母との面会に広げていった。乳児院の場合、親よりも担当職員になついていることがあるので、親と子を面会させる際には、担当ではない職員が同席し、親に嫉妬させたり、自信喪失させないように配慮していた。施設は親との関係づくりを大切にして親の気持ちが子どもから遠のかないように留意していた。

💬 面会等を重ねて家族再統合へ

　お母さんが精神科病院を退院して半年ぐらい経ったところで、子どもとの交流を重ねて、長期外泊に入り、長期外泊後２か月半ぐらい状況を見て、措置解除（退所）にしています。お母さんだけが養育をするというよりも、養父さんと養父さんのご両親も交えて子育てをすることになると考えています。まずはお母さん単独で子どもに面会しました。養父さんと祖父母にあたる方に来ていただいて、お母さんの生活状況をお聞きしたり、面会の様子を見てもらいました。子どもがお母さんのことを少し理解できたかなという段階で、養父さん、おじいちゃん、おばあちゃんにも、少し面会に加わってもらいました。お母さんが子どもに関わる様子を知ってもらった上で、一緒に面会してもらうようにしました。

　（家族再統合に向けた支援としては）初めは、乳児院でその子の担当職員が子どもを連れてくることはせず、あえて別の職員が連れてきます。お母さ

んがある程度子どもとの関係が取れるようになってきたなと思ったら、担当職員が子どもを連れてきて一緒に入って面会します。そうする理由としては、子どもの緊張度が担当職員がいる時といない時で全然違うということがあり、お母さんが子どもと担当職員のやりとりを見ると、やきもちを焼いてしまうからです。そのため、普段一緒に関わってはいるが担当している職員ではない他の職員にあえて最初は子どもを連れてきてもらいます。お母さんが子どもに会えて少し気持ちが安定してきたら、担当職員も入るという形にしました。

　子どもも担当職員を頼りにするのですが、お母さんとの関係もある程度できているので、本当に子どもの状況を共有できるようになりました。乳児院がすごくよく考えてくれました。お母さんの状況、お子さんの特徴をよく踏まえて面会の設定も提案していただいたので、そこも（スムーズに家族再統合に至った要因として）すごく大きかったと思ってます。お母さんが乳児院に行って、子どもと面会せずに、何時間も延々と自分のことを語っていたようですが、それも全部聞いてくれていました。乳児院の方はお母さんを非難せずに、全面的に受け止めてくれて、本当に重要な存在でした。厳しいことは児相が言うみたいな感じで役割分担をしてくれたので、関係が切れないでいたと思います。どちらも厳しくしてしまうと、「もういい」という感じになってしまうけれど、そこは、お母さんの気持ちを切らないように、乳児院も関わってくれたので、助かりました。

　子どもを預けている所に信頼感が持てないと親は不安になると思います。このケースに限らず、施設側としても、子どもを預かっている自分たちと親との関係が切れてしまうと、やはりそこは危険なことが起こり得るかなと。いきなり奪還されても困ります。親は場所も知っているから、できるだけ親とは受容的な関係でいてほしいと、いうようなことは、ここに限らず言っています。

　子どもの愛着などを考える時は、まず1人との関係をきちんとつくっていくのが基本です。このケースに限らず、実家とかの支援を入れて、引き取りにする場合も、主たる養育者は基本的には母親になるので、母親と面会をまず重ねて、そこでの関係をつくってから、子どもを取り巻く人の輪

を広げていくというのが、基本的な私たちの考え方です。お母さんがきちんと、自分が親であるというようなことを、認めてもらって安心感を持てないと、お子さんとの交流、家族再統合を進めてはいけません。

だからまずお母さんが重要ですが、ただ、このお母さんの病状や生活の様子を見ていると、細かい日常的なことは、どうしてもおばあちゃんとかに頼らざるを得ない面も大きいと思ったので、お母さんがある程度子どもと安心して関われるようになったら、おばあちゃんも入ってもらってという感じで広げていきました。実際おばあちゃんは子育ての経験も、もちろんおありだし、手技的なことは、特に指導しなくてもある程度勘を取り戻していただければ大丈夫だと思います。［SW25、母、統合失調症］

第 7 節　関係機関で連携した支援

　児童福祉や精神保健福祉領域では、関係する機関や職種が多く、多問題の複雑な家庭を支援するには、関係機関の連携が欠かせない。連携とは、「同じ目的を持つ者が互いに連絡をとり、協力し合って物事を行うこと」（『広辞苑』第六版）とされる。個別事例に関しては、個々の事例に関係する関係機関で実際に支援にあたっている担当者レベルで会議が開催され、会議を開催して情報収集、支援方針の共有、役割分担が行われる。個別事例での連携を円滑にするためには、組織間の連携が必要であり、児童福祉法に依拠する児童虐待防止を目的とした、要保護児童対策地域協議会がその役割を担う。精神保健医療福祉領域では保健所圏域等で広域的な関係機関ネットワーク構築を目的とした連携会議を設けているところもある。連携先の関係機関については第1章第1節「支援特性」を参照いただきたい。

１．効果的な関係機関連携

　本当の「連携」について、ある支援者は、情報共有、支援方針の合意、明

確な役割分担、タイムリーな対応ができていることに加えて、各メンバーが全体の支援を理解した上で自律した判断ができている状態だと述べていた。そのためには、各機関が異なる立場や文化にあることを理解した上で、互いを尊重した関係が必要だということも述べていた。

💭 本当の連携とは
　関係機関との連携というのは、すごく難しい言葉だと思っています。ただ情報を伝え合うだけではありません。本当の連携とは、その情報が伝わった上で、こういう問題があって、こういうふうにしていこうねという、それぞれの役割分担が明確にできていることだと思っています。それぞれの関係機関で持っている情報をタイムリーに共有して、今この家族で問題になっていることは何か、それぞれの立場でできることは何かということを、適宜それぞれが考えられることが重要だと思います。それぞれの関係機関で、温度差はあります。保育園や幼稚園など、関係機関に理解をしてもらう必要があります。特に虐待については、園の考えがありますので、そこも尊重しながら、でも「こういう危険があります」「こういうところが心配です」「園にも協力してもらいたい」ということを、丁寧に伝えていくことが大事だと思います。[PHN9]

　効果的に連携ができている状態とは、多職種多機関である利点を活かした情報収集や異なる視点で多角的なアセスメントができている状態、関係機関で共通する支援方針に基づき役割分担や一貫した対応ができている状態、「複数の関係者の支援によって見守り体制ができて、関係者が増えたことでタイムリーに情報が入って、対応がすぐにしやすい状況が維持できているということで、（支援が）うまくいっていると判断しました。」[SW6]というように、危機介入の体制がとれ、タイムリーに情報が入り、タイミングを逃さずに対応ができる状態などがあげられる。

💭 多角的なアセスメント、強みの発見
　養育支援家庭訪問員という、家庭訪問して育児をサポートしてくれる人が

います。訪問員もかなり早い段階から入っていたので、私1人だけの判断ではなく、訪問員さんとお互いに状況を話し合いながら、ここの家の、この親子の良い点や強みのようなところをお互いに確認しながら、やってきました。［SW11、母、覚せい剤後遺症］

💬 関係機関が同じスタンスで対応
お母さんは多分関係者が情報共有することは望んでいなかったと思うので、児相や保育園と連絡取り合ってるということは、お母さんには見せていませんが、バックヤードでは、関係機関で情報は共有していましたので、同じスタンスでお母さんにフィードバックをしながら、育児負担とか不安を受け止めてきました。［SW8、母、パーソナリティ障害疑い］

💬 タイムリーに危機介入できる体制
私たちの支援は、どうしても平日しか入らないので、土日の支援は主任児童員さんや民生委員さんに情報網として機能してもらいたいと考えました。保健師が顔合わせのために（親を）連れて、民生委員さんにごあいさつをしてもらいました。週末は民生委員さんなどから見守りを入れてもらうことで、ほぼ毎日、誰かがその家庭の様子を見れる体制をつくりました。

　振り返ると、一時保護しなくてはいけないタイミングが何回かきっとあったとは思いますが、かなり多くの関係者が、家の中にも入っていますし、保育園やデイケア、病院の職員さんなども関わっている状況があるので、ご両親なりの愛情を持って育てたいっていう思いをちょっと優先して、今のところ支援をしています。支援者が入ってきたことで、最初はお父さんは拒否が少しありましたが、だいぶ慣れて、毎日誰かが来るのが当たり前の状態になりました。その状態になったら、何か心配なことがあると本当にタイムリーに情報が入るようになりました。それがなかったら、やはり一時保護も検討しなければいけないケースだと思います。求めるラインとしてはすごく低いかもしれませんが、なんとか生活できています。お父さんお母さんにも統合失調症を抱えながらも親として変わってほしいという思いもあって、今、関係者が必死に関わっています。［SW6、両親、統合失調症］

2．個別事例に関する関係機関の会議

インタビューで語られた事例の多くで、個別事例に関する関係会議が開催されていた。その会議には以下のような機能がある。

1）幅広い情報を集約し、多角的なアセスメントを可能にする

多くの機関が関わっていると、それぞれのメンバーがそれぞれに情報を得ている。「いろんな人の目があって、いろんな情報提供をしてもらって、みんなで、この家の状況の変化とかアセスメントすることができた」[SW3]というように、会議では多くの情報を集約することができ、その上で多角的なアセスメントがされていた。

2）支援方針の共有

情報集約とアセスメントに基づき、支援方針が検討される。会議では皆が合意することが重要だった。
「サポートの体制が違うというか、それぞれの機関で、そういう立場でやっていくことでまたすり合わせもできますし、また新たな問題が出てきた時に対応できると思います。」[PHN25]
各機関はそれぞれに立場と役割があるため、支援方針にずれが生じやすい。会議において支援方針のずれを修正することも重要である。

💭 支援方針のずれ

生活保護課の方針としては、子育てよりも仕事をしなさいというのが指導ですが、このお母さん自身は言い訳として、私は仕事しろと言われてるから、子どもを受診なんか連れていけない、と言うんです。生活保護課に散々私は、「この家は今、そうじゃないんだ。この家は子どもたちをみてっていうのが支援の目標。この家の今の指導目標だよね」とずっと係長とかに言っていました。[SW1、母、覚せい剤後遺症]

3）役割分担

　子ども虐待など強制的な介入が必要になる場合は、厳しく対応する機関と支持的に対応する機関を意図的にわけ、厳しい対応をしてその機関との関係がうまくいかなくなった際に、支持的な対応をする機関が親と関係を継続できるようにしておく必要がある。厳しく言うのは権限をもっている行政が役割を担うことが多く、子ども虐待の場合は児童相談所、生活保護受給者であれば生活保護担当課、他害行為があれば警察となるのが一般的である。役割分担がうまくいかない場合、社会的ルールからの逸脱、人間関係の不安定さ、支援の拒否等につながることもある。

厳しいことは児童相談所の役割

　乳児院の方はお母さんを非難せずに、全面的に受け止めてくれて、本当に重要な存在でした。厳しいことは児相が言うみたいな感じで役割分担をしてくれたので、関係が切れないでいたと思います。どちらも厳しくしてしまうと、「もういい」という感じになってしまうけれど、そこは、お母さんの気持ちを切らないように、乳児院も関わってくれたので、助かりました。［SW25、母、統合失調症］

役割分担をすればよかった

　関係機関と連携して、施設だけで抱え込むのではなく、この場合は役所とか生活保護担当で役割分担をすれば、本人と施設の担当の摩擦が少なくて済んだのかなと思います。施設から言いにくい部分を役所の人から言ってもらったりすることもありだったかなって。そうすれば、親子の精神状態が、それほど起伏が激しくならずに済んだかもしれません。［SW18、母、パーソナリティ障害疑い］

　また、お互いの得意分野を活かした役割や、組織の役割として分担を引き受けるなどしていた。

💬 精神保健福祉士の強みを活かす

ソーシャルワーカーさんは、病院のことは専門なので相談して、お父さんお母さんの継続的なカウンセリングもできるような病院がいいと思うということで、医療機関の情報提供をしてもらいました。[PHN5、母、統合失調症]

4）一貫した対応をとる

相手との距離感をとることが難しい親は、自分の要求を受けてくれる相談機関を選んで相談するといった行動に出やすい。その際、関係機関が一貫した対応をとることができないと、相手は混乱して余計に距離感をとることができずに情緒不安定となる。そのため、多くの機関が関係する時は、会議で一貫した対応をとることを確認しておくことが重要になる。場合によっては、親にも関係機関の対応が一貫していることを伝えておく。対応を変えることができないことを知ることで親は情緒的に安定することが多い。

💬 本人を入れた関係者会議

お父さんが都合のいいこと悪いことを相手によって変えるところがあったので、関係者が共有して一貫した対応をする必要があると話しました。しかし、お父さんは、子どもが保育園を1週間休んでしまったのに、病院では、「ちゃんと保育園に行かせてる」「ちゃんと自分たちが送迎してます」と事実と違うことを言ったり、お父さんは自分に都合が悪くないように言うのが上手なので、言うことを変えるというのがずっと続いていました。もうこれは両親も含めて、私たちが全員がつながっていることを示したほうがいいかなと判断しまして、おばあちゃんを担当する高齢担当、生活保護担当も含めて関係職員を全員含めてカンファレンスを行い、両親にも来てもらいました。

関係者は、全員で情報共有をしていることを伝えました。また、おばあちゃんも高齢でいつまでも育児を頼れないから、統合失調症だとしても親としてできることを増やしていくなり、おばあちゃんの代わりの手をつくる必要があるよねという話をしました。お父さんも、「まあそうですね

え」という感じで、拒否的な態度ではなく、障害ヘルパーの導入の申請書もその時点で書いてもらったりとか、そういう形を取ることができました。
［SW6、両親、統合失調症］

5）支援に行き詰った時に支援方針・方法を修正する

　支援する家庭は複雑困難事例が多く、支援は必ずしも順調にいかない。そのような行き詰まりを感じた時に打開策を検討するためにもカンファレンスは開催される。「私たちがケースカンファレンスすると、必ず世帯が動くっていうジンクス持っています。本当にそうなんです。私たちが真剣にそのお家のことを考えると、お母さんが急に現れたりとか何かが起こるんで、神様はいるんじゃないかって。無神論者ですよ。」［SW24］とカンファレンスの効果を話していた。いつものメンバー以外からアドバイスを受けることも効果的だった。

💭 警察官がカンファレンスに入ることで方針が変わった

　スーパーバイズという場があって、臨床心理士の先生の回に、このケースを出しました。今、こう着状態で、ソーシャルワーカーはお父さんに受診勧奨をすると、子どもを抱え込まれたら困るということで、受診の説得もできず、他県にお父さんのお兄さんがいるのですが、お父さんはお兄さんを拒否してしまっている状況だったので、お兄さんは心配してくれているのですが、どうしようもない状況でした。スーパーバイザーの方は、これサイレントアビューズであって、中学生の男の子が柱に縛り付けられて餓死した事例をあげて、「中学生だから大丈夫なんて楽観しちゃ駄目だ」と言われまして、「警察に相談をしなさい。カンファレンスに警察にも入ってもらって、アプローチができないかどうか、もっと具体的に前に進めていかなきゃ駄目ですよ」と言われました。

　それまで、身体的な暴力もないのに、警察が入ってくれると思っていませんでした。こんなことで警察呼んで、来てくれるのかなと、半信半疑で、警察にお声をかけたのですが、来てくださいました。役所で個別ケース検討会議を開き、中学校、警察、児相、役所の児童虐待担当、精神担当の

ソーシャルワーカーが入りました。うまい手がそこで出てきたわけではないのですが、警察の方が、「これ訪問すべきなんじゃないんですか」と言ってくださって、「自傷他害はないですよ」と言ったら、「警察は前面に出られないけど、後ろで見てるから行ってみなさい」と言ってくれたんです。児相に、「警察がそう言ってるけど、家庭訪問することになったら、児相も行ってくれるか」と聞いたら、最初は少し躊躇していましたが、児相も一緒にその場に立ち会って、ソーシャルワーカーがお父さんの入院の説得をしている時に、一時保護の段取りも考えると言ってくれて、そのカンファレンスをしたその日の午後に家庭訪問しました。

　警察も約束どおり、後方で見てくれていて、役所の児童虐待担当は家庭訪問には行かずに、児相と精神担当のソーシャルワーカーが行きました。運よくお父さんが出てきてくれたところで、入院の説得を２時間ぐらいしてくれました。お父さんがそういうやりとりをしている間に、児相はするっと家に入り、子どもに鍵を開けてもらって、子どもの一時保護の説得をそこでしています。子どもも最初はしぶっていたんですけれども、「わかりました。行きます」と言って。そこで、もう１回、児相もお父さんを説得をして。そうしたら、お父さんはお兄さんには拒否的だったのですけが、児相も一所懸命説得したことで、「わかった。あんたを信じる。子どもを頼む」「兄の所にはやりたくないけど、児相に任せるから、この息子を頼む」とお父さんが言ってくれて、そこで事態が大きく動いて、お父さんは入院をして、子どもは児相に一時保護をしました。［SW23、父、統合失調症］

💬 違う視点を持てなかった

お母さまも、お子さんが小学校から不登校で、子どもをなんとかして学校に行かせたいと、学校や役所などに出向いて相談をしてこられていました。しかし支援機関は、お子さんにどうしても会えないままでした。

　そのうち、お母さまの状態がすごく悪くなりまして、拒食がかなり進行して、体重30キロ近くになり、立ち上がることもままならなくなりました。役所が訪問して、許可をあまり得ない段階で部屋に踏み込ませていた

だいて、お母さんの状況確認とお子さんの状況確認をしたという経緯があります。

　祖父母もご同居されていたのですが、母子と関係が良くなく、祖父母は実際には他の場所にいることが多く、連絡も取りようがないままでした。

　お母さんも動けないので、子どもの食事とかがどうなってるのかとか全く読めない状況でした。これは通報レベルということで児相に入ってもらい、最終的には私たちがお家に踏み込んだのですが、お母さんの不安定さが増してしまい、包丁を持った状態でトイレに閉じこもってしまいました。警察沙汰になり、子どもが一時保護されました。どのタイミングでどういうふうに介入していくのが良かったのか本当に読めず、お母さんの病状が悪化してしまった時点での対応になりました。その手前でなんとかできなかったかなと思う事例です。

　お母さんは入院され、お子さんは結局里親さんの所から高校に通っています。まだ一緒に暮らせていません。退院しても、お母さんの不安定さはあまり変わらず、摂食障害もそれほど良くなっていないと聞いています。お子さんが高校に上がるそのタイミングの時に、お母さんがお子さんを通わせたい高校というのがあり、その近くにお母さんはお引っ越しをされました。いつ子どもが戻ってきても学校に通いやすいようにということで、急に転居をしてしまったんです。実家との関係もあまり良くなかったこともあり、実家を出て、一人暮らしをされ、今はお母さまがひとりで、精神障害のヘルパーなどを使いながら、単身生活をしています。

　精神科の受診先を正確に把握できなかったので、受診先とのやりとりは全然できていませんでした。よくよく聞くと内科などいろいろと受診していたようですが、お母さんが相談しに役所に来ていたので、お母さんを通した介入を前提にしてずっと考えてしまっていました。支援機関同士でいろいろやりとりしてとか、お母さん以外のところから動くというアプローチはあまりせず、お母さんから変えていけないかとか、お母さんを介してお子さんに会えないかというアプローチをずっと続けてしまっていました。今考えると、どこかで一歩違う観点から動けたら良かったのかなというのはありますね。少し違う介入の方法とか、それこそ祖父母にもう少し切り

込んでも良かったのかなとか、もっと他の方法があったのではないかとすごく思ってます。[PHN17、母、うつ病・摂食障害]

3．関わる機関と人が多いことのメリット・デメリット

多くの機関や職種が関わることで支援の対象者である親にとっても、支援者にとってもメリットとデメリットがある。

1）メリット

親にとっては相談先が増えること、「連携しながらみんなで支えてますよみたいなところを伝えられているので、そこはお母さんもちょっと安心なのかな」[PHN21]というように、多くの人が支えているという安心感が得られるというメリットがある。「支援者側も情報の共有を1つの課ではなくてお互いにできて、役割分担もはっきりできたので、このケースと向き合ってしんどいなっていうのはあるんですけども、苦しいという感じはなかった。」[PHN14]というように関係者で状況を理解してうまく役割分担ができると職員の精神的負担の軽減につながっていた。また、電話など相談が頻繁に入る親を支援する場合、職員にとっては業務量の分散になっていた。

💬 **親の相談先を増やすと同時に職員の負担軽減**

このお母さん自身もいろんな機関に相談をしたい人なので、きっちり相談先を分けてしまうと、お母さんが「じゃあこの時はどこに言ったらいいのかな」と混乱する場合があるので、もうその場合は「ここと、ここどちらかにかけてね」という感じでは伝えてました。

電話の回数はすごく多くて、毎日のように、しかも1回話すと30分とか1時間ぐらいになることもありました。このお母さん自身も「このことはここに」「このことについてはこっちに」と結構分けて電話しているところもありました。私たちでもう対応しきれないと「じゃあ児相の担当の人に聞いてみたら」とちょっと振れるというか、分散できるというところもあります。[PHN12、母、統合失調症]

2）デメリット
　多くの関係機関が関わると、相談先が多すぎて親が混乱するというデメリットがあった。その場合、相談窓口を一本化することで対応してうまくいった事例があった。

💬 **たくさんの相談機関で言うことが違うので混乱する**
　たくさん相談機関があるんです。病院も役所も学校も放課後デイもあるんですが、みんな言ってることがちょっとずれたりすると、お母さんは自分でも「どうしていいかわからない」と言っていたので、関係者全員で情報を共有したほうがよいということになり、お母さんに了解を得ました。その後は、役所が窓口になって調整できることはして、調整をしながらそれぞれがお母さんを支援しています。［PHN21、母、双極性障害］

💬 **相談先が多いので窓口を一本化する**
　迷った相談がある時には取りあえず保健師に電話をかけてきて、そこから「その相談はここにしようね」というように、振り分け役のような役割を担わせてもらいました。それによって全部の電話はいったんここで受けることにはなるんですけれども、その後ちゃんと話せる所に話してと整理することができました。［PHN26、母、統合失調症］

4．効果的な関係機関連携を進める上での課題

1）マネジメント機能
「いろんな職種が関われば関わるほど、誰かがそれをまとめるというか、まあ窓口みたいな職種が必要になってくる」［PHN1］というようにマネジメント機関の役割が重要になる。しかし、「相談機関が多過ぎてどこが中心になるのかというところで、何回も会議はしてて、その都度その都度、何かあったら、どこにするということは決めていたんですけど、だんだんちょっとうやむやになってきてしまっているところがあって」［PHN10］というように、

マネジメント機能がうまく働かないことで、支援がうまくいかなくなる。マネジメント機能をもつ中心となる人を決め、その人に情報が集約されるようにすることが重要である。次の会議を待たずに支援方針を出す必要がある問題については、マネジメント機能をもつ中心人物がその問題に関係する機関と電話等で協議の上、対応を決めて実施するというタイムリーな実行性のあるマネジメントが必要であろう。

2）支援者が自由に話せる場の保障

　会議では、それぞれの機関に所属する職員としての役割があり、機関の方針に沿った発言をする。感情を出したり、個人的な発言を自由にすることが難しくなることも事実である。互いの立場がわかるがゆえに推し量り、遠慮して、「こうしてくれればいいのに」と思っていても言うことに躊躇することもある。最終的に支援方針や役割を決める際には、個人の意見ではなく、組織としての役割で決めることは当然であるが、方針を決める前にはある程度自由な発言ができることも会議運営上は必要である。そのような自由な発言から新しい視点や打開策を見出すことが期待できる。

💬 誰も言い出せなかった

　そのお母さんは、時々「盗聴器がしかけられているんじゃないか」と言っていたので、医療につながったほうがいいとは思っていました。保育園に入るためには、仕事をしないといけないということで、仕事を探しましたがうまくいかず、結局水商売に戻ってしまいました。「もう嘘でも何でもいいからお医者さん行って、診断書を書いてもらって、ゆっくり子育てしたら」と言えればよかったのですが、それが後手後手になってしまい、誰も言い出せませんでした。あれほど関係機関がたくさん関わっていながら、あれだけ見守っていながら、それがうまくいきませんでした。すごく多くの関係機関が関わっていました。上のお子さんを預けている施設の職員や児相の担当者もいて、下のお子さんの保育園の先生も気にしてくれていて、これだけいろいろ関わっているのに、もう少しうまい着地点がなかったのかなという気がします。医療につなぐタイミングがあったはずです

が、それも逃しています。そういった意味で反省がいくつかあるケースです。[SW4、母、統合失調症]

3）日頃からの関係機関のネットワーク構築

　個別事例の会議を開催しても出席が難しい機関や職員もいる。会議に出席できない機関や連絡が取りにくい機関があると、支援全体の情報収集やアセスメントができない。「お父さんとお母さんが通っていたカウンセリングの病院の方のお名前も聞いていて、連携しても良いということだったので、連絡をしてみましたが、相手の方もすごく忙しくてなかなか電話がつながらなくて、やりとりがうまくできなかった。」[PHN19]「主治医の先生にちょっと聞いてみることができて、見立ての参考にできたら良かったかな。」[SW15]と精神科医療機関との連携は特に課題にあがっていた。相談を円滑にするためには、日頃から顔の見える関係であることが重要である。精神保健福祉領域におけるネットワーク構築を目的とした集まりは積極的に開催し、そこに母子保健や児童福祉領域の人も参加することが有効である。

　現実的には、精神科医療機関の多くは、クリニックであり小規模であるため電話連絡や会議出席が難しいことも多い。母子保健や児童福祉の職員が直接医療機関連絡をするのではなく、精神保健福祉担当の職員を介した連絡をとることも多いだろう。しかし、医師に状況がうまく伝わらない場合や医師の治療方針を確認したい場合は、時間はかかるが、親の受診に同伴して状況を伝えることも有効である。また、電話で医師連絡をする場合は、ソーシャルワーカーがいればソーシャルワーカーに相談し、いない場合は受付の人に相談して都合の良い時間帯などを確認するとよい。何はともあれ積極的に医師連絡をすることが求められる。

第8節　妊娠期からの支援

　母子保健領域での支援の仕組みについては、「第1章第1節4支援特性」

で説明をしたが、毎年のように新しい事業などができ、目まぐるしい変化がある。本節では主に、現段階の仕組みにとらわれない支援技術を中心に説明する。

1．疾病性と事例性を把握してアセスメントを行う

　精神疾患治療中の場合、妊娠期に産科医への受診や役所の妊婦面接などを通して、「特定妊婦」（出産後の養育について出産前の支援が特に必要な妊婦）として、要保護児童対策協議会の支援対象になるケースが多い。精神疾患の既往があっても全妊婦に支援が必要とは限らないし、既往がなくても現時点でメンタルヘルス不調があれば支援が必要だと判断される場合もある。精神疾患の既往があり、その後治療を受けていない場合は、医師と合意のもと治療を終了したのか、あるいは、自己判断で治療を中断しているのかを確認する必要がある。治療中断の場合は、疾病性のアセスメントが必要になる。疾患名の他、精神症状について把握する。精神疾患治療中の場合は、定期的に通院して指示通りに服薬をしているか、妊娠・出産について主治医とどのように話し合っているか等を把握する。特に催奇形性を考えて薬を自己中断する場合があるため、妊婦が妊娠中と授乳中に薬についてどのように考えているのかを把握するとよい。

　疾患に関するアセスメントだけでなく、疾患による育児への影響などの問題が発生するかどうかという事例性もアセスメントを行い、支援の必要性や優先度を判断する。

2．産科医療機関を探してつなげ、継続的に支援する

　精神疾患は国民病であり、誰もが罹患してもおかしくないありふれた疾患であるにもかかわらず、精神疾患で治療していると産科医療機関を探すことに苦労する。未だに、「うちでは診れません」と断る産科医療機関も多く、「本当に産むんですか」というように言われることもある。支援者は、妊婦を適切な産科医療機関につなげ、妊婦の精神的支援を行うことが重要である。

支援者は、妊娠中に精神疾患の病状が不安定になる可能性を見越して産科・精神科医療機関と連絡を取り合い、継続支援を行っていた。

🗨 産科医療機関探し、家族計画

特定妊婦ということで、前居住地からケース移管されました。母子保健担当課と虐待担当課で一緒に妊娠中から訪問して関わってきたケースです。まず出産病院を探すところをお手伝いしました。ただ病院につないだものの妊婦健診を受けなかったり、私たちが約束して訪問に行ったけれども出てこなくて会えなかったりしました。その時は病院の地域連携部署と情報交換をしながら病院受診に同行したりしました。そして、お子さんを無事に出産できました。2人目は計画的にと指導していたのですが、第一子が生まれて3、4か月ぐらいで第二子を妊娠してしまい、今お母さんは妊婦中で、そろそろ第二子が生まれる予定です。［PHN19、父が双極性障害、母がパーソナリティ障害］

3. 妊娠中の相談に対応する

「妊娠中のサポートとしては、体調のことで相談してくれるので、妊娠経過についてアドバイスしたりしました。産後に向けた準備についてもお伝えしました。」［PHN11］というように、妊娠中の体調不良や産後の準備など不安が高い人は細々と相談されることがあるので、一つひとつ対応する必要がある。

4. 妊娠中から産後を見据えた支援体制を整える

出産後は、健康な母親であっても大変になる時期である。精神疾患がある母親にとって出産は身体的にも精神的にも負担が大きく、出産後は病状悪化のリスクが高まると予測できる。「こういう特定妊婦さんには、妊娠中から産後のことも含めて、支援体制を整えることが絶対必要なんだと思います。

安心して産前と産後を迎えられるということは、その後の育児にも大きく影響すると思います。」［PHN11］というように、妊娠中から産後を見据えて十分な支援体制を整えることが重要である。妊婦のパートナーを交え、実家の支援をあわせて検討する必要がある。サービスを利用するには出費も必要であり、そういう点でも家族の理解が必要である。

里帰り出産をする場合は、里帰りしている間も支援が途切れることなく提供できるように、親の同意を得て、里帰り先の保健師等と連絡をとる。

妊娠中に支援体制を整えた

妊婦さんも旦那さんも２人とも精神科に通院しています。二人暮らしです。保健師は妊娠届から把握をし、将来的にも子育てに多分支援がいるということで、養育支援のケースになっています。

妊娠中は妊婦検診の無料券が無くなるくらい検診に行きました。不安になったらどこかに相談はできる人で、役所にも頻繁に電話がかかってきます。保健師だけでなく、ヘルパーさん、病院とメンタルクリニック、地域生活支援センター、ヘルパー事業所、自立支援の計画相談をしてる方、役所の精神保健担当、子ども担当、育児支援家庭訪問員など、支援する機関は多いと思います。本人を含めて産前産後どうするかというカンファレンスをして、本人の希望も含めて支援体制を考えました。

先々の心配はありますが、このお母さんは、相談する意欲がすごくある人なので、ヘルプを出せる力があって、それで相談機関もフルに利用ができています。相談機関も連携してつながっているので、必要な支援をみんなで考えているところで、本人の意向に沿った支援ができているかなと思います。

産後は、病院で生まれた後５日ぐらいで退院になります。退院した後は自宅に戻ってきて、父方祖母が１週間ぐらいいます。その間も年末年始なんです。他のサービスが全然ない時期ですが、地域生活支援センターだけは開いているので、「どうですか」と１日２回くらい電話を入れてもらうことにしています。

その後は、１か月くらいヘルパーを毎日派遣することにしていて、今使

ってる障害福祉のヘルパーさんと、産後ヘルパーさんの両方をフルに活用することにしています。その間、うちの家庭訪問員が行って、産後の体調や育児のことを相談できます。それでもうまくいかなかったら、デイサービスかショートステイを入れようかと話しています。[PHN11、母、パーソナリティ障害]

妊娠中に丁寧に介入しなかったことを悔やむ事例もあった。

💬 児が施設に預けられた

両親と子ども2人の家族です。下の子の新生児訪問で初めて母に会いしました。上の子は低出生体重児で、下の子は自然分娩で体重は問題ありませんでした。ただ新生児仮死でした。下の子の出産は、母の思うような出産と異なり、成功体験ではなかったのかもしれません。産後間もなくから下の子に対しての攻撃が始まりました。下の子の悪いところを探し求め、結局施設入所となりました。

　もう少し早く妊娠中から関われ介入ができていれば、違っていたと思います。行政拒否はなく、上の子のことはよく相談されていました。母や父の家族背景、夫婦関係、社会的なこと、健康状態など妊娠中から介入できていれば整えられたものもあり、変われる余地があったケースと思います。［PHN23、母、未治療］

5. 長期的な課題を予測して関わる

　妊娠中に親に関わり、親の生育歴、行動パターン、配偶者との関係などをアセスメントすることで、出産してから長期的に親がどのような問題を生じる可能性が高いかを支援者は判断していた。虐待された経験があると世代間連鎖を危惧し、長期的に支援する必要があると判断していた。

💬 産後の対処力や被虐歴から長期的な支援の必要性を予測

　長期的に見ても結構支援が必要だと判断したのは、発達障害のあるご主人

がどこまで協力してくれるかっていうことと、自分の子どもに何か起こった時に冷静に対処できるかということ、お母さん自身がネグレクトで育っているということ、片付けが苦手であることといった理由によります。

妊娠中の今でもよく電話がかかってきて、例えば、「おなかが張ってるのかどうかわかんないんです」という具合です。不安が高いので、出産後は赤ちゃんのことで、いろいろと心配になってしまう気がします。

また、ご主人がどこまで育児に協力するかということも気になりますし、子どもの受け入れができなかった場合に、この２人で相談しながら育てられるかと言えばそれは難しいと思います。ご主人がどう変わるか気になります。

お母さん自身はネグレクトで育っており被虐歴があるから、虐待しないようにしたいとは言っていますし、その通りだと思いますけど、その辺がどう影響してくるかですね。子どもにすごく干渉してしまうかもしれないし、今旦那さんに干渉してる分が子どもに全部行ってしまうということもあり得ると思います。

後は、物が片付けられないから、物が散乱してるんですけど、事故予防とかできるかなみたいなところもありますかね。その辺は誰かの協力がないと難しいと考えています。［PHN11、母、パーソナリティ障害］

第9節　職場内の体制

私が保健所の精神保健担当で保健師として相談業務に従事した経験から考えても、子ども虐待が絡む事例を担当する支援者の精神的負担は大きいと思う。帰宅後もその事例のことが頭から離れない同僚もいた。また、パーソナリティ障害といった人との関係性をとることが難しい人への対応は、巻き込まれたり、攻撃されたりするため、支援者の精神的負担が大きい。精神的負担の大きい相談を担う職場では、バーンアウトのリスクも高く、職場内の体制が重要になる。

1．職員を支援する体制

1）職員の対応を責めない職場

　依存症やパーソナリティ障害をもつ親などは、悪気があるわけではなくても、職員を揺らしてくることが多々ある。そのような親は、職員によって言うことを変えたり、あの職員がこう言っていたなどと嘘を言ったり、わざと喧嘩になるような告げ口をすることもある。その行動は、疾患による特性であるが、それを十分に理解していないと職員同士で傷つけ合いが始まってしまう。疾患特性であることを理解し、親の発言によって職員を責め合うということがないようにすることが重要である。

💬 **親に職員の弱いところをつつかれ振り回された**
　そのお母さんに関わる職員同士で「勝手に決めちゃって」とか、「〇〇さんわかってない」というように責めていました。その当時は、私も正直、なんでそんなことになってしまうのかがよくわかりませんでした。最後に「どうなんですか施設長は」と聞いて、「じゃあ今回はこういうふうにして」と言われると、「じゃあわかりました」と方針に従うという感じで、何というのか、コミュニケーションが不足していたのかなと思う部分もありますが、それほど不足してたとも思えないんです。そのお母さんに何か職員それぞれの弱いところをちょっとつつかれてしまったような、ところもありました。［SW18、母子生活支援施設］

💬 **基本的に職員を責めない**
　パーソナリティ障害の人は、大体揺さぶりかけてくるじゃないですか。あの職員はこうであの職員はこうでって。基本的には聞かない。「言ってるね」「言ってたね」という感じで、「ああ、はいはい」という感じで対応することに徹しています。職員誰かの悪口を言っても、それをもとに他の職員を基本的には責めないし、「今こう言ってるのはなんでだろうね」「調子悪いのかな」というように捉えます。「ああ、こういうことね」という話を普段からしょっちゅうしています。［SW4、母子生活支援施設］

2）皆で支援方針を考えられる職場

　職場内でも担当ひとりに任せず、他の職員も共に考えることでひとりの負担を少なくすることができる。職場内でもケースの共有を行い、方針を確認することが重要である。

💬 みんなで考えればよかった

　支援する方向性とか、別に私が担当だから全部やる必要はないと思います。計画は私が立てるかもしれませんが、みんなで計画を立てることもあってもよいと思います。私がこう思うからこうしますということではなく、私はこう思いますが、皆さんどうですかというように言って、みんなで情報共有しながら、必要なことは何だろうと確認しながらやればよかったのではないかと思います。［SW18、母子生活支援施設］

3）職員の失敗や弱さを安心して出せる職場

　メンタルヘルス不調のある親への育児支援は難しい。簡単にいかないため、失敗もあれば、傷ついて悩むこともある。そのような失敗や弱さも安心して出せる職場環境が重要である。そのことによって、ひとりでの抱え込みやバーンアウトを防ぐことができるかもしれない。

💬 失敗を後輩に見せる

　ケースに関わるほどに拒否されると、支援者側は心が折れてくんですよね。それを「どうやって回復したの」とよく聞かれるんですけど、私は課内でみんなにしゃべっちゃうんですよ。「こんな失敗しちゃった」とか、「こんなこと言われた」と、言っちゃうんです。今すごく言えない若い子が多くなっていて、自分の失敗談を失敗として深く追い過ぎちゃって、いろんなほうから自分を責めて、心が折れてしまう正しい人たちが多いんですよ。私はどっちかっていうと、私が正しいので。さすがにちょっと折れかかりましたけど、でも私は、職場の中では上なので、「私だってこんな失敗するんだよ」ということを伝えてあげないと、若い子たちは、みんななんか

格好よくやってるように見えてしまうのではないかと思っています。実際は、怒鳴られて、謝っているんです。若い子は結構謝らないというんですよね。「私悪くないから」なんて。謝るのなんてタダなんだから、謝んなさいよって思います。謝って向こうが、「謝らしてやったぜ、ふーん」と思ってもそんなのは別にいいから。そんなんで謝んなくてコンプラなんかになってしまうほうが、よっぽど面倒くさいんだから、お客さんが怒ってるのをニコニコして帰すのが、私たちの仕事。怒ったまま帰すと遺恨が残るから、怒ってるけど笑って帰す。［SW31、役所児童福祉担当］

💬 円形脱毛症

私も強い人間ではないので、3か所ぐらい円形脱毛症になりました。他の職員からは「ハゲてるよ」と言われて、「ハゲ言うなよ、恥ずかしいだろ」というように返していました。そういう冗談っぽい話もしながら、そういうことがきっかけで、「ああそんな溜め込んでたんだ」「そういうタイプなんだね」という感じで、俺がかわいそうな人みたいになっちゃって、言い訳するのも面倒なので、「ごめん俺、結構傷つきやすいタイプだったかもしんない、だから優しくして」とか言って、そんな話をしてる中で、職員同士のわだかまりも少しずつとけていったと思います。多少生じていた職員同士のコミュニケーションのすれ違いも、解消されたのかなと思うところもあります。［SW18、母子生活支援施設］

2．職場の安全管理

1）自分の身体を守る

　親からの精神的、身体的な攻撃が支援者に向かうこともある。身体的暴力を振るわれてしまうと、支援者が傷つくだけでなく、暴力を振るった人を加害者にしてしまう。支援者が自分の身体を守ることは、相談者を守ることでもある。

　相談者が攻撃的になっている場合は、以下のような対応をとることができる。

・基本的にカウンターで対応する。
・面接室で対応する時は一人で入らない。
・カウンターで対応し、暴れるなど身の危険を感じたら少し距離をとる、警備員を呼ぶといった安全策をとる。
・攻撃性の高い人の対応をしている時は、刃物を持ってきている可能性があるなど最悪の事態を考えながら対応する。

2）自分の立場を守る

　親と支援者との関係が崩れてしまうと、親は支援者を攻撃し、クレームや訴訟に発展することも考えられる。支援者は、自分の立場が危ないと思ったら、相談の事実を証言できるように他の職員が同席して対応し、相談記録に残しておくとよい。また、相談記録は、主観的でなく客観的に書き、親の言動や支援内容を具体的に記録する。

3）組織として一貫した対応をとる

　個人だけでなく、組織としても一貫した支援方針をとることが重要である。このような人は、急に連絡があり、担当者以外のその時にいる支援者に相談してきたり、都合よく対応してくれる支援者を選んで相談する場合が珍しくない。誰がどのように対応するかについては、一貫した支援方針をもち、所内で共有しておくとよい。

第3章
育児にまつわる体験談

第1節　子どもの体験

1．三島みゆき　46歳

> 私（子）：長女として生まれる、アダルトチルドレン。現在は、結婚し子ども4人をもつ。対人援助職として就労。
> 親：母が統合失調症を33歳で発症、59歳で他界。

私の母は統合失調症でした。

幼稚園までの楽しかった母との思い出

母は、私が幼稚園くらいまでは元気で身の回りの世話をしてくれました。何処に行くにも妹が左手にいて私が右手につかまって大好きな母とのお出かけ、散歩、買い物が楽しくて仕方なかった。母とバイバイができなくて毎日幼稚園に行きたくないと泣いてばかりいて、頑張れない私を笑って抱きしめてくれていたこと。今でもはっきりと覚えています。

あんなに母といることが楽しかったのに。

小学校の頃より母が寝てばかりの生活に

　私が小学校に上がる頃から横になって寝ている時間が多くなりました。朝も布団から出られず、朝ごはんもなく登校することが当たり前でした。学校の朝礼時に空腹で何度か倒れて保健室に父が迎えに来ることがありました。クラスの友達の前ですごく恥ずかしい思いをしたことが今も思い出されます。寝てばかりいて家のことができなくなった母に父は家事をしろと怒鳴り、ますます寝込むことが増えていきました。散らかった家。ふりかけご飯とおかずは缶詰めのみ。

　仕事から帰ると父の苛立ちと暴力は私たちにも向かってきました。特に長女だった私は何度も蹴られ、叩かれた記憶があります。どうして私ばっかり。悔しさでいっぱいでした。

　近所の同級生のお母さんが毎日同じ洋服の私や痩せ細った私を心配して妹の保育園に迎えに行き、母が育児を放棄していることを聞いたと後になって知りました。家に様子を見に来てくれたけど母は必死で否定したと言います。近所の叔母さんに私たちは食事をご馳走になることもありました。それを知られると母はすごく怒ってもう二度と行かないようにと言われました。お母さんが怒ってる。お父さんが怒ってる。幼すぎて私と妹は何が起きているのか全くわかりませんでした。毎日が淋しさで子ども心に深い傷がつきました。

　いい子でいなくちゃ。何となくそんな風に感じてました。

家に居られない生活

　父は母に対する病識がなく、いつも家事をできないことを責め、商店街のスナックや居酒屋に私たちをつれて歩くことで発散していました。酔って泣いていたところも何度か見ました。

　ある日学校から帰ると、母が鏡台の前で派手な化粧をして頭にスカーフを巻き、タバコを吸いながら笑ったり誰かと話しをしている姿がありました。私には何があったのか全くわからず、別人のようなその姿に驚き、ただただ怖さで怯えました。どうしてこんな姿なのか、どうして私たちに笑いかけてくれなくなったのか。お母さんは一体誰と会話をしているの？　子どもながらに私はこのおかしな様子に怖さを感じ、今日は普通お母さん。今日は怖い

お母さんだと毎日顔色を伺うことで家にいられなくなりました。

　父には外で友達と遊ぶように言われ、妹を連れて私は人気のない安全な場所を見つけ、秘密基地を作りました。天気のいい日も雨の日も外で遊びました。線路がある橋のしたで拾った子猫の世話をしたりして、妹と自分達の居場所を作って遊びました。夕焼けの鐘がなっても帰れず暗くなっても外にいたので近所のおじさん、おばさんの大捜索もあり、今思えば誰かに探せれることを少し楽しんでいたんだと思います。迎えに来ると大人は私たちを見つけてはみんな泣いていました。また心配されてる。洗濯されていない汚れた服と破れた靴下を見てかわいそうだとヒソヒソと話す大人がたくさんいたことが記憶に残っています。

　かわいそうな子たち。その言葉がその後の私の人生にずっと心に残り続けます。

母が精神科病院に入院

　日増しに母の独り言や笑う声、夜中の怒鳴り声、徘徊が始まり、ケンカの声や父の暴力が怖くて眠れないこともありました。私は小さい頃から何となく神様みたいなものがいるような気がしてお母さんを返してくださいと祈ったり、手紙に助けてくださいと何度も書いてお願いをしてました。誰にも出せない自分だけの秘密の手紙でした。

　下校して台所にいた母に私は試すようにお腹が空いたことを伝えると突然顔が曇り、目付きが変わりました。あんたなんか知らないわよ。あんたなんか生まなきゃよかった、と発狂し、包丁を振りかざしてきました。その時、もう お母さんはお母さんじゃないと 子どもながらに思いました 。刺されそうになる恐怖から父のいる工場へ逃げ込み、そのあとのことは、泣いて寝てしまったのか。恐さで思い出すことができません。騒ぐ母を父が止めてまた母が暴れる。そんな光景は繰り返され家の中が完全に壊れ、母は川崎の精神病院に長期入院となりました。完全に治るまで精神病の閉鎖室から出られないと言われました。会えなくなる日が何日も続き、そんな怖い母でも私はすごく淋しくなりました。母に会いたい。でも怖い。

おばあちゃんと一緒の生活

それからは私たちのお世話は田舎のおばあちゃんがやってくれました。私は長女だからいろいろできなくてはいけないと洗濯や掃除、妹の面倒をみるものだとおばあちゃんに厳しくしつけられました。反発もしていてなかなかなつくことができず、妹が可愛いがられていることが疎ましくも思うようになりました。母がおかしくなって入院したことが学校での話題になり、そのことで酷いことを言われていじめられることも毎日でした。

悔しくてもお姉ちゃんだからしっかりしてなくちゃいけない。

お姉ちゃんなんだから強くなくちゃいけない。

お姉ちゃんだから泣いてちゃいけない。

いつも言い聞かせられたこの言葉に自然と我慢することをおぼえ、小学校6年生になる頃には、なんとなく自分はいらない子なんじゃないか。自分のせいで母は病気になってしまったんじゃないかと責める気持ちになりました。普通じゃない自分、みんなと違う自分。なんとなく疎外感を感じていました。

いろんな近所のうわさ話もクラスメートからのいじめも辛いと感じなくなり、「きちがいの子」と笑われても絶対に泣かず、傷つくことから逃げて自分を守ることも覚えました。それから私は心がどっかにいってしまったみたいな感覚がありました。中学生になってからは私の無感情な態度や冷めた目付きが気に入らないと言われ、また先輩からいじめられます。ある日、傘が壊され、集団で暴行されて傷だらけな私を心配して父は私にわからないように学校に訴えに来てくれていたことがありましたが、その時も本当はすごく嬉しかったのにそれを隠して絶対に見せるものかと反抗的な態度をわざとしました。

初恋

中学二年の時大人が嫌いで誰も信じられないと思っていた私も初めて恋をしました。10歳年上の人でした。私をそばでずっと見守り、かけ続けてくれた言葉が乾いた心にどんどん入ってきました。それから私の毎日は楽しくなりました。でも家庭のことは一切言えませんでした。家がどうだろうが、いいと思えました。親へのこだわりがあっという間に消えてしまうような恋

でした。

　休みの日に待ち合わせをして、よく東京タワーでデートをしました。その恋は高校にあがるまで続き、ある時彼の機嫌が悪くなり大きな声を出された時に父が母を責め立ててた過去のトラウマがよみがえり、私は怖さが込み上げて別れを切り出しました。突然、過去を突きつけられ恐くなったのです。私は本気で人を好きになることももうできないと思い、遊び歩くことで自分の居場所を探しをしました。家に帰ることも少なくなり、友達の家に泊まり歩き父と母に反発し、心配かけることで自分の存在意義を確かめたかったのだと思います。

　その時その場が楽しければいいような希薄な関係が心地よくて年齢や自分を偽っては人を裏切ることも傷つけることも傷つくことも平気になりました。

妊娠、結婚
　それから私は子どもができたことで18歳で結婚しました。母親とのわだかまりがある私が母親になれるのかすごく悩みました。でも心のどこかに、温かい家庭を持つことへの強い願望があり、私は絶対に産むと決意をしました。

　父は反対し、出ていけと言いました。私は新しい家族を持つことで相手の家庭の温かさに触れ、普通ってこういうものなんだとはじめて思いました。若くして嫁いできたからとお母さんの優しさに胸がいっぱいになりました。家族の団らんと温かい食事。すべてにおいて新鮮でとても幸せな気持ちになりました。でもわが家の母が精神病であることがなかなか言えず、隠せるものなら隠していたいと思いました。ある日結婚式をするため両家の顔合わせと挨拶をしなければならなくなりました。薬の副作用で手が震え、首が曲がった母を見られることがすごく嫌でした。

　恥ずかしい親、新しい家庭を持つことでわが家の過去が浮き彫りになり、実家から逃げるように嫁いだため、もう縁を切りたいとも思っていました。でも子どもを産んでから育児をすることで少しずつまた母に会いたくなる自分もいました。大切な宝物が出来たことでこの子にたくさんの愛情を注ごうと日々意気込むことで私はすこしずつ自分の気持ちが癒されていきました。

でも子育ては楽しいことばかりではなく、夜泣きがひどく泣き止まない時は外に出ておんぶしたり、急な発熱で心配になり夜中に車を飛ばして救急病院に駆け込んだりと必死でした。守るものが出来たことでただこの子のためにと気負い、私は完璧な親であろうと無我夢中でした。この子には絶対に悲しい思いをさせないように…。私は母親業を育児書通りにやりとげました。親から何も教えてもらえなかったので恥ずかしくないように、それと同時にいい嫁でいたいと新しい家族に依存し、何があってもこの家庭を守りたい。そう決めたはずなのに、また隠した過去がよみがえります。

義母が精神を病む

　それは義父が若くして亡くなってからでした。義母が精神を患ってしまい、だんだんと被害的になり私たちの家庭に口を挟み出し、毎日暴言と文句と愚痴を聞かされることになりました。子育てを否定され、子どもたちにも当たりが強くなり、自分も子どもも受け入れてもらえなくなりました。親に愛されていないことや、逃げても逃げても自分を責めてくるこの感覚にまた私は苦しむこととなりました。どうしたら受け入れてもらえるのか。あの時思えば、私も少し精神的におかしくなっていたのかもしれません。夫も味方にはなってくれず、私はやっぱり幸せになれないのか。心に残ったままのいらない子、かわいそうな子。みじめな過去の自分にまた向き合うことになりました。

　ずっと我慢し隠し続けた思いが31歳の時に爆発し、小学生の子どもたちの前で私は子どものように泣きました。もうこれ以上頑張れないと13年築いた家庭にピリオドを打ちました。

実母との再会

　私もダメな母親。いく場所なんてあるはずないのにと思っていた私に、父は帰ってこいと言ってくれました。3人の子ども達を連れてとりあえず実家に戻ると驚くほど母の病状は落ち着いていました。そして穏やかな顔で私を強く抱き締めてくれたのです。

「今まで辛かったでしょう。よく頑張ってきたね。」

「こんなお母さんでごめんね…。」
「ずっとお姉ちゃんに一番謝りたかった…。」
　と母は泣いていました。しばらく私も心が溶けたみたいに母の胸で泣きじゃくりました。
　幼稚園の時の外で頑張れない自分に笑いかけてくれた、あの時の母がそこにはいたのです。ずっと思い続けてたこと、隠したいこと、隠しきれないこと、どうしてもできないこと、頑張っても頑張っても淋しさでどうしようもなかったこと、辛かった自分の気持ちを私は全部話しました。
　母にとって私はいらない子なんかじゃなくて病気になったことで母も苦しんでいたのだとその時はじめて知りました。生活苦で子どもを何度か堕胎した過去のこと、母も同じようにダメな親だと自分を責めていたのです。
　すごく長いトンネルを抜けたような気がして私はここからまた母として強く生きれると思いました。ようやく私たちを見捨てなかった父に対してもきちんと向き合えるようになっていきました。いろんなことが乗り越えられず、誰にも相談できず苦しんだ母は統合失調症という病気になったこと。完璧を目指そうとして無理が生じ、育児ノイローゼだったこと。私も親になってその気持ちが痛いほどよくわかり、母を許すというより周囲の支えがない孤立した社会についても考えるようになりました。
　きちんと誰かに気持ちを伝えられていれば、そしてそれを受け入れてくれる人がいれば、病むことなんてなかったのではないのか。生真面目な性格でいつも頑張らなきゃいけないと思うことでこの病気があるならもっと世の中に理解してもらいたいとも思いました。

母との別れ
　そして母は私に愛のある言葉をたくさん残してインフルエンザから肺炎をおこし、たったの２日で危篤状態となり、急性腎不全で亡くなりました。59歳でした。長年飲んでいた精神薬のせいで腎臓が機能しなくなっていたのです。２００６年１月１１日。東京は雪でした。ずっと母を厄介な人だと思ってた。自分がどこかで最後は面倒みるんだとも思っていた。突然訪れた最後の夜、私の手を握ったまま母は静かに息を引き取りました。最後まで迷

惑をかけてごめんねと謝っていたこと、最後の最後まで家族を心配していた母に私は何もできませんでした。そして精神科には通院していても内科にかかることがなかったことをすごく悔やみました。

　あの時こうしてもらいたかった、もっとこうしたかった。いろんな思いが私の中で駆け巡り、親の死を目の前にして薬漬けだった生活や副作用で思うように動けなかった毎日に、これで母は少し楽になれたのか、もう病気で苦しみたくないって思って逝ってしまったのか、求めるばかりで何かしてこれたのか、あまりの早すぎる突然死にもっとずっと一緒にいてほしかった気持ちがたくさんこみあげました。大好きだった母にきちんと大好きが伝わっていたのか。私はもっと甘えたかった。これからのはずだった。

　母との関係からか私には今も生きづらさがある。きっと染み付いた恐怖心と後悔と理由のない孤独感だと思う。

　でも今もしまた会えたら絶対に言いたい。

　私は精神病にかかっててもお母さんの子どもで良かったんだ。

　そして今、病気で苦しんでる人やその家族の人に聞いてほしい。

　たった一言の言葉で苦しみを乗り越えらる、そんな日がきっと来ること。

　そしてそんな家族に私たちは選ばれて産まれてきていること。

　病気があることで人生を諦めることなく、共に生きてるだけでちゃんと意味があること。

　家族である以上私は信じ続けてほしいと心から思う。

　今、私は母と同じような精神疾患のある人の相談や生活支援をしている。

　時々自分の体験と重なり苦しくなる。辛くなる。

　それでもみんな生きている。

　どんな過去を持っていても、どんな生きづらさがあったとしても、笑って欲しいとただ願う。

　そして人として当たり前に強かに共に生きたいとも思う。

　お母さん、今の私は何かの役に立ててるかな。

2. 安曇野直子 43歳

> 私（子）：ひとりっ子。10代後半より思春期外来に通院。入院歴あり。民間の精神科クリニックにおいて統合失調症と診断され通院、服薬治療中。結婚歴8年。子どもはいない。現在は障がい者就労をしている。
> 親：統合失調症を患う父とうつ病を患う母。私が中学校入学の頃、両親は別居。高校生の頃、離婚成立。母が病気を抱えながら必死に働いて育ててくれた。父、母、幼少期に世話をしてくれた祖母、皆それぞれ他界。

父と母の出会い

　私の両親は30代後半で精神病患者の療養施設で出会い、結婚に至った。父は「精神分裂病（現在の統合失調症）」、母は「鬱病」を患っていたが、療養所ではそれぞれ男、女のリーダー格で、精神状態も安定していたようである。

　父は、立派な家庭で育った祖母が、「戦争未亡人」になってしまったことで、誇りと挫折を同時に味わってきたような人物で、自分が「王様」になれる時は状態が良く男性的魅力を持った人物だった。

　母もまた、裕福な家庭に育ち、優秀な大学を出て高校の教師をしていた。病気になるまでは、実家で生活に困ることもなく習い事や海外旅行をして、当時としては「お嬢さん」だった。自分の能力に自信をもっていたようだが、容姿にはコンプレックスを持ち、世間知らずであった。

　年齢より未熟だった両親はそれでも簡素な結婚式を挙げて、父方の祖母の住む千葉県の、狭くて隙間風の吹くアパートで新婚生活を始めた。

誕生〜三つ子の魂百まで〜愛された記憶〜

　結婚の3か月後、母は私を身ごもった。妊娠中、父は傲慢さを表して母を無理に自分の予定に付き合わせたりしたらしい。しかし母は妊娠を喜び、そのころは服薬の必要もないほど安定し、私のためにと常備薬さえ飲まずにいたそうだ。

　そしてある年の、雛祭りの日に私は誕生した。母は三日間出産に苦しんだ

ということだが、私を産んだ瞬間、「この子を世界で一番幸せな子にする」と誓ったらしい。そのような気持ちで私の誕生を迎えてくれたことは、自分自身の出生を思う時、嬉しく、誇らしく、今でも私の原点になっている。

　もう一人幼いころの私の暮らしの中で欠かせない人物が、先に触れた祖母である。祖父を亡くし、父、叔父を女手一つで育てた祖母。二人の男孫（私の従兄弟）の次に初めて、女孫を得た子ども好きな祖母はすぐに私に夢中になったらしい。実際、ただ祖母として孫を可愛がる、ということにとどまらず、産後うつで睡眠困難になり子育てに慣れない母の代わりに、もう一人の母親のように泊りがけでアパートにきて私の世話をしてくれた。「直子が一番可愛い」と公言してはばからなかった、ひまわりのように明るく元気な祖母を私のほうでも大好きだった。

　服薬を怠り病気を再発して横暴に振る舞う父、実家からはほとんど援助がなく不安定な母、そして健康で元気ではあるが年齢のいった祖母。明るく安定した家庭とは言えないが、三人三様、できる限りの愛情を私に注いでくれていたと思う。

　幼い頃の私の写真は膨大に多く、私は写真の中でいつも明るい笑顔で写っている。動物園や遊園地へ行ったり、父と、母と、私をはさんで三人、手をつないで歩いた幸せな記憶もある。特に3歳頃の誕生日の写真には、たくさんのプレゼントに囲まれて「お姫様」のような私がいる。

　今、当時をふりかえってみると、父は時々いる人、そして母と祖母は私を笑顔のもとで見守ってくれた人というイメージがある。「三つ子の魂百まで」という言葉がある。3歳まででも毎日が穏やかだったわけではなく、父がおかしくなって叫びだしたり、母が病んでいたりという日もあったと思う。だが、いびつな父、母、祖母の三角形の中にあっても、私は3歳頃まで愛情を受けて育ったという記憶がある。その記憶がその後の人生で辛い思いをしたり、傷つけられても、結局は前を向いて生きる、私の原動力になっているのかもしれない。

保育園入所・不穏の兆し

　「子どもを保育園に入れてやるから働け」私が4歳になる頃、福祉事務所

は、そう言ってきたという。その頃、家の経済は生活保護で成り立っていたようだ。家庭内は荒れ始めていた。父は仕事も家事も何もしないくせに家にどんとして威張り、生活保護のわずかなお金を、自分の給料のように母からふんだくったり、母の独身時代に稼いだ貯金に手をつけることもあったらしい。母は病気をひきずったまま、スーパーのレジなどしてすぐ首になっていたようだ。家事は行き届かずゴキブリが走り回っていた。父が母に対して「おまえは家事能力０％だ」などと言って怒り、母がヒステリーを起こすのがパターンだった。私に対しても洗顔、歯磨き、お風呂など基本的な衛生が躾けられず、「不潔なまま」だった。

　保育園に通いだすと甘えん坊でひ弱、そして「不潔」な私はすぐに、からかわれ、「菌ごっこ」の対象になった。給食が苦手で吐いてしまったりもしていた。指しゃぶりが治らず「保育園怖い」と泣いていた。それでも、年長さんになるころには園になじんで、からかわれてもお返しなどするようになるまで成長した。「お迎え」がきてもなかなか帰りたがらなくなった。

血の水たまり

　小学校入学の時期が来た。私のランドセルは生活保護から支給されたものだった。チビの私には背負うと大きすぎるランドセル。それでも、私は新しい生活に胸をときめかせ意気揚々と小学校の門をくぐった。ところが、入学して間もなく私は「いじめられっこ」にもどってしまった。とくに男の子から「菌ごっこ」をされるのがお決まりだった。席替えは最悪だった。私の隣に座ることになった男子は「こんな奴の隣嫌だよ〜」と叫ぶ。「菌が移る」と言って席をくっつけるのを嫌がる。3歳頃までの幸せだった日々とちがって、初めてデビューした、保育園、そして小学校という一つの社会は私をみごとに弾き飛ばした。

　また、家庭内の父母の不和はどんどん深まっていった。母はとにかく辛い仕事でも引き受けてわずかでも収入を得る。だが、父はパートなどしても出来心を起こし、店の商品を万引きしたりしてすぐ辞めさせられてしまう。薬は飲んだり飲まなかったり。母が「デザートよ」などと言って薬を飲むように仕向けても、それは父にとって屈辱でしかありえない。

母のほうが勉強では優秀であったことも、父にとってはプライドが傷つけられる一因だったろう。父は自分が一流企業で働き、母が賢く家庭を支える妻であることを望んだのだと思う。いつまでも現実を見据えることのできない父であり、無理もないことだったろうが、父のプライドに触る言葉を気づかずに発する母であった。父はそのような母に対する不満と嫉妬の中で、母に暴力を振るうようになっていった。
　今でも忘れられない光景がある。小学校から帰ってくると玄関に大きな血の水たまりができている。おそるおそる家にはいると目元を父に殴られ、眼帯をしている母がいた。母は後年、「あの時は失明するかと思った」と話している。他にも喧嘩と暴力はしょっちゅうで、それを仲裁するのはいつでも私だった。だが特に、あの時焼き付いた「血の水たまり」の光景は特別で、今でも忘れることができない。母は母方の実家からでさえなんの援助も得られない中で一人頑張っていた。私だけを連れて逃げようとしたこともあった。でも幼かった私は首を縦に振らなかった。そういうことをすると父が怖いことをする、という感覚があった。若い頃はスキーや、山登りを楽しみ、オーダーメイドの洋服を身にまとっていたお嬢さんの母にとって、あのころは地獄の日々だったと思う。

小学校卒業まで

　私は小さい頃からよく高い熱を出し、病弱だったのだが、それは小学校に入る頃には喘息へと変わっていった。喘息の原因は体質だけでなく、家庭でのストレスや、舞い散るほこりやダニの影響を受けているとも言われたが、小学校３年のころ、それにしても本当にひどい発作を起こして、救急車で総合病院の小児科に運ばれ入院した。この時は、もしや死ぬのではないかと思ったが吸入と服薬、点滴で、１週間ほどでだいぶ治まった。だがこの１回目の入院を機に、発作が起こるとその病院に度々入院するようになった。入院生活はとても楽しかった。同世代の子から、小さな子、優しい伯母さんなどの患者の人達、看護婦さんに好かれ、可愛がれ、生来の活気が戻った。不思議なことに発作で苦しんでも病院に着くだけで、安心して発作が和らぐようになった。自分の家庭より、学校より、安定する場が病院だった。

ただ、なんだか、自分の家が特別ひどいという思いはなかった。父は仕事もせず家にいることが多く、母は何かしら仕事をして家にいることが少なくなってきた。私は喘息の時だけでなく、よく学校を休む子どもだったので、父と二人の時間が多かった。そういう時、父は安らいでいるように見えた。父がテレビを見たりラジオを聞いている一方、私は本に夢中になっていた。私は父のそばで安心していた。お互いがお互いの邪魔にならない、といった感じで、特に怒鳴られたり叩かれたりすることもなかった。ほんのたまに、父がラーメンやホットケーキを作ってくれることがあった。ホットケーキは黒焦げだったけれど、なんだかそれが却って忘れられない。

　母も忙しく苦しい毎日を送っていたにもかかわらず、私に目一杯のことをしてくれた。

　夜ふとんに入って寝付けないでいると、いつまでも歌を歌ってくれた。子ども劇場というのに入会してひと月に1回くらいは母と二人でお芝居を見た。ヒステリーは相変わらずだったが、母特有の暖かさで私を包んでくれた。

　夏休みになると、一人暮らしの祖母の家に泊まった。二人で近くの町まで出て、いつも私の好きな映画を見て、おそばを食べた。手芸を教えてくれて、夏休みの課題には祖母と一緒に作った小物を提出した。

　ほんのときたま、父と母の仲の良い時間を見ることもあった。父は演歌好きでこれは敬遠されていたが、同時にクラシックも好きで、父母は二人でレコードを聴いていた。この時間だけは二人の心が通っているように見えた。

　いろいろ不安なこと辛いことも多かったはずだが、当時の私は案外明るい面も見せていたと思う。病気でない時はいつも外で真っ暗になるまで友達と遊んでいたし、クラスではよく手を挙げて発言もしていた。特に5、6年生のクラスでは男子生徒の中にも私をばい菌扱いしない子も出てきたり、私を認めてくれる友達がクラスにも部活にもいたり、このまま中学生になったらいろんなことが「良くなる」と漠然と思っていた。

東京へ

　小学校卒業頃、家庭に於いて母の我慢は限界にきていた。逆に仕事の上では産休補助教員として働き私を養っていけるという見通しがたっていた。そ

してその頃どんな方法で父を説得することができたのか私は知らないが、父母の別居が成立することになった。

別居について私には異論がなかった。父や祖母にも変わらず会えるというとりきめであったし、「しょうがないんだな」と思って特に落胆することもなかった。ただ、千葉の地元を離れることに関しては嫌だったが、これは母の仕事に有利ということで、東京に移るしかなかった。それでも私はまだ希望を持っていた。中学に入ったら「良くなる」。今でも覚えている。母と一緒に中学入学準備のために必要な靴やバッグなど一式買いそろえて、これから通うことになる中学校を眺めに行った日。あの時の素晴らしく希望に満ち溢れた思いはだんだん覆されることになる。

苦い思春期
中学ではいじめられたくない、強くそう思っていた。自分なりに気を付けてもいた。しかし、私はやはり、どこか人と違ったのか、なにがきっかけか、またからかわれ避けられる存在になってしまった。ある日一人で男子生徒が集まっている場所を通った時、私につけた、嫌なあだ名ではやしたてられた。菌ごっこも相変わらずだった。思春期に入り、ボーイフレンドなどに憧れる年頃に、この仕打ちは、小学生の時よりきつかった。先生にまで馬鹿にされ、泳げない私が水泳のメドレーに無理やり参加させられたこともあった。

家庭では、母はうつ病の薬を服薬しながら、懸命に産休補助教員として働き、親子の時間は少なかったと思う。私はまるで母の苦労に思いやりがなかった。家が汚いのは母のせいだと思っていた。母と口喧嘩ばかりしていて、母はヒステリーを起こして泣いていた。私は母に対して、父と同じ振る舞いをした。家事も何も手伝わず、当たってばかりいた。

学校に話を戻すと、私にはいつも女友達はいた。日ごろの辛い気持ちを解消するかのように、遊んでばかりいた。テスト前でもロックバンドのライブに行ったり、友達の家で勉強するといって遊んでいた。一方、自分は馬鹿でブスだと思い自信をなくしていた。

高校受験、母の望む偏差値の高い高校に行きたいとは思っていなかった。遊ぶことがメインで繁華街を通学路とする、偏差値真ん中位の高校を選んだ。

そしてこんどこそ、学校ではいじめられたくない。だから学校ではとてもおとなしくしていた。友達は特定のグループにとどまった。他校の生徒と合コン、なんてことがあって、私を気にいってくれる男の子などがちらほら現れだしたけど、自分に自信がなく、またいじめられっ子の過去が知られるのを恐れて、付き合うことまでに発展しなかった。通学しても教室に入って座っているのが怖く、保健室登校がはじまった。この頃から思春期外来などにも通うようになったが、母は私の境遇をまるで理解していなかった。私が訴えると一応聞いてくれたが、わかってもらえない、そして口喧嘩、母がヒステリー、私捨て台詞、というパターンだった。

　大学に行くのが当然、それが母の価値観だった。そして私も、高校受験の時とは違い、そこそこの偏差値の大学に合格することを望んでいた。しかし、私は受験勉強の仕方をわかっていなかった。幼稚で努力を知らなかった。こういう人間が、高望みをして受験するとどうなるか。私は現実と希望のギャップでノイローゼになった。結局浪人しても、短大という結果になった。短大は女子だけという環境で、割と平穏な日々だったが、私は学校以外で夜遊びをするようになっていた。母が眠ってから、夜中、一人で家を抜け出す。母に気づかれないまま朝方、家に帰ってくる。屈折した形だったが、男の子に避けられる、から、少しは魅力があるように思ってもらえる、ということを覚えた。短大を卒業するまでには一人夜遊びは止まっていた。この長い思春期の中で、母の存在は薄かった。母は家にいないことが多かった。当時、幼稚で思いやれなかったが、この間、母は病気を抱えながら必至に働いていた。家のこと、私のことまでは構えなかったが、朝は「起きます、起きます」と目覚まし時計に掛け声をかけて、とにかく朝、家を出て仕事に行った。男の人や、病気にまで依存することなく、自分と私の経済を成り立たせるため、働いた。その後ろ姿を私ははっきり思いだす。当時は何も考えられなかったが、この母の後ろ姿が、現在、私が真面目に働く、生活をしていくことにつながっていると思う。

私になるまで
　短大は卒業したが、就職活動の仕方もよくわからず定職につかないまま、

アルバイトをしては、首になったり自分から辞めてしまっていた。公務員しか知らない母も一般企業で働くことがよくわかっておらず、何のアドバイスもくれなかった。そんな時、父が突然亡くなった。母と別れてから父は祖母と二人暮らしをしていたのだが、その頃は父のおかしな行動による危険を避けるために、祖母は遠くの老人施設に預けられていた。父はその死から一週間ほど気づかれず、部屋の中で腐乱死体で見つかった。御棺を覗いたが、見ていられなかった。そのあとを追うように祖母も相次いで亡くなった。私は何も感じなかったかのように、泣きもせず、「冷たい」「薄情」と言われた。その代わり、父、祖母の死から少したって、精神状態がおかしくなり精神病院に入院した。母を殴ったりもしたらしいが覚えていない。3か月ほどで退院したが、父と同じ「統合失調症」と診断された。ショックはなかった。自分はなんだかおかしいと昔から思っていたし、それまでの自分とかけ離れて変わったというわけでもなかった。母との関係は気持ちの悪い依存関係にあった。「甘えあい、その後怒りを爆発させる悪循環」の中で一緒に暮らしていけないと思った。母を殺してしまうのではないかとまで思った。

　一人で生計を立てられないので、福祉の力を借りて世帯分離し、一人で暮らすようになった。作業所を転々とした。母への依存から恋愛依存に移り、誰かいないとダメだった。しかし、このままではいけない、と自分なりに本を読んだり、カウンセラーに訴えたりして、精神的に自立しようと努力した。自分は一生このまま一人で孤独死でもするのか、と辛い思いでいたころ、今の夫と出会った。それまでの交際では、ＤＶをしたり、借金をしようとするような相手が多かった中で、私と同じ病気だが、精神的にも経済的にも自立した男性。半年の交際後、ためらいなく結婚を決めた。母はその前後から老人用ケアハウスにいたのだが、周りとの人間関係に苦しんでいた。だいたい母も変わっていた。教師という特殊な世界では何とか仕事をしてきたが、世間とずれていた。加えてうつ病も引きずって薬も大量に飲んでいたので、一般の人の中では浮いていた。

　私は結婚して安定した。母への依存は消えてはいなかったが大分薄くなった。その後母は、腸の病気をして入院し、退院後の施設は私が見つけた。そしてその後、また老人向けの独居住宅に移り、下の階は老人向けデイケア施

設という環境で暮らし、食事やデイサービスの介助を受けながら明るさを取り戻していった。社会活動に加わり、「やっとやりたいことが見つかった」と喜んでいた。私の結婚式にも出席してもらえたし、まさか、最後になるとは思わなかったが、初めて私がパートで稼いだお金で二人日帰り旅行も実現した。一方で手術後の腸の痛みを訴え、頻繁に電話をかけてきた。私はあまり優しくできなかった。今、思えばもっとその訴えを受け入れ、大きな病院でよく診てもらったら、もう少し長く生きられたのではないかと思う。母はどこそこが痛いと言いながらも、デイケアや社会運動に生き生きと参加し、青春を取り戻していた。けれども数年前、それまでにないほどの痛みを訴え入院し、その次の日に突然亡くなった。母の死をどう捉えていいのか、父、祖母の死もどうにかならなかったのか。

　父母が現在も生きていて私を頼りきっていたら「今も愛している」とは言い切れないかもしれない。正直に言うと、今、父母がいないことに、少し安堵しているところもある。

　私の結婚生活は7年続いていて、仕事も障がい者枠ではあるが20時間働けるほど安定してきた。私と夫は子どもを持つという選択はしていない。よくよく考えてのことである。子どもを持つならば、それなりの覚悟が必要だと私は思う。

　それならなぜ「愛されている、愛している」、と言えるのか？　矛盾しているとも思う。父母は生きることに一生懸命だった。前向きだった。私を愛してくれて、特に母は私が荒れた時でも私を見捨てることがなかった。私は受け入られていた。何をしても愛してくれるという安心があった。私はろくでもない甘ったれで社会性のないところからスタートして、やっと最近成人して「私」になったと思う。それには、父、母、祖母の愛情が必要で不可欠だった。最後には私を私たらしめた私の家族。精一杯愛してもらったという記憶は、だれかと比べて手落ちのあるものだったとしても、いろいろと寄り道をしても、ちゃんと伝わって人を育てるのだと思う。

第2節　配偶者の体験

1．駒田桂介　38歳

> **私（夫）**：男性、団体職員。医療・福祉系の大学を卒業しており、精神疾患についてのある程度の知識は有している。
> **妻**：女性、主婦。10代後半で双極性障害を発症。入院歴あり。現在は通院で内服治療を続けている。計画相談支援、訪問介護、子ども家庭支援センターなどの支援を受け生活している。
> **子**：小学生。0歳から保育園を利用し、現在は学童保育に通う。一番大好きな人は「ママ」。

出会いから結婚

　私と妻との出会いは、互いに20代後半の頃だった。今にして思えば軽躁状態という症状の一部だったが、エネルギーに満ち溢れ、会話は面白くとても魅力的な女性だった。すぐに打ち解けることができたが、そのような状態は長くは続かず、翌月には部屋に引きこもり外に出られなくなるなど生活はとても不安定だった。当時、英会話教室の破綻が社会問題になっており、妻も多額の契約をしていた。教室の破綻後も別会社で代替授業を受けることはできたが、手続きの期間が抑うつ期と重なり、数十万円が水の泡となった。この人は私が支えてあげなければと思うようになり、一緒に生活をするようになった。

"元気"は鬼門

　愛する人には健やかでいてほしい。誰もが思う当たり前のことで、でも当たり前すぎて普通に暮らしていたら意識すらしないことかもしれない。障が

いのある妻との暮らしは、何をもって"元気"かを模索するところから始まった。数か月のうつを抜けると、人が変わったように"元気"になる。仕事をすると言い、面接は一発合格。「障がいなんて誤診だったのでは？」と錯覚させられるような状態が数か月続いた。しかし店舗のチーフを任せられるかもしれないというタイミングで、大きなうつがやってきた。仕事には行けなくなり、退職。病院に行き抗うつ薬をもらうが、今度は薬の反動で"元気になり過ぎ"てしまい、貯金を全て散財してしまった。同じような出来事は複数回あり、"元気"は我が家の鬼門になった。

妊娠から出産まで

しばらくすると周りから「子どもはいつ作るの？」と言われることが増えた。うつを抜けて軽躁状態になった時、妻から「子どもが欲しい」と言われた。症状でハイになっているのは明らかだったが、私も子どもは欲しかったのでこの時ばかりは症状を利用した。程なくして妊娠がわかった。

妊娠で最初の問題は、服用している薬による催奇形性に関するものだった。本来は妊娠前に問題が少ない薬に変薬するなどしたほうがよいが、我が家にそのような余裕はなかった。妊娠が判明した段階で薬はストップしたが、危険な時期に数日間、服用していた。「もし奇形のある子どもが生まれてしまったら、妻は耐えられないだろう。そうなったら、私が引き取って一人で育てよう」。誰にも話すことはなかったが、そのぐらいの覚悟はしていた。

次の問題は「どこで産むか」だった。妻は自分が生まれた病院で産みたいと言っていたが、初診の医師からは「うちでは無理かもしれない」と言われてしまった。幸いその病院には精神科が併設されており、定期的に夫婦で受診することを条件に受け入れてもらうことができた。

妊娠後期に入った頃、東日本大震災が起きた。直接的な被害はなかったが、物流が止まったり、計画停電があったり、生活に大きな制約が生じた。同じ時期に友人が出産の予定だったが、ストレスから早産になってしまいNICUに入るなど、お産を取り巻く環境は過酷だった。症状が不安定になるのではととても心配したが、「母は強し」である。ほぼ予定日の通りに、元気な赤ちゃんを産んでくれた。

乳児期の生活

　子どもが生まれてすぐに、妻は薬の内服を再開した。婦人科系の問題もあったため、初乳を与えた後はミルクで育てた。妻の病状は安定した睡眠の確保が重要なので、夜中の3時と朝の6時のミルクは私が担当した。産後しばらくは妻の祖母の家にお世話になっていた。祖母は90歳を超えていたため直接育児に関わることはできなかったが、朝6時に私がミルクの準備をしていると、必ず起きてきて「ご苦労様です」と一声かけてくれた。この距離感はとても心地が良かった。

　産後の保健師の訪問で、障がいを理由に保育園を利用できると教えてもらった。すぐに入園申請の手続きをとり、0歳児からの入園が決まった。子どもは保育園の登園時にぐずることもなく、元気に通ってくれた。しかし急な発熱や嘔吐時などの対応は、どうしても妻の役割になってしまっていた。当然といえば当然だが、保育園は子どもの対応が中心で、妻の障がいのことまでは目が向かない。子どもの具合が悪くなった時は、本当に困り果ててしまった。

家庭崩壊の危機

　子どもが大きくなってくると、それまでのアパートでは手狭になった。そこで、通っている保育園のすぐそばに家を買い、転居することにした。新生活に向け、私自身少し浮かれていた面もあったかもしれない。「転居」は、障がいのある人にとっては再発の要因になりうるストレスでもある。家具を選んだりカーテンを選んだり、私自身は楽しい日々だったが、それに反して妻の抑うつはひどくなっていた。テレビやインターネットで「夫原病（ふげんびょう）」という言葉をみつけ、「辛いのは夫のせい」と思いこんだようで、自治体の女性相談や児童相談所、はては警察まで相談に行っていた。女性相談では「あなたは夫から暴力を受けている、いつでも逃げなさい」と言われ、児童相談所には「結婚生活はもう無理ですね」と言われたようである。そしてある日、子どもを連れて、警察を介しシェルターに保護された。直後は私自身も大混乱だった。警察からは警告を受けるし、自治体の男性相談には全て私が悪いという扱いをされ、まともに話を聞いてくれる人は誰もいなかっ

た。困り果てた私は、妻の主治医に相談に行った。冒頭で「警察が介入している」こと、「守秘義務があるので、答えられないことは答えなくてもよい」ことを伝えたが、主治医は「直近 4 か月、診察に来ていない」「薬は親族が取りにきて、入院をしたいということで紹介状を書いた」「入院中、子どもは児童相談所に預けると言っていた」ことなどを詳細に話してくれた。主治医の説明で病状による行動であることは確信したが、その時の私の社会的立場は「DV 夫」で「(面前 DV をした)虐待親」である。心が耐えられなくなり、駅のホームで電車を待っている時、足が勝手に動いて飛び込んでしまいそうな感覚に陥った。慌てて近くの精神科クリニックを受診し、薬の処方と 1 か月の休職が必要との診断書をもらった。

　その後シェルターから精神科病院へ移った妻は、1 週間ほどで私に電話をかけてきた。どうやら保護施設での扱いに不満をもったらしく、早々に家に帰りたいと言ってきた。警察・シェルターを介して入院したことを病院側は十分認識していたが、すぐに面会の許可が下りた。「夫原病」とか「DV 夫」という訴えを、病院は「病気の症状」として捉えてくれていたのだろう。

　退院した当日、妻と私はその足で児童相談所に向かった。子どもが保護されて 1 週間、夫婦揃っての来所に児童福祉司は非常に混乱していた。妻は「結婚生活は無理」と言われていたことに対し「お前たちに結婚生活の何がわかるんだ！」と抗議したそうで、児童福祉司はそこで初めて病気のことを認識したようだった。私は、支援にあたって主治医の見解を聞いているのかを確認した（していないことは主治医から聞いて知っていた）。なぜ専門家の意見を聞かず支援が進められていたのか、今になっても理解できない。

　結局、しわ寄せは一番の弱者である子どもが受けてしまった。その後、面会の機会が設けられたが、約 10 日ぶりに会った子どもは全く声が出せなくなっていた。おもちゃで遊んでいる時も、出したものを一つ一つ片付ける様子に強い違和感を覚えた。家で一緒に遊んでいる時は片付けなど無頓着だったのに、子どもらしさが消えてしまっているようだった。面会時間が終わり、別れ際の泣き声だけは、本来の子どもの声量だった。あの泣き声は、私の心に今でも強く残り、消えることはない。保護が解除となり家に帰ってきてからも、子どもは夜になると「ずっと一人で寂しかった」と泣いていた。どう

言葉をかけて良いかわからず、父親としての無力感を覚えた。

支援の再構築

　事件が起きるまでの我が家の支援体制は、保育園の利用と子ども家庭支援センターの相談がメインだった。しかしそれでは不十分と感じ、見直しをした。実はそれ以前にも、役所に「訪問系のサービスは無いか」と問い合わせたことがあったが、「精神にはそのようなサービスは無い」と突き返されていた。入院を機に改めて病院の精神保健福祉士にサービスがあることを確認し、計画相談、訪問看護、訪問介護が新たに支援体制に組み込まれた。

　第三者が家庭に入るということは、大きなメリットがある。我が家の場合、訪問看護とはトラブルを起こして、利用が終了してしまった。しかしトラブルが主治医に伝わったことで、生活の場での問題をより詳しく認識してもらえたように思う。訪問介護は、月5時間の給付が下りた。警察沙汰に発展したことがあったり、日常的に「つらい」「死にたい」などと言うことがある状況なのに「たったの5時間？」とは思うが、それでも週に1度来てもらうことで妻の状態は以前より安定してきたと感じている。

　ただし、これらのサービスは「子どものため」に使うことには制約が多い。訪問看護を利用していた時、子どもがインフルエンザにかかってしまったことがあった。家に来てもらえないか相談したところ、「子どもの世話はできませんよ」と言い放たれてしまった。制度上、そんなことは百も承知である。「子どもの対応で妻が混乱していないかみてほしい」と言い換えたら問題なく来てもらえたが、藁をもつかむ気持ちでかけている電話には、もう少し配慮をしてもらうことはできないのだろうか。

小さな困り事

　障害福祉と子育て支援の狭間で、小さな困り事が起きることがある。例えば、保育園の延長保育の問題。昨今、保育士不足で「極力、家庭でみる」ことが原則になりつつある。我が家は延長保育や土曜日保育を最大限に活用して妻にかかる負担を減らそうとしていたが、この原則に従って「母親が家にいるので延長保育はお受けできません」と言われてしまったことがあった。

直後は不安が増大し、症状が強く揺らいだ。私が直接交渉し、病状を理由に利用を継続してもらえることになったが、交渉力のない家庭では言われるがまま受け入れるしかできないだろう。同じことは学童保育でも経験した。子育て支援は、「働く親」や「ひとり親」に手厚く構成されているが、障がいのある親には視点が向いていない。

相談先がない配偶者

　配偶者が相談できる場所は、極めて少ない。例えば児童相談所では、開口一番「お母さんが"元気"でいることが一番ですよ！」「奥さん、"元気"ですか？」という言葉をかけられた。疾病の特性上、"元気は鬼門"なのだが、理解のない担当者に通じることはない。実際、私は何度も「疾病を理解して支援してほしい」ということをお願いしたが、「その必要は無い」と突っぱねられた。

　計画相談事業は、家族も困り事を相談できる。ただ、こちらから積極的にアクセスしない限り接点はない。我が家の場合、導入時に数回電話で相談をしたが、その後は全く音沙汰ないまま３年近くが経過している。介護保険では、定期的に家族に連絡をすることが定められていると思う。制度が違うとはいえ、精神障がい者の支援計画を家族（配偶者）抜きで進めていて、本当に良いものになっているのだろうか。

　このような機関に配偶者が相談に行くのは、とてもエネルギーが必要である。妻の祖母のようにひとこと「ご苦労様です」と声をかけてくれるような雰囲気があれば、気軽に相談できるだろうと思う。しかし現実には困り事を話しても「厄介事を持ち込まれた」くらいに反応されることのほうが多い。それどころか「配偶者に問題あり」とされてしまうことすらある。

　そこで私たち配偶者は、家族支援の専門家や既存の家族会のサポートを受けながら、同じ立場で集まれる場を作り、活動している。様々な経験知を持つ先輩方にアドバイスをもらったり、あるいは自分がアドバイスする側に回ることもある。他者の経験を聞くこと、自分の経験を話すことは、生活を振り返る良い機会になっている。

　子どもに一番好きな人は誰か尋ねると、必ず母親と答える。できないこと

はたくさんあるが、家族で保育園行事や地域のお祭りなどに参加できた時は、この上ない喜びである。この関係を維持していくためにも、私自身が潰れるわけにはいかない。そのために生活の困難さを一人で抱えこまず、仲間を作ることが大切だと強く感じている。

2．桜野はな子　46歳

> 私（妻）：主婦、パート職員。
> 夫：会社員。抑うつ状態は就職後の20代前半から。30代でうつ病の診断。休職と入院を経験する。40代中頃に双極性障害Ⅱ型と診断。警察経由で措置入院を経て医療保護入院。現在は通院と内服治療中。残業なしの出勤と傷病欠勤の取得を繰り返す。
> 長女：高校生。担任によるいじめが原因での不登校、入院歴あり。年に数回、経過観察での通院を継続中だが、学校に完全復帰を経て、無事に進学。地方への大学進学と就職を目指している。
> 二女：中学生。父親の病歴とは関係ないが、将来は医療系の職業を希望している。
> 三女：小学生。あっけらかんとした性格だが、父親の病気による生活の変化に、うすうす気づいている。
> 長男：4歳から認定こども園に通う。パパのことは6人家族中、4番目に好き。外では特に男性によく懐く。

出会いから結婚、出産まで

　夫と私が知り合ったのは20代半ば。はじめは仕事の取引先で担当者同士という間柄だった。しばらくして互いに意識し始めた頃に私の勤務先が事実上の倒産、転職を機に交際をはじめ、結婚に至った。当時、双方の上司からは頭脳明晰、快活、話題が豊富、等と高い評価を得て周囲の人望も厚かったと聞き、私も同様に感じていた。その反面、相手が何も言えなくなるまで論破したり、自分の生活時間や趣味は死守するといった傾向も、他の人より強かったということに今になって思い至る。夫が時々体調を崩し、社内の健康

管理室（社員限定、診療所とは別組織）に通うことがあるということは、交際中に少し聞いていた。しかし結婚を1か月後に控えた転居の準備中、私の両親に「自分はうつ病でして…」と切り出された時、彼らはショックを受けていたが、私は学校や職場で、躁うつ気質（リストカット経験あり）、ノイローゼ、胃潰瘍、アルコール依存症、不安神経症と診断された人たちと長く接した経験があったため、またかと思っただけで、家庭を持って落ち着けばそのうち軽減されるだろうと、あまりに軽く考えていた。幸い夫の両親と姉夫婦が近隣に住んでいたこと、私自身、早く実家を出て自立したいという強い思いもあり、思い留まることなく結婚し、数年毎の転勤生活をスタートすることになった。

夫は月に数回、朝起きられずに会社を休んだ。2連休することもあった。自分で職場への電話を済ませるとホッとしたように起きてきて食事をし、あとはパソコンに向かったり、長編の本を読んだりして書斎で静かに過ごすことが多かった。時には近所のコンビニ等にフラッと出かけて行った。この頃ちょうど仕事も業績を上げ続けており、いざ出勤すれば終電や泊りは当然の激務。会社の中で営業担当先の数が全国一になったと話し、表彰されることもあったと聞いた。

元々病院が嫌いで、自分から合う病院を探すこともなければ、一緒に受診することもなかった。調子の良い時は何事もなかったように明るく振る舞うので、病気の経過であることに全く気づかないうちに、3〜4年間隔で子どもを授かり、娘3人と息子に恵まれた。

病状悪化のきっかけは複雑

結婚の翌年、初めての転勤で中部地方へ転居。数年後に行われる万博関連団体への出向だった。前任者がセクハラ問題を起こし、任期を1年残しての交代だったこと、出向中は会社を休職扱いになって昇格、昇給共にストップする、という規定が不満で拒否したが受け入れられず、渋々出向いた。公務員と民間社員との軋轢に悩み、引き続き月に数回は欠勤。うつ症状を隠し、家族の体調不良（嘘）を理由とすることが多かった。一方で夫の両親の出身地が近く、休日はしっかり休めるようになったこともあり、親戚の案内で観

光や墓参りに行くなど、新天地での生活を夫婦で楽しんだ時期でもあった。夫の方から、そろそろ子どもを、と言い出したのを好機と捉え、程なく長女を授かった。実家の都合で臨月間際に新幹線で里帰り出産となり慌ただしかったが、約3か月間の滞在中、週末ごとに両親と姉を伴って長女の顔を見、平日は自宅での、にわか一人暮らしを楽しんでいるようだった。

　2年後に関西地方へ転勤と同時に出向は解かれるが、異動の際、元の会社の課長が夫の勤務評価表を紛失し、当時の評価が空白となったため、転勤先の部署で騒ぎになったという。夫はその一件が後の昇格に大いに影響したと訴え続け、併せて病状の悪化にもつながったと主張した。

　夫の両親にも相談したが「あなたと結婚してから病気になった。それまでは何の問題もなかった。息子は仕事ができるから、周りもどんどん任せてしまう。課長と合わなかったのも大きな原因」と、あくまで夫の病気は職場や私のせいであると言い続けるため、それ以上は何も言えなかった。

初めての休職と入院

　関西に着任して元いた部署と同じ担当に戻り、同期より少し遅れて課長代理に昇格した夫は従来の明るさを取り戻して業務に励むようになった。同僚たちに恵まれ、通勤が都心部より楽なこともあり、連れだって飲みに行ったり、自宅で地酒をたしなむ機会が増えた。元々お酒が大好きで、酒量も多い方だったが、この頃は通院も服薬もなかったことから更に増え続け、一晩に一升以上の日本酒やワインを空けることが多かった。その後、第2子は3歳差でと夫婦で話し合っていた通りとなり、今度は母に手伝いに来てもらって二女を出産した。滞在は1か月の予定だったが、臨月に入って間もなく、少し早めに生まれそうだと言われたこと（実際には予定日の10日前）と、当時住んでいた社宅の閉鎖が急に決まり、転居の手伝いも含めて2か月いてもらうことになる。幸い母との軋轢も少なく、むしろ二人の育児に追われる私に代わって、母との会話を楽しんでいる風でもあった。

　しかし二女が1歳を過ぎた頃から「夜寝ても仕事の夢を見続けて朝が来る」と訴える日が多くなり、次第に朝起きられず出勤できなくなっていった。社内の診療所は東京と大阪しかなく、人事部の紹介で地元の心療内科の開業

医に通い始めた。予約制ではなかったため、夫は待ち時間の長さが更なるストレスになると、しきりに訴えた。私は主治医との面談を希望し受付に電話をしたが、本人の同意がないと家族相談は受けられないと突っぱねられた。夫は「死にたい、消えたい」と繰り返すようになり、「職場ではなんの問題もないのに、出勤したくないのが辛い」と訴える。元々「治療に家族は関係ない。君たちはいつも通りに接してくれればよい」と話していたので、自分が不調の時だけ都合よく私に訴えるのをやめてほしいと思ったが、夫の意に沿わないことを言うと、いつ何をするかわからないという不安もあり、ただ黙って聞くしかなかった。公立の総合病院（後に地元で屈指の災害医療センターに改築）に入院が決まった時は心底ほっとした。内科の混合病棟に入り、4人ずつ透明なシートで区切られた中での治療。約2か月間、週末には帰宅という生活の中で、少しずつ落ち着きを取り戻していったようだ。この時は1年で職場に復帰し、その1年後、転居を伴わない隣の県への転勤。営業担当から営業支援への部署への異動。そろそろ違う部門に行きたいという希望が叶ったためか、通常の勤務ができるようになった。

相談先を求めて
　長期の傷病休暇を取得するにあたり、社員には「休職の手引き」（メンタル編もあるらしい）が渡され（当時は全く知らなかった）、休職と復職の診断をする産業医と、産業看護師・保健師から指導があるという。しかし家族には何の説明もなく、文字通り丸投げにされる。事あるごとに症状の辛さを訴え、親きょうだい以外には言わないでくれと言う夫にどう接してよいか全くわからず、私は手探りで相談先を探し始めた。長女の通う幼稚園の担任、内科・小児科のかかりつけ医、健保の無料カウンセリング、地域担当の保健師と育児カウンセラーなど、ほとんどが子どもを通じてのつてだったが、定期的な相談には応じてもらえない。唯一親身に応じてくれたのは、男女共同参画センターの女性相談だった。50分の予約制で相談と一時保育共に無料。フェミニストカウンセラーと名乗る年配の女性に「うつ病なら、癌よりまし」と言われ凹んだこともあるが「家族だって疲れることはある。うつは移るから気を付けて」と共感し励ましてくれて、月1回、1年ほど通った。そのおか

げで私が心折れることなく済んだのだと思う。

職場復帰後から、念願叶っての異動まで

長女の入学前健診と二女の入園手続きが無事に終わったクリスマス前に、第三子の妊娠がわかる。その頃は夫の調子も良く（今思えば軽い躁状態だったか）家族はもちろん夫の両親も喜んだが、私の両親は病気なのにと難色を示した。入学、入園後のゴールデンウィーク明けに新型インフルエンザによる1週間の休校休園、外出の自粛など多少の混乱はあったが、夏休み前に無事、三女が生まれた。

当時は月に1回程度の出張があり、車で近隣の県へ行くことが多かったが、次第に東京の本社へ自ら出向き、企画関連の部署へ移れるようアピールしていると話すようになっていった。転勤は平均4年毎。ちょうど二女が卒園、入学のタイミングで移れればと家族で心積もりしていたところ、上司の都合もあり、1年早く本社勤務の辞令が出た。本社には人事部に社員限定の健康管理室がある。夫は地方の大学病院から週1回派遣される精神科医の元を受診するようになった。

2度目の休職（2年半）と入院

東京に移って3年後に第四子となる長男が生まれた。三女とは4歳差。夫の強い希望で出生前診断（羊水検査）を受けた。幸い無事に出産し「老後はないものと思って働きます！」と話していた。しかし1年を過ぎた頃に再び「前（関西での休職）のようになりそうだ」と欠勤がちになり、精神科医の指示で休職が決まり、双極性障害Ⅱ型と診断された。休み始めてほどなく、会社でリワークプログラム[1]を勧められた、と言って手続きの準備をし始めた。都のリワークセンターは無料で人気が高いが何か月も待つ。私は家族支援もある民間の病院を希望したが、費用が心配だからと聞かない。また、受付会、登録会、カウンセリング、細かい生活時間調べを経た上で順番待ち、

---

1) 気分障害などの精神疾患を原因として休職している労働者に対し、職場復帰に向けたリハビリテーション（リワーク）を実施する機関で行われているプログラム（日本うつ病リワーク協会）
http://www.utsu-rework.org/rework/index.html

というまどろっこさに夫も私も苛立った。さらに夫は前から独学していたアラビア語の学校に申し込み、8か月コースの個人授業に30万円をつぎ込んでしまう。今の会社は向いていない。マイナー言語は国連あたりで重宝されるし、55歳定年後に臨時職員として応募したいと真剣に話すのを、きちんと通学できるのならと、うっかり容認してしまった。こういう時、医師に相談できれば止められたのにと思うが、もはやその気力さえ失っていた。アラビア人教師と夫はすっかり意気投合し、個人的に飲みに行くほどの仲だったが、通学3か月を過ぎた頃に突然退学。その頃、当時小6の長女が3年前に担任から受けたいじめが元で体調を崩し、大学病院の小児科に入院。君は幼い長男の世話で忙しいだろうからと言い張り、連日の付き添い、主治医との面談、担任と卒業に向けての面談など、長女のことに執着するようになった。長女の入院は半年に及び、復学した時には中1の2学期になっていた。その間、私には治らなかったら離婚しようと言い出し、実家からの連絡も避けるようになり、両親のせいで出社できなくなったと怒る。子どもたちが騒げば「うるせえ！」と怒声、書斎を閉めきりにして、いつ寝て起きているかもわからない日々が続いた。それでも入院や受診の同行は拒み続ける。自分に相談事をするのはやめてほしい、好きにさせてほしい、などと言うのにも困った。

　リワークは出席と欠席を繰り返す。そのうち早く復帰しないと経済的に困窮し、子どもたちを育てられなくて不安だと言い出し、ある日曜の夕方、台所から包丁を持ち出した。「もう俺は死ぬ。君たちは保険金で生き延びてくれ」と。長男をおぶった私と二女が止めている間、長女が電話の子機を持ち出して警察に通報し、程なく盾を持った警察官が数名到着。三女は一番奥の部屋の隅に隠れて大声で泣いているのを、婦人警官が連れてきてくれた。地元の警察で夫婦別に聴き取りの後、総合病院の休日精神緊急外来へパトカーで移動し、ここでも長時間の聴き取り。夫は措置入院、私と長男が警察の車で帰宅した時は、もう深夜に近くなっていた。翌日、地元に近い精神科病院へ医療保護入院。3か月の入院を指示されたが、その時の対応が気に入らず、3週間で無理やり退院してきてしまった。保護室で身体拘束、双極性なのに統合失調症の専門病院だったこと、主治医が多忙で面談の時間を大幅に遅れ

たり、中止になることが夫には相当堪えたようで、自宅療養を強く希望し、その後も二度と入院は嫌だと言い続けている。

この時期は私にとって一度にいろんなことが押し寄せ試練の連続だった。警察に通報する直前に小学校PTAで役員選出管理委員長になったばかり。夫の実家、病院、会社、学校とのやり取りに追われて毎日が過ぎていった。二女は「先生に言わないで！」と言うので、三女に担任宛ての手紙を持たせて状況を伝えた。幸い「学校でのことは私たちに任せて」と、連絡帳で心強い返事をいただき、しばらくはさりげなく見守っていてくださった。夫の上司は「まず第一に、ご主人の不安を取り除いていきましょう」と、新年度の激務の合間を縫ってのメールと電話。部長や産業看護師長と共に、休職中の給与規定の説明に病院へ出向き、カンファレンスにも揃って同席してくださった。

この時期、携帯電話や電動自転車の電源を日中に使い切ってしまうため、テレホンカードとスイカが手放せなかった。市の子ども家庭支援センターを通じて緊急一時保育など、利用できそうな制度も多少はあったと思うが、長女の不登校や入院時に不誠実な対応を繰り返された苦い経験から、行政に相談したら、むしろ私や子どもたちが不利な立場に立たされるかもしれないと、思いとどまった。しかしこれを機に周囲にも現状を知ってもらおうと、学校やかかりつけ医、長女の主治医と医療ソーシャルワーカーに率直に伝えた。また、夫の在宅によって家に友人などを呼べなくなり、当日にやむなく取り消す時など気まずい思いをすることも増えたため、ほんの少しの人たちではあるが、過労で体調を崩し休養しているという程度に伝えた。「子どもたちは動揺していると思うが、普段通りの生活ができるといいですね」との助言を支えに母子で乗り切る決意をしたように思う。

復帰に向けての困難は予想以上

退院後１年以上かけて、ようやくリワークを終了。しかし会社は相当慎重になっており、精神科医とは別の指定産業医と産業看護師との面談、上司を交えての復職プレゼンテーションを繰り返し、ようやく来週にはトライアル出勤開始と喜んでいたら、手続きのためもう１か月待つようにと告げられ

再び自宅待機、ということを数回繰り返した。夫はもちろん症状に振り回され続けた家族も疲弊していた。娘たちのストレスは最高潮で「お母さん、早く離婚して地方に引っ越そうよ！」と訴えはじめ、インターネットで地方の物件や、私の仕事先まで検索するようになっていた。２年半の休職を経て残業なしの段階的な出勤を始めた当初は、休職前のプロジェクトから外されており、中途半端な仕事しかできないと不満を述べて休みがちだったが、ほどなく観念したのか仕事に関しては何も言わず、ただ淡々と出勤するようになった。その後も数か月ごとに出社できなくなり、数週間の傷病欠勤を繰り返しているが、定期的な診察と薬で調整しているようである。

家族の生活時間の変化と、その影響

　夫に持病があるとはいえ、いつ次の転勤になるかわからない中で専業主婦を続け、長男の入園後に考えていた求職活動を２年ほど前倒しにした。長男が２歳の時に「マザーズハローワーク」の存在を知ったからだ。都内に３か所あり、子育て中の母親向けの求人情報が得られる他、面談中は窓口から見える場所で一時保育サービスを受けられる。おかげで落ち着いて求人を探すことができ、２か所目の応募で１日３時間、週３～５日でのパート採用を受けることができた。

　年中無休24時間の医療関係の職場で早朝の勤務。娘たちが食事の配膳下膳をし、長男はファミリーサポートセンターの方に私の帰宅まで１～２時間見て頂く。初めのうち、長男は「寝て起きたらママいる？」と聞くことが多かったが次第に慣れて、日替わりの保育の方々を楽しみにしてくれるようになった。

　他に困ったのはＰＴＡの廃品回収当番と、通学路バリケード当番。年に数日だが勤務日と重なることが多い。夫はできないし、祖父母たちも離れている。役員会に事情を話すわけにもいかず、見かねた娘たちが代わってくれた。本当は危険だし違反だが止むを得ない。今年度は思うところがあり、これらの事情も伝えた上で小・中学校ＰＴＡ非加入届を提出し、現在、協議中である。さらに仕事と育児と目前の家事を回すことだけで精一杯になり、家の中は全く片付かなくなってしまった。今後は日中にも勤務できるようになった

ため、空きが出次第、同じこども園の2号認定（保育園）への移動を申請し、切り盛りしていけるようになりたい。少しでも収入のあることで夫の安心感が得られること、学校の長期休みに子どもたちを小旅行に連れて行けるようになったことは大きな収穫で、自分の体調管理もしつつ乗り切っていきたいと思う。

行政の支援と、周囲の理解を

一昨年、インターネットで知った「みんなねっと」に入会。そこで配偶者と子どものための家族会と出会い、母子で参加を続けている。長女と二女は子どもの集い、三女と長男は保育のお世話になる。特に長女と二女は、同じ子どもの立場の方たちと状況を共有し、専門家に相談できることがとてもありがたく、毎回来てよかったとしきりに話す。また、保育では健常な大人たちと触れ合い、特に長男は男性スタッフを見ると力一杯遊んでもらえるので、どこからでも駆け寄っていく。子どもたちと私にとって2か月に1度の貴重な時間になっている。休日には外出先で幼い子を連れた父親を見かけることも多い。長女と二女は「いいなぁ、お父さんも昔はこうだったよね。三女と長男が可哀そう」と話すことがある。子どもの祖父母たちは病気を認めたくないことが言葉の端々に出て、子どもたちの心の支えにはなってもらえないことが残念だ。

夫に対しては完解の時期が少しでも長く続くように。子どもたちに対しては、それぞれ抱き始めた目標に向かって羽ばたいていけるように、これからも最大限のサポートをしていきたいと思う。

そして当事者への適切な治療と警察通報時など緊急時の人道的な対応、家族が抱える不安や閉塞感などに対する理解と、可能な範囲での支援の輪が広がっていくことを心から願っている。

第3節　親の体験

1．木下麻美　34歳

> 私（母）：境界性パーソナリティ障害、就労支援員（ピアスタッフ）
> 家族：夫（精神疾患既往無し）と三人の子どもと暮らす

　私には境界例（境界性パーソナリティ障害）という精神障害がある。18歳の時から通院を始めているので、ほぼ15年間精神科にかかっていることになる。
　20代前半までの私は、OD（過量服薬）、リストカット、自殺未遂、アルコール依存等を繰り返していた。自分を虐げることならばなんでもよかった。何度も入退院を繰り返し、生きることに全く希望はなかった。
　そんな私が今、7歳、6歳、2歳の3兄弟の母親になっている。

結婚

　24歳の時、今の夫に出会い、お付き合いをするようになった。彼は偶然にも私の一つ下の後輩で、小学校から大学までの後輩だった。彼は、元気な頃の私も知っていた。そして、当時体調を崩していた私も受け入れてくれた。私は当時、家庭環境が複雑で、実家が嫌いだった。新しい家族、自分の居場所、自分の存在意義が欲しかった。
　彼は私と家庭を持ちたいと話してくれた。一緒に子育てをしよう、と。その言葉が私の人生を変える一言となった。
　夫とは結婚して数年の間はよく喧嘩をした。喧嘩というよりは、私の病状の苛立ちを彼にぶつけ、彼自身、私の扱いに困っていたというのが正しいのかもしれない。彼に苦しみを理解してほしいという欲求が強かった。彼はよくも悪くも鈍感ではあったが、ただそのままの私を愛し、よくなると信じて

くれていた。彼は、ある時私に言った。私にとっての病気は私の一部であって、私の全部ではないこと。理解してあげたいが不可能なこと。病状の理解や共感は医療機関に任せるなど、役割の分担をしたいと考えていること。その考えを聞き、彼に対しての過剰な期待が減った分、少し気持ちが楽になり、夫婦で体調によっての対処法について話し合うきっかけも増えていくようになった。

妊娠

　その頃、子どもが欲しいとは主治医には相談していた。減薬に対しても積極的になり始めていたが、第一子の妊娠が発覚した時は、まだ完全に薬を調整し終わった時期ではなかった。主治医は、妊娠中の服薬については反対だった。逆に、通っていた産婦人科の主治医は母体が安定するならと薬を飲み続けるよう勧めた。板挟みでどちらが正しいかわからなかったし、相談する相手もいなかった。結局は信頼関係ができている精神科の主治医の意見の方に従い、断薬することに決めた。断薬してみて、母親とは不思議だと思った。長年、不眠で睡眠薬が手放せないと思っていたが、すんなり眠れるようになった。薬を使わないので、朝起きることが楽になった。生活リズムが自然に整い始め、体調はどんどん良くなっていった。不安定になることはあったが、薬は飲めないという諦めもあり、どうにか自力で対処する術を考える期間を妊娠期間に与えてもらったと思っている。

　親子手帳をもらう時、既往歴を記載する部分がある。精神科の通院歴を書くべきか迷ったが、出産後何かしら行政にお世話になることがあるかもしれないと思い、偏見を恐れながらも記載した記憶が残っている。その後、ケアが必要な母親として区分されたのだと思うが、時々保健センターの担当の助産師さんから電話連絡が入るようになった。困ったことがあれば連絡くださいと言ってくれるが、私はどう頼ればいいのかよくわからなかった。自分が精神面で苦しいことは苦しいが、電話で知らない人に伝えたところで何も変わらないと思っていた。今思えば、新生児訪問の前に顔合わせでもしていたら、少しは信頼関係も作れていたかもしれない。

第一子出産

　第一子出産後、実家のほうで子育てを手伝ってもらいながら育児をした。初めてのことで体は疲れていたが、精神状態はどちらかというと良好だった。睡眠の関係で難しいのではと思っていた夜間授乳や、子どもの世話もそこまで困ることなくできた。新生児訪問では、電話をかけてくださっていた助産師さんが来てくれた。それから1か月に1回の頻度で助産師さんは訪問してくれたが、いろいろ細かいところを気にされるようになっていった。部屋が片付いていると神経質だと言われ、体調が優れず夜に眠れない時があると話すと子どもに手を上げそうになったことはないかと聞かれたこともある。私への体調の質問や気遣いは感じられず、子どもの安否確認をされているようで、3回目の訪問で今後の定期訪問を断った。

　生後半年ほどたって、疲れからか精神症状が出始めた。イライラする。子どもの泣き声が耐えられない（聴覚過敏）。体を起こすことができないので世話ができない。主治医からは服薬の再開も検討に入れるよう話もあった。でも、完全母乳にこだわっている自分がいた。国立成育医療センターの情報を探したり、どうにか母乳で育てられないかとこだわった。そのうちに病状が悪化し、子どもと距離を取るため入院となった。入院時は私の実家の両親が長男を見てくれる生活になった。

第二子妊娠・出産、支援を求めるも…

　退院後、自分の体調管理で目一杯の中、第二子妊娠が発覚した。退院直後だったし、長男の育児すらまともにできていない中で年子を育児することには自信が無かった。でも、長男を見ていると命を諦める選択をすることもできず、自分達だけでは育てられないと判断し、夫と共に両実家に協力してほしいと頭を下げた。

　第二子出産後、産後うつにかかった。育児ノイローゼかもしれない。外に出ることが怖くなった。長男は認可保育所に産前産後の理由で預けていたが、保育園の送り迎えが辛かった。保育士さんに声をかけられることが怖くてうつむきながら毎日迎えに行っていた。産前産後の期間が終わり、長男も保育所退所になり自宅育児が始まった。息抜きに、と子育て支援センターに行っ

てみたこともあったが、周りのお母さんたちが幸せそうで、どうして自分は子育てを楽しめないのか、子どもをかわいいと思えないのか、わからなかった。自分が子どもを殺して、自分も死のうと思ったことは何度もあった。その頃には、今の自分のままでは危ないと自覚があった。保育課に連絡するが、待機児童が多くて入れない、無認可保育所もいっぱい、とにかく預かってくれるところはないかと電話をかけ続けた。ファミリーサポートセンターにはもう行く気力さえなかった。保育課に相談し続けていたら、児童家庭課にも回された。保育課でも話した辛い状況を再度調書に取られていくだけで、現実は何も変わらなかった。犯罪者のような気分だった。助けてほしいと何度も夫と保育課に足を運んだ。自分が子どもに何かしそうだと訴える度に、自分は母親として失格だと自分自身を責めて、毎回泣きながら帰った。同時期に保育所入所等、支援が欲しいと市の保健相談センターの担当助産師さんにも対応を求めたが、こちらの市では、産後うつの今までの対応例がないため対応できない、と断られた。

病状悪化にて入院、退院後の生活

その後、希死念慮が強くなり再度入院になった。その時の入院は長引き、夫が1か月休みを取り、実家と共に育児をしてくれる生活となった。

退院後も自宅では自分の感情を抑えきれず、暴れてしまうことは度々あった。物を投げたり、夫や子どもに暴言をあびせたりすることもあった。子どもの前で自傷をすることもあった。子どもが大きくなるに従ってトラウマになるのではないかと今でも自分の中で不安でたまらない。行動化してしまった後は、ほぼ必ず夫婦で話し合った。夫は、私が落ち着いた後、子どもたちに言い聞かせをしてくれていたし、私からも頼んでいた。
「今日のお母さんは、いつものお母さんじゃないよね。お母さんは、病院に通って、お薬を飲んでいるよね。たまに調子が悪くなったら、怒りやすくなってしまうんだ。だから、今日お母さんが怒っているのはYやIのせいじゃないからね。」

何が起こっているのかよくわからない、子ども達が2、3歳のころから続けていたと思う。本人たちのせいで私が怒鳴っている、暴れているわけでは

ないことは子どもたちに理解して欲しかった。

　そして、我が家はありがたいことに実家が徒歩圏内にあった。長男が4歳くらいになって道を覚え始めた時、祖父母宅までの道を何度となく散歩した。そして、「もしお母さんがおばあちゃんの家に行きなさいって話したら、Iを連れて気を付けていくんだよ。」何かある時に備え、長男には、そう言い聞かせていた。

　一人で家にいると、自身の感情コントロールに自信が無かったので、二人を育てるには子どもとある程度の距離感が必要だと考えた。自身の社会参加、リカバリーのために就職したいと考え、就労移行支援事業所に通った。そこで就職に結びつき、就労移行支援事業所の就労支援員（ピアスタッフ）として仕事を始めることになった。その時担当していた相談支援の担当ワーカーさんが市の保育課とやり取りして下さり、二人が同じ認可保育園にやっと入所することができた。

第三子、サービスを使う

　次男が4歳になるころ、第三子を考え始めた。3人からが社会だと思っていたので、将来を考えると3人は子どもが欲しいと考えていた。私自身のことで子どもたちが将来苦労するのが嫌だと思っていた。なんとなくではあるが、きょうだいが3人いたら、何かが起こっても支えあって乗り越えてくれるような気がした。そして、第三子を妊娠、出産する。

　第三子ということもあり、情報量は上の子の時に比べて格段に多かったので、手の借り方、抜き方もだいぶうまくなっていた。調子が悪いと感じ始めると、日曜日でも民間の一時保育を利用したりして、なるべく自分の体調優先で動いた。

　それでも育休復帰した後、仕事・家事・育児・体調管理のバランスを取ることは思った以上に難しく、すぐに体調を崩してしまい入院することになった。そこで、初めて居宅サービスを知った。入院中にすぐに申請をし、退院後には早めに利用を開始できるように調整してもらった。今、居宅サービスを利用して1年近くなるが、まだ利用の仕方は試行錯誤中である。それでも、仕事から帰ってきてヘルパーさんが夕食を作ってくれている間、私は横にな

らせてもらい、子どもたちの送迎の時間まで体力を温存させてもらっている。とてもありがたく感じている。

育児に必要なサービスや支援について思うこと

　居宅サービスの家事援助の中に、育児支援が入っていることを知人から教えてもらって知った。私は調子が悪くなると水に触れることが辛くなるので、三男の入浴介助などあれば助かると思い、相談支援に問い合わせた。しかし、案内されたのは児童家庭課の養育支援だった。いろいろ役所とやり取りをしているうちに、私の住んでいる市では、居宅サービス内での育児支援の実例が1件しかないことがわかった。そのサービスが始まって8年も経つのに、まさか1件のみとは驚いた。私たち当事者は、行政や相談支援などから提供された情報をもとにしてサービスを選ぶことが多い。今後、育児支援も居宅サービスに含まれていることが行政や相談支援にも認知されていってもらいたいと願っている。なぜなら、サービスが変わると手続きの窓口も変わるので、私たちは同じ話をもう一度しなければならない。もっと言えば、子育て支援のサービスを公的に受けたいと思うなら、自分が子どもにしてしまいそうだという最悪な出来事、例えば、暴力をふるいそうだとか、そういったことを口にしないと緊急性は伝わらず、支援はなかなか下りない。そう思っていることはある時もあるが、本来支援を求めるのは子どものことが大切で守りたいからであって、実際にそうしたいわけではない。何度もその言葉を口にする親のいたたまれない気持ちをわかってもらいたいと思う。

　また、育児休暇中に、たまたま「こころの元気＋」で精神疾患の親の特集をやっているのを見つけた。上二人の時も自助グループに参加したいと考えていたが、見つけることができなかった。この時、記載されている自助グループへ電話してみたが、市町村での運営で、他市町村に住んでいる私は参加できなかった。このような自助グループが県内に出来ていることは嬉しかったが、自身が参加できないことはすごく残念な気持ちになったし、孤立感はそのまま残った。しかし、これをきっかけに、今後育児が落ち着いてきた頃には、市町村などの垣根のない、精神的に困難を持った親の自助グループを作ってみたいと思う夢ができた。そして、そのグループには子どもも一緒

に参加できるようにしたいと思っている。子ども自身も自分の家庭のみが特別じゃないんだということを、自然に感じ取れるような会を作りたい。それが子どもにとっても自助になると信じている。

　障害を持ちながら子育てをするにあたって、いろいろなサービスにお世話になっている。本当に感謝の気持ちで一杯である。保育課、児童家庭課、福祉課、保健相談センターなど、親目線からの支援、子ども目線からの支援、様々入り混じる。しかし、それぞれの想いが時として当事者を傷つける。しかし、みんな願っていることは同じなはずだ。子どもの心身の健全な成長と、障害があっても子育てをしやすい社会を作ること。今後、行政の支援も一本化されて、個別支援から家族支援へと視点が変わってくれることを切に願う。

親として

　最後に、支援の方からよく言われることがある。親に病気や障害があるから優しい子に育っているね、デメリットばかりじゃないよ、と。しかし、私に障害があることで彼らに我慢をさせている現実もある。子どもたちに「最低限度の生活」、例えば、毎日レトルトでもなんでもいいから食事を与え、お風呂に入れて登校、登園させる。支援の方は、虐待など様々なケースを見ているからなのか、それで十分だと思われるかもしれない。もちろん、その状態でしか過ごせない時期があるのも事実だ。しかし、彼らには未来があり、5年後、10年後、自らの力で生きていく力を持ってほしいと思う親の気持ちは障害があろうとなかろうと変わりはない。好きなことは目いっぱいさせてあげたいし、やりたい習い事はさせてあげたい。今後の精神障害を持つ親への支援については、「私」に対しての支援を「親としての私」に視点を変えるだけでも、声掛けや対応が変わってくるのではないか。
「必要な無理はする」。その気持ちは、親になった自分が一番変わったところだと自負している。

　そして今。子どもたちの本当の心の中まではわからないが、彼らなりに私を理解しようと努めてくれているし、自分の好きなことでのびのびと育ってきてくれているように感じる。毎日、お母さん大好きだよ、と傍に眠ってくれていることは、今の私の一番の生きる力になっている。

2．平野由佳　38歳

> 私（母）：双極性障害、PTSD、解離症状を患う。精神疾患のある親に育てられた経験をもつ。
> 夫：自閉症スペクトラム。IT職に恵まれ社会適応。
> 長女：小学高学年。発達障がいの傾向あり。養育環境の影響も多少ある。
> 双子：未就学児（年長）。妊娠中、双胎間輸血症候群となり、胎児鏡下胎盤吻合血管レーザー凝固術を行うも異常がでる。26週、出産準備をする中、養育困難のため命の選択（帝王切開拒否）をした。しかし、奇跡的に2児生存。34週出産。
> 長男（双子）：2360g出生。疾患あるが生活に支障なし。2歳まで乳児院にて育つ、その後も一時保護あり。4歳すぎた頃、母子ともに信頼と愛着を実感する。
> 次男（双子）：692g出生。障がい認定なし。特別支援保育、児童発達支援事業所を利用中。0歳より、たびたび一時保護あり。

我が家について

　我が家は、夫、私、長女（小学高学年）、そして双子（年長）の5名家族です。そして、育児を支える人が側にいない核家族です。夫は自閉症スペクトラムで聴覚過敏や視覚優位の特徴があり、私自身は躁うつ病とPTSD（心的外傷後ストレス障害）、解離症状等があります。ちなみに、私は精神疾患のある親のもと育った子の立場も経験しています。子ども時代から諸症状はありましたが、現在、通院歴約20年、入院も複数回経験しています。

　いわゆる機能不全家族に育った私には、健全な「家族」というモデルがありません。妊娠・出産においても、最初の妊娠は父親が誰なのかわからなかったりと様々で、一般的な価値観とは異なっています。

　結婚後は、妊娠を3回経験しました。1回目は心拍確認後の流産。2回目の妊娠・育児（長女）は、いろいろなものを隠し拒絶しリスクのある育児生活。3回目の双子妊娠は特殊な経過もあり支援介入する機会が生まれ、最終的に多くの支援環境に恵まれることとなりました。その中で一児は2歳まで

措置入所で育ち、一時保護も折々経験しました。

　いろいろな方たちと関わりながら歩んでいる家族一人ひとりの成長と「私たちなりの家族のかたち」を語ってゆきたいと思います。

家庭・育児困難――結婚、流産、長女出産

　結婚前から夫は変わった人だという自覚はありました。けれど、私の症状に振り回されない夫は最良の人でした。いろいろなことがありますが、その気持ちは今も変わりません。

　１回目の妊娠時は、私は夫とは離れ県外で暮らしていました。夫のトラブルで妊娠を喜べる状況になく、精神不安定から自然流産を願い運動したりする生活をしていました。子は心拍も確認でき育っていましたが切迫流産し流産。けれど、夫はかけつけることもありませんでした。医師は付添人もいない妊婦に困惑していましたが母体異常も出ており、緊急手術しました。折々、夫とはそのような波乱のある結婚生活でしたが、私は大きな疑問を感じませんでした。

　流産後、夫と暮らし始め２回目の妊娠をしました。次第に私には自然派志向の情報に囲まれ、妊産婦の友人達もできてゆきました。彼女達は母乳信仰であり、薬や予防接種を避ける方もいました。精神疾患も「病院で患者にされる」「波動」「前世」などを語る方もいました。再び切迫流産となった私は、流産などは「服薬や通院のせいではないか」と思うようになりました。世間では母乳がもてはやされ、服薬していてはできません[2]。私は引っ越し後、精神科の通院も避け服薬もやめてしまいました。夫は、私の体調が悪くても関与しないタイプなので無関心でした。

　出産は心身の負担を考え無痛分娩で出産をしました。けれど産後、精神的に荒れて精神科への通院を再開、入院等もありました。産後の新生児訪問等では、この家庭状況は見逃されてきました。私も小出しにはしつつも多くは

---

2) 一部の薬剤を除いて向精神薬による母乳栄養児への著名な副作用はみられず、その後の発達の経過も正常であるとの報告も多く、薬物療法と母乳栄養が両立することは国際的に一致した見解を得ている。日本産科婦人科学会・日本産婦人科医会：産婦人科診療ガイドライン産科編2017，日本産科婦人科学会，2017．

伝えなかったと思います。

　その後、認可保育園を利用し始めましたが、記憶がとんだり、過量服薬等でお迎えを忘れることもあり、延長保育とファミリーサポートで徒歩１０分の距離のお迎えを頼むこともありました。変な家庭だと思う人はいたと思います。けれど、保育園から「お母さん大変ですね」など母視点での気遣いや傾聴はなく、むしろ日々「子どものために○○してください」と、いろいろなアドバイスが投げかけられました。助産師等、地域の専門職には「愛（抱っこ等）」「子はあなたを選んできた」「命の力強さ」等も語られました。双子の時は「一時保護（母子分離）は絶対ダメよ」と涙ながらに語られたこともあります。生い立ちや病に負い目のある私は「間違った育児」「子を愛し頑張れ」「貴方の考えはおかしい」と責められているように感じて、混乱し泣くことも多く、精神不安定になってゆきました。

　次第に私は「普通の母・育児・家庭」をしようと必死になりました。けれど、見様見真似の上、病の中できるはずもありません。実情は疲れ果てご飯等できず、娘は「お腹すいた…」と言いながら寝ることもしばしばありました。けれど私は隠し続け、徐々にいろいろなバランスが崩れてきて３、４歳程の娘を家に置いて出て行ってしまうことも出てきました。

　また、夫もこの家庭状況でも危機行動ができない人でした。むしろ、私が体調を崩すと夫はヒステリックに怒りました。夫には私の突然の体調不良・入院という想定外の出来事が大きな負荷でパニックの要因にもなっていて、ＤＶ等のトラブルも出てきました。私はカサンドラ症候群（アスペルガー症候群がある人とのコミュニケーションがうまくいかないことによって、家族や友人など、アスペルガー症候群の人の身近にいる人に心身の不調が生じる二次障害）でもあったと思います。最終的に大きな問題が起き離婚も検討する事態になりました。娘は笑うこともなくなり、黒いクレヨンで塗りつぶす絵ばかり描くようになり辛い日々でした。それでも、病院にすら事実を伝えることはありませんでした。そしてこのトラブルの中、夫も休職。正常な判断のつかない生活の中、３回目の妊娠をしました。

　ただ、この生活の中、唯一、相談できたことがあります。「精神疾患の親同士で育児相談ができる場が欲しい」。多くの方のお力で、市町村の地域活

動支援センターで「子育てゆんたく広場」がスタートしました。事業所のスタッフもお子さんを連れてきてカレーパーティーやピクニックを楽しむ場となり、この会の存在はのちに娘にとって大きな役割を担ってゆきます。また、体調チェックの名目でヘルパー（週1回）も利用するようになりました。この存在も大きな役割を担っていくことになります。

私たちなりの家族のかたちへ──3回目の妊娠

　3回目の妊娠（双子）発覚時は、おろす決断もつかない中、再び運動したりしていました。私が住む地域では、精神疾患のある妊婦は、基本的にA病院に転院となります。私も転院をしました。その合間に、子供家庭課の関わりが始まりました。保健師のOさんが私との良好な関係作りの役割を担いました。Oさんは数年後、部署が変わってもサブで相談ができるように配慮され、諸々あり現在も6年近く関係が続いています。このように新しい環境に移る時は、必ず橋渡し役の方と移行する体制をとってきました。援助希求能力の低かった私にとって大きな底支えとなりました。

　その後、再び切迫流産で入院。先進医療も関わる特殊な妊娠経過をたどり、約4か月、入院生活が主となります。A病院は地域から隔絶された状況を作りました。慣れ親しんだ医師・カウンセラーもいません。役所との連絡も途絶えました。特殊な妊婦さんが入院する病院ですから穏やかな雰囲気もありません。通常、転院だけでも大きなストレスがかかります。精神科で傷つけられ号泣し、翌日、医師が謝罪にきたこともありました。もちろん親族が来ることもなく、夫との関係も壊れたまま孤独な日々でした。

　その頃、産婦人科の心理士さんとカウンセリングをすることが増えていました。産婦人科医も勉強家で、家庭状況を知るにつれて親身に対応してくださりました。視覚優位の主人には絵や文字で説明したり、私の病状へ配慮もありました。助けを求めることはしない私でしたが、スタッフの皆さんが声掛けを続けてくれました。次第に信頼関係と病院内の支援体制が出来上がっていった気がします。一度、病棟の風呂場でカミソリ片手に思いつめたこともあります。けれど、衝動的な行動に出なかったのは、このように適切な管理下にあったからだと思います。

産後、育児環境をどう整え地域に戻るか、ということは皆にとって大きな課題でした。ここからの過程は多くの動きがあり書ききれません。病院内の会議室でケース会議も複数回行われました。一児は障がい認定のついていない超低出生体重児だったので、最大１１機関（窓口）が揃ったこともありました。だからこそ職域を超え出会えた支援もありました。久しぶりに会った地域支援の方のお顔を見て、ほっとして涙した日のことは忘れられません。

　退院後も一つ一つの困難に対し、役場や病院、保育所、学校等で何度も会議が行われ、家庭支援が少しずつ前進してゆきました。一人は措置入所となり、幾度も一時保護もありましたが母子分離を極力せず暮らせるよう動いていました。そのために、一人で育児をしない環境、体調不良時は誰かに引き継ぎ通報できる体制を作り、最後は警察とも情報共有をしました。時には辛い場面、声掛けもありました。支援では押す、離す役割も必要なこともあると思います。けれど、複数「機関」が立ち会うことで、誰かが私達へフォローや対策をしてくださりました。措置入所の間、子どもと縁を切りたくなった時期もありましたが、家族であることを続けてきました。

　職務（お金）だけではなく、無心に活き活きと尽力される皆様のお姿は、人を信じることのできない私の心を少しずつ溶かし始めました。「チーム」のような一体感に、私は申し訳なく圧倒されっぱなしだったのですが、ある時その気持ちを会議で話すと、「私たちもいろいろな機関とつながれてうれしい場でもある。感謝しているよ。」と声をかけられました。確かに会議が終われば、名刺交換や楽しそうに談笑する皆様の姿があります。場を活用して他の業務連絡をしている方もいました。そして、最後には私達に「お疲れさま」「ありがとう」と挨拶して帰ってゆく。無知やできないことを責めることなく、子ども（病人）扱いすることもなく、対等に尊重されることで私自身もチームの一員であることを感じることができました。この日を境に会議に対して前向きになりました。

　ちなみに会議は、私達の困難・気持ちを伝えること等から始まります。援助希求能力の乏しい私にとっても、この過程が大きな成長の機会、社会勉強の機会になりました。

一時保護等での体験

　ただ、ここで一つ厳しいことを言うならば、児童相談所（児相）だけは毛色が違っていました。「子どもの保護」という視点で家庭支援には言及もなく、常々厳しさだけを感じました。保護はあっという間にするけれど返さない。引き取るための見通しもない。相談の場も積極的に設けてくださらない。会議でも先に退室することも。担当さんが子育てのことを知らず、かみ合わないままトラブルになったこともありました。随分と辛いことがたくさんありました。正直、児相が原因で体調をくずしてばかりでした。

　それは、私だけではなく娘にとってもでした。一度、娘が弟たちの一時保護の場面で錯乱し、泣き叫び追いすがったことがあります。大人達で娘をおさえ連れ去って行きました。その時、最後まで残り娘のケアをしてくれたのは「子育てゆんたく広場」のスタッフでした。スタッフは会で人間関係が出来上がっています。娘とラーメンを作って一時を過ごし帰って行きました。動揺する娘にとっては大きな支えだったと思います。折々、こういった光景がありました。　保護の度、娘は情緒不安定になり眠れなくなっていきました。「いつ帰ってくるの？」「会いたい」。私は体調が悪く、娘と近づくのも嫌でしたので突き放す状況。児相に相談しましたが娘に何もしてくれません。娘も家庭も傷つけ壊し、結果、引き取りが遠のいてゆく。さっさと連れ去るだけで、一体、誰のために何がしたい機関なのでしょうか。

　ただ、この児相とがんばって付き合えたのは、最初の担当者との関係が良好に育めたからです。子どもの健診時は付き添ってくださり、おしゃべりをする。助かりますし、いい関係を育めました。良好な関係を育む意図と、いろいろとチェックをされていたと思いますが、誠意をもって寄り添ってくださりました。もちろん、厳しい局面もありましたが別の方がお話をされ、担当さんを信じることができました。最初の基盤がしっかりしていたので、その後、担当が変わり辛くなっても「この方が合わないだけだ」と言い聞かせ、他機関の支えの中、希望を捨てずにいられました。

　ちなみに産後、夫は環境に適応ができずDVが出ていました。実は、私は夫のDVをこの時期まで「DV」と認識していませんでした。この時、往診の代わりに24時間体制の訪問看護が介入しており緊急でかけつけてきま

した。「これはDV」「私達には通報義務がある」ことを伝えられました。この時、初めて私はこの現象が「DV」なのだと認識したのです。

　夫のDVでPTSD症状が強くなった私は、閉鎖病棟に入院。その後、短期入所で夫と少しずつ慣れてから家庭に戻りました。母子寮やシェルターの話もでましたが、精神疾患の私にはいろいろな壁があり使えませんでした。家族で安心して暮らせる場所が欲しかったです。

　こういった生活の中、一時保護や措置入所に対し、私は「母子分離はよくない」「発達にもよくない」という罪悪感や抵抗感がありました。けれど「親族里親に育てられた方」と「里親をしていた方」達に後押しされました。里子だった方は就学前に母親と暮らし始め、今や成人し立派な社会人です。「一緒にいられなかった分、可愛がってくれた。ママ大好きっ子に育った。」と語ってくれました。里親経験者の方は「何人か育てたわよ〜（悪い事じゃないよ。よかったよ。）」と明るい笑顔で、私の心を軽くしてくれました。そして「預けるという気持ちを持てたことが、十分、親の仕事だよ。立派。」と、暖かいまなざしをくださりました。その時は腑に落ちませんでしたが、時とともに何度も思い出され、次第に胸にストンと落ちてきました。このような出会いの中で、私は専門家だけでなく、いろいろな当事者が語りかけることの大きさも知りました。

　ちなみに、一時保護等の場面では、私にとって信じていた各関係者が一瞬で敵になり「当事者VS各機関担当者」に見えてきます。反発すれば悪い方向に進むので、がんばって良い顔・態度を演じますが、辛く、人間不信に陥り孤独、抑圧され、みじめでした。結果、体調悪化にもつながります。こういった場面をいい形で乗りきらないと、良い支援連携や引き取りの方向性を見失ってしまうので、権利擁護など「異なる機関」の介入も願っています。県のピアサポート活用事業もあります。一定の認定をうけたピアがステップアップ講座などで専門性を磨きアドボケーターなどの役割を担っていけないでしょうか。いろいろな場面で病を抱えながら一人で渡りあうしかなく、病だからこそ出来ないこと、「病人だ」と流されていることもあったりして「真の伴走者」が欲しかったです。

他の支援での経験

　養育支援やファミリーサポートは、家から出られない私の大きな支えになりました。けれど、負担になることもありました。私の地域では、地元の主婦などがサポーターをしています。噂話や育児論を語る方や、見た目からない病ゆえに不適切な対応の時もありました。また、ファミサポの方が児相への通報を担ったこともありました。娘の小学校の保護者の方で、私は錯乱状態だったと思いますし気まずい気持ちにもなりました。「この分野の専門」として派遣してくださっていたら、私も少しは安心して受け入れできたと思います。

　某NPOさんは既存の制度では拾えない、制度の狭間をうめる自由性の高い支援事業をお持ちでした。各機関間の母乳運搬（未熟児のため必須でした）、乳児院面会の送迎、育児手伝いなどを柔軟に対応してくださりました。私もできないのには理由があります。ささいなことでワガママのように思え、言い難い心境の中、上手にニーズを拾っていただき本当に助けられました。

　近年では、児相もレスパイトケアで早期に一時保護、早期家庭復帰の流れをしてくださりました。感謝しています。娘自身の希望で、弟たちと一時保護されてゆくこともありました（この場面でもいろいろなことが起きましたが）。

　子育てゆんたく広場では、娘と同じ立場の子もいました。何かを話すわけではないけれど。ひと時をともに過ごすということは、子ども同士の自助にもなっているのではないか…と、気づき始めました。親の病を口止めされ孤立してきた…私の経験から感じたことです。　ヘルパーさんは、「援助希求能力」「対人関係」のトレーニングにもなりました。話す人がいることで救われたことは本当に多くあります。家事や子どもと接する姿など「行動」で見せてくれる日々は「家族・育児」の大きな学びにもなりました。言葉は傷つけあうこともあるけれど「背中を見せる」力は大きいです。緊急時の対応もしてくださり、私が娘とぶつかった日もご飯を食べさせハグをして帰って行く。私の小さな頑張りをほめてくださることで自己肯定感も育んでくれました。長い方は約7年の付き合いです。娘にとっては人生の大半をともに暮らし、双子にとっては産まれた時からの付き合いです。第2の「母」「祖母」で、子どもたちも「ヘルパーのママ」「ばぁば」と呼びます。そして、私の

「友人」「ママ友」「母」の役割もしてくれました。本当に一番近くでリカバリーの大きな役割を果たしてくれています。

　夫にとっても負担なくゆるやかに環境適応していく場ができあがることで、家族みんなで失敗と成功を繰り返しながら適応してゆけるようになりました。親子分離では解決・リカバリーできなかったことが数多くあります。

　他にも多くの皆様の支えで多くを学び、「私たちなりの家族のかたち」を育んできました。私は恵まれたと思います。ぜひ、こういった家族の育児支援の専門性も磨いていってほしいと思います。各部署・担当さんの個人差を感じることはまだ多いです。

現在とこれから

　今、私なりに「病とともに地域で暮らす」というテーマに取り組んでいます。けれど、とても困難で痛みをともなっています。

　精神科や福祉事業所では病や生い立ち、価値観を受け止め寄り添ってくれます。けれど地域…「育児」「出産」の世界は、極端に一方向の価値観（道徳・精神論・偏った正義感）にあふれてすぎていて、それから外れると「人間失格」のように思えたり、「虐待していないか」監視されているように感じたりします。親であることや育児からはドロップアウトできません。次第に「出産してしまったことで生きづらい世界から逃げだせなくなった…」と追い詰められ、我が子も憎々しく感じてくることがあります。

　小学２年の授業や２分の１成人式ではプライベートな質問が並び、成育歴を写真付きで提出させられ、親子ともに感謝の手紙を添え発表させられます。授業（授業参観）や行政講座等では「抱っこ（愛）されたから、あなたは生きている」「生まれてきたことが嬉しくなると未来が楽しくなる（生まれて嬉しいと思って）」といった講座や、「何か抱えている「かわいそうな」子達を助けてあげよう」と言う講師もいます。専門家に相談等をすると、そういったスタンスで返されることも多く、信頼・相談できるかも…と思っていたママ友もそれらに涙し「そうよね！　すばらしい内容！　私達が助けてあげる！」と共感する方が多いです。「私…我が家は汚れていて、かわいそうなのか…」と居たたまれない気持ちになります。そして「誰にも話したくな

い」と決意しがちです。

　私はこれらの行事が立て続き体調を崩し、子どもが一時保護になったこともあります。子どもの頃の私もこういった社会の中、抱え込み孤立し、心がボロボロになったようにも思います。

　子どもたちとの思い出は、皆様の望むきれいことばかりではありません。抱っこしてくれたのは施設職員であったり、養育者に虐待を受けている子もいるでしょう。そして、私は生まれて嬉しくなくても今日まで生きぬいてきました。これらをどう受け止めるかは、それぞれ人生の中で咀嚼していって欲しいと思っています。家庭がリスクがある形だとしても、まず私は、私達なりに生きてきたことをねぎらいたいです。ですから、リスクを冷静に分析判断することは見えない場にとどめ、精いっぱい歩んでいる「今」を励まし、そこから一歩、ふみだす勇気や力、知恵をいただきたいです。そして、好きでなった病ではありません。病からきているものは「辛く大変」ですが、「あぶない」「歪んでる」「かわいそう」と感じたくはないです。

　そして今、社会では「心配」という言葉や一方的な正義感のもと、「虐待」「通報」の言葉も飛び交っています。地域の方に児相通報以外の方法を知っていただきたいし、何のための通報なのか、今一度、考えていただきたいです。「子どもを守る」ためですか、「親子関係の再構築」「家族の再構築」のためですか。もしくは、それ以外の何かでしょうか。

　苦しんでいるのは「子」だけでなく「家族一人ひとり」です。私達、親を悪として責め立てないで欲しい。見下すように病人扱いをしないで欲しい。理想の育児論ばかり叩きつけないで欲しい。そして精神論・道徳論をどうこうしたいのではなく、病の中、何もわからず生活に困っているのです。この社会の中、安心して相談や「助けて」と言うこと、心の扉を開くことはできません。自己認知も弱い中、ただ心が傷つき拒絶し、怯え隠れるように生活しています。でも、そんな生活…長女の時はどんどん家庭はひどい状態になっていき何も解決できないことばかりでした。

　まずは「子育てゆんたく広場」のように、どんな親・家庭でも暖かく迎え入れ聞いてくれる場が用意されていること。時に子が里親や施設など多様な家族の形でも、生みの親としてがんばっていると暖かく受け止め、応援して

くれる社会であってほしいと願っています。我が家はその中で少しずつ家族の形を探し、その過程で私自身も成長し、夫も「父」という役割が定着してきました。子どもたちも健康安全に育っています。

　家族のかたちも多様になっている現代、大変なこともあると思いますが皆様の活躍を応援しています。私自身も一当事者（ピア）として歩むことで、そのお手伝いしてゆきたいと思います。ご拝読ありがとうございました。

終 章
これから必要な育児支援

　本書では、メンタルヘルス不調のある親への育児支援を、経験豊富な熟達者の支援技術から整理した。彼らの支援技術は大いに参考になるものだった。その一方で、前章のメンタルヘルス不調のある親、その配偶者、育てられた子ども、それぞれの立場の体験からは、現時点の支援がいかに不十分かつ不適切であるかを突きつけられた。支援の受け手の評価は大変厳しいものだと言わざるを得ない。

　メンタルヘルス不調のある親への育児支援は課題が多い。その課題は、支援システムやサービス内容のみならず、支援者の姿勢まで及ぶ。最後の平野由佳さんの体験談は、私たち支援者の魂を震わせるような悲痛な叫びだった。

　終章では、メンタルヘルス不調にある親への育児支援について、これからどのような支援が必要かについて筆者の意見を述べる。

1．虐待予防から育児支援（積極的支援）への転換

1）虐待の視点で親を支援しない－同じ行為で異なる意味合い

　現在の支援システムは、虐待予防の観点が強い。子ども虐待の増加に伴い、施策が矢継ぎ早に打ち出され、市町村の現場では虐待予防の事業に翻弄されているのが現実である。妊婦面接、こんにちは赤ちゃん訪問事業などで全数面接、全数訪問を行い、精神疾患既往歴があると虐待のハイリスクとして把握される。木下さんは新生児・乳児訪問の様子を以下のように書いている。

　　新生児訪問では、電話をかけてくださっていた助産師さんが来てくれた。

それから１か月に１回の頻度で助産師さんは訪問してくれたが、いろいろ細かいところを気にされるようになっていった。部屋が片付いていると神経質だと言われ、体調が優れず夜に眠れない時があると話すと子どもに手を上げそうになったことはないかと聞かれたこともある。私への体調の質問や気遣いは感じられず、子どもの安否確認をされているようで、３回目の訪問で今後の定期訪問を断った。［p.223］

　虐待をしていないかという確認は、相手にも伝わる。親の目には、信頼できる支援者とは映らないだろう。そして支援拒否につながりかねない。虐待をしていないか確認して、虐待の早期発見・早期予防という２次予防で関わっていては、支援拒否そして虐待死等の支援の失敗につながり、更に虐待予防が強化されるという悪循環に陥るのではないかと危惧する。
　虐待をしていないかという視点で親をみるのではなく、育児に困っていないか、子どもは健全な成長をしているか、という視点で親をみることはできないだろうか。熟達者は後者の視点で関わり、虐待を予防する支援もしているため、究極的には同じことをしているのだろう。しかし、経験未熟な職員は、与えられた文面通りの仕事、つまり、虐待の早期発見・早期対処をしてしまうだろう。たとえ同じ行為をしていても、気持ちが違えば、相手に与える印象はかけ離れたものになる。平野由佳さんは一時保護の場面を以下のように書いている。

　一時保護等の場面では、私にとって信じていた各関係者が一瞬で敵になり「当事者VS各機関担当者」に見えてきます。反発すれば悪い方向に進むので、がんばって良い顔・態度を演じますが、辛く、人間不信に陥り孤独、抑圧され、みじめでした。結果、体調悪化にもつながります。こういった場面をいい形で乗りきらないと、良い支援連携や引き取りの方向性を見失ってしまう…いろいろな場面で病を抱えながら一人で渡りあうしかなく、病だからこそ出来ない事、「病人だ」と流されていることもあったりして「真の伴走者」が欲しかったです。［p.234］

平野さんは、真の伴奏者として同じ立場の精神障がい当事者が権利擁護するしくみを提案してくれている。もちろんそのような権利擁護のしくみは必要だと思うが、支援者は真の伴奏者になるための努力は十分なのかという疑問がある。一時保護は親にとっては子どもを取られる行為であるだろうが、親にとって大切な子どもを一時的に保護してもらう行為でもある。同じ行為が異なる意味合いをもつ。相手がどう受け止めるかは、支援者の関わり次第という部分もある。

　支援者は、親の病状が安定している時に、子どもを育てるためにどのようなことができるかを話す必要がある。病状が悪化した時にどう対処するか、悪化の段階をわけて親とともに考えることができる。どのような状態まで悪化したら子どもを一時的に保護してほしいか、親が決めることができれば理想的だ。ここまで悪くなったら子どもに悪影響を及ぼす可能性があるので、子どもを保護してほしいと親が決めたら、それを守ることは、子どもを取る行為ではなく、子どもを守る行為であり、親が親になることを支援する行為になる。そうすれば関係者が全員敵に見えることはないはずだ。

　境界性パーソナリティ障害を患う木下さんは、自らの病状を管理し、病状が悪化した際に子どもたちが自ら避難できるような場所を用意し、どうやって逃げるかその道順まで子どもに教えている。彼女から聞いた話だが、自分の病状悪化の段階を3段階にわけて、段階別に対処方法を考え、周囲に伝えているという。このような対処法を支援者が親とともに考え、その選択肢の一つに一時保護を自ら決める、そのような支援が育児支援であり、簡単なことではないかもしれないが、これから必要な支援なのではないかと考える。

2）「親としての当事者」を支援する－リカバリーを支える

　子ども虐待がないかという視点で親を支援すると、親は子が成長する時の環境として捉えてしまう。本書で紹介した熟達者も支援のプロセスとして、「最低限の安心と安全が守られた生活」が確保できていれば当面支援がうまくいっていると判断していた。しかし、木下さんは以下のように書いている。

　　子どもたちに「最低限度の生活」、例えば、毎日レトルトでもなんでも

いいから食事を与え、お風呂に入れて登校、登園させる。支援の方は、虐待など様々なケースを見ているからなのか、それで十分だと思われるかもしれない。もちろん、その状態でしか過ごせない時期があるのも事実だ。しかし、彼らには未来があり、5年後、10年後、自らの力で生きていく力を持ってほしいと思う親の気持ちは障害があろうとなかろうと変わりはない。好きなことは目いっぱいさせてあげたいし、やりたい習い事はさせてあげたい。今後の精神障害を持つ親への支援については、「私」に対しての支援を「親としての私」に視点を変えるだけでも、声掛けや対応が変わってくるのではないか。

「必要な無理はする」。その気持ちは、親になった自分が一番変わったところだと自負している。[p.227]

精神障がいのある当事者は、「最低限の安心と安全が守られた生活」で十分だとは思っていない。障がいがあっても無くても、子どもにやりたいことをさせてあげたいと思い、そのために頑張ろうと思う親の気持ちは同じである。「親としての私」を支援するということは、精神障がいのリハビリテーションで世界共通の目標概念である、「リカバリー」が参考になる。精神疾患のある人のリカバリーとは、たとえ疾患による限界があっても満足のいく、希望のある、そして貢献する人生の生き方であり、精神疾患という衝撃的な影響を乗り越えて、新しい人生の意味や目的を見出す、そのプロセスである[1]。親になることは、人生を豊かにし、人間的に成長をもたらす。親を子どもの環境として捉えるのではなく、親自身に焦点を当て、親になることを積極的に支援することが重要であろう。それは虐待予防ではなく、積極的な育児支援である。

具体的に「親としての当事者」への支援として、熟達者は親子関係を築くための支援、育児や家事など行動を支える支援などを行っていることがインタビューから把握できた。親が子の成長を願っているという気持ちを代弁し

---

1) Anthony, W. A.: Recovery from mental illness: The guiding vision of the mental health service system in the 1990 s. Psychiatr.Rehabil.J.16（4）; 11-23, 1993.

て子どもに伝えること、親子だけの時間をつくること、家事や育児の親役割が担えるようにすること、などであった。メンタルヘルス不調のある親は、自信がなく、十分な育児や家事ができないことへの罪悪感を持つ人も多い。支援者は、病気を持ちながら子どもを育てていることがいかに素晴らしいことであるか、頑張っているかを、子どもや配偶者に伝えることで、当事者のリカバリーを支えることができる。病気とつきあうことの辛さを理解している専門職である支援者が、子どもや配偶者が当事者を尊敬できるように言葉をかけることは重要な支援である。

　核家族などの場合、ヘルパーが家事・育児をする中でその背中を見せてくれ、学ぶこともある。平野さんは、ヘルパーの「背中を見せる」支援について以下のように書いている。

　　（ヘルパーが）家事や子どもと接する姿など「行動」で見せてくれる日々は「家族・育児」の大きな学びにもなりました。言葉は傷つけあうこともあるけれど「背中を見せる」力は大きいです。緊急時の対応もしてくださり、私が娘とぶつかった日もご飯を食べさせハグをして帰って行く。私の小さな頑張りをほめてくださることで自己肯定感も育んでくれました。長い方は約7年の付き合いです。娘にとっては人生の大半をともに暮らし、双子にとっては産まれた時からの付き合いです。第2の「母」「祖母」で、子どもたちも「ヘルパーのママ」「ばぁば」と呼びます。そして、私の「友人」「ママ友」「母」の役割もしてくれました。本当に一番近くでリカバリーの大きな役割を果たしてくれています。[p.235-236]

　子どもが保育園や学校に通うようになれば、親自身もなるべくデイケアや就労支援などのリハビリテーションに通うことも検討するとよい。木下さんは、ピアスタッフとして働いている。

　　一人で家にいると、自身の感情コントロールに自信が無かったので、二人を育てるには子どもとある程度の距離感が必要だと考えた。自身の社会参加、リカバリーのために就職したいと考え、就労移行支援事業所に通っ

た。そこで就職に結びつき、就労移行支援事業所の就労支援員（ピアスタッフ）として仕事を始めることになった。[p.225]

　子どもをもつと、学校のPTAやクラブ活動などを通して、保護者同士のつきあいもある程度必要になる。親自身も日頃から他の人と接してコミュニケーションに慣れたり、困った時に相談できる相手を見つけておくなどすることが将来的に役に立つかもしれない。何より自分が少しでも楽になるように、自分を肯定してくれる場所に親自身が参加することは重要である。

3）親になる選択と準備を支援する

　「親としての当事者」を支えることは、親になった後に支援することである。しかし、そのタイミングでは支援を開始することは遅いと考える。なぜなら妊娠すれば、出産病院探し、催奇形性の心配と服薬調整、育児への不安など様々な対処が必要であり、新しいことに対処することが苦手で、不安の高いメンタルヘルスに不調のある親にとっては十分な準備をする精神的・時間的余裕がないことが多い。そのため、親になることを支える支援は、精神的にも時間的にも余裕のある、妊娠前から行う必要があると考える。

　精神疾患で治療中の女性が支援者に子どもを産むことを相談しても、積極的に応援してくれる支援者が少ないのが現実である。筆者が研究活動で聞くかぎりでは、医療者や親族は、当事者の病状悪化や虐待のリスクなどの心配が先に立ってしまい、子どもをもつことを積極的に応援しようすることは少ない。しかし、精神疾患があっても恋愛し、結婚し、親になることは、人として当たり前の願いであり、結婚しない・親にならないという選択をするにしても、その選択をする権利がある。納得のいく選択をするためには、選択をするに足る情報が与えられ、必要に応じて意思決定が支援される必要がある。

　欧米では、精神疾患があっても、無い人と同程度に親になっている[2]。母

---

2) Nicholson, J., D, P., Biebel, K., Hinden, B., Henry, A., & D, S. (2001). Critical Issues for Parents with Mental Illness and their Families. Center for Mental Health Services Research, Department of Psychiatry, University of Massachusetts Medical School. Retrieved from https://www.uwgb.edu/bhtp/tools/critical_issues.pdf

子保健の現場でもメンタルヘルス不調にある親が増加していることが手に取るようにわかると言う。そうであれば、発想を転換し、妊娠前に親になる準備講座なるものを開催して、親になるための心得、出産後の育児などを積極的に伝えていくのがよいだろう。虐待の早期発見という後手の支援は、親を悪者として見てしまうことも仕方がない。そのような親を責めることにつながりかねない支援のあり方を脱却し、妊娠前から親になることを積極的に応援する支援へと転換することが必要であると考える。そうすることで本当の意味で親の支援者になれ、信頼関係が構築できるであろう。

2. 支援の対象者を広げる

1）メンタルヘルス不調のある父親への支援

今回インタビューで語ってもらった合計60事例のうち、父親だけにメンタルヘルス不調があった事例は1事例のみだった。父親がメンタルヘルス不調の場合、発見されることもなく、支援が届けられることが少ないという可能性が見えてくる。虐待防止のために全数把握を行い、行き過ぎるくらい網羅的に追いかけて支援をしているにもかかわらず、一方で大きな穴が開いていることに気づいていない、大きな支援漏れがある可能性がある。

父親にメンタルヘルス不調があり、母親が健康な場合、訪問や乳幼児健診で母親が父親のことを言わない限り、支援者はその父親の問題に気づくことができないことが多い。しかし、父親にメンタルヘルス不調があると配偶者である母親は困難に直面する。乳幼児健診や訪問などで育児中の母親を支援する際、父親にメンタルヘルス不調があると把握した場合は、たとえ育児が適切にできていたとしても、配偶者である母親と、不調のある父親への支援を丁寧に行う必要がある。配偶者に必要な支援内容は次の項で詳しく述べる。

2）配偶者支援

現在の支援システムにおいて育児支援を受ける対象者は、主に母親と子どもである。実際にインタビューにおいても、支援者は配偶者や実家と連携した支援を行ってはいたが、十分とは言えなかった。筆者は、2016年6月に

発足した、「精神に障害がある人の配偶者・パートナーの支援を考える会」の運営協力を行っており、配偶者の声を聴いている。そこには、配偶者が子どもを連れてくる。その子ども達も見ると、家庭で困難を抱えているものの、発達上の問題を感じさせず、概ね健全に育っているように見える。配偶者と子ども達と接していると、健康な配偶者が存在すること、そして、彼らが適切な支援を受けられるのであるならば、メンタルヘルス不調のある親子の生活はかなり改善するのではないかと推察する。現在の当事者中心の支援ではなく、配偶者への支援まで拡充させることが必要である。

配偶者がどのような経験をしているかは、これまでほとんど着目されてこなかった。配偶者が経験する困難は、支援者が想像する以上に深刻である。配偶者は子どものためにも離婚したくないが、離婚を考えざるを得ない状況に追い込まれることが少なくない。その離婚に踏み切るしかないという状況は、病状のコントロールが不十分なために問題行動が起きているなど、適切な医療や支援があれば、回避できると考えられるものが多い。

彼らは口を揃えて支援の不十分さ、困難さを訴える。子どもを養いながら就労をしなければならない彼らは、積極的に支援を求める。しかし、適切な支援を得ることが難しいと多くの配偶者は困り果ててしまう。彼らは以下のようなことを望んでおり、彼らのニーズに合った支援を展開していくことが求められる。

■1 平日昼間ではなく、夜間休日に相談したい

母親がメンタルヘルス不調の場合、健康な配偶者である父親は通常仕事をしている。一方、父親がメンタルヘルス不調の場合、就労に支障をきたすことが珍しくなく、収入が減り、家計に影響が出るため、配偶者である母親が専業主婦からパート勤務に移行する場合が少なくない。つまり、配偶者は就労することが多く、日中昼間の相談は必然的に難しい。夜間休日に対応する相談窓口が必要である。

■2 治療の説明をしてほしい

当事者が発病しても、多くの配偶者は誰からも疾患等の説明を受けることがない。桜野さんは、以下のように書いている。

家族には何の説明もなく、文字通り丸投げにされる。事あるごとに症状の辛さを訴え、親きょうだい以外には言わないでくれと言う夫にどう接してよいか全くわからず、私は手探りで相談先を探し始めた。[p.215]

　配偶者は、当事者が発病するまで精神保健医療福祉に関わりをもっていない人が多い。また、疾患等の知識を得るために講演会に行くことも育児をしながら就労している配偶者にとっては難しい。そのため、当事者が発病したり病状が悪化しても、なかなか疾患理解が進まない状態で対応することになってしまう。筆者が聞いて疾患の症状であると考えるようなことも、配偶者からすると「どこからが性格でどこからが病気なのかわからない」状態で生活をともにしている。しかし、医師からは「配偶者の方には説明できません」と言われることもある。更には、「子どもを産むべきじゃなかった」「離婚したらどうか」と他人が言うべきことではないことまで言われることもある。配偶者は、ともに生活しており、当事者と一緒に子育てをしており、当事者の病状に巻き込まれやすい存在であると同時に、当事者の生活を良く知っている存在でもある。医療従事者は配偶者の話を良く聴いて、配偶者と当事者とともに治療を行うという対応が求められる。

❸サービスをよりスピーディーに受けたい

　育児と当事者のケアというダブルケアを行いながら就労している配偶者が役所の窓口に行ける機会は限られている。しかし、窓口の担当者が精神障がいに慣れていないことが珍しくなく、本来受ける権利があるサービスを無いと回答してしまう職員がいる。駒田さんは行政サービスの対応を以下のように書いている。

　　役所に「訪問系のサービスは無いか」と問い合わせたことがあったが、「精神にはそのようなサービスは無い」と突き返されていた。[p.210]

　木下さんは以下のように書いている。

　　私の住んでいる市では、居宅サービス内での育児支援の実例が１件しか

ないことがわかった。そのサービスが始まって8年も経つのに、まさか1件のみとは驚いた。私たち当事者は、行政や相談支援などから提供された情報をもとにしてサービスを選ぶことが多い。今後、育児支援も居宅サービスに含まれていることが行政や相談支援にも認知されていってもらいたいと願っている。[p.226]

また、何度も役所に足を運んで、やっとサービスを受けられたという話も聞く。時間的制約がある中で配偶者は窓口に来ていることを職員は想像し、スムーズにサービス導入の手続きをしてほしい。

4 配偶者を責めずに理解してほしい、配偶者の会が必要

配偶者の辛いことの一つに実家からも責められるということがある。「あなたがしっかりしていないからうちの息子が病気になったのよ。」と言われたということをしばしば聞く。また、医師からも「あなたの対応が悪い」と責められることがある。このような対応によって、誰からも理解されることなく孤立してしまう配偶者は少なくない。駒田さんは追い詰められた時のことを以下のように書いている。

> 心が耐えられなくなり、駅のホームで電車を待っている時、足が勝手に動いて飛び込んでしまいそうな感覚に陥った。慌てて近くの精神科クリニックを受診し、薬の処方と1か月の休職が必要との診断書をもらった。[p.209]

同じ立場の者同士が集まる、配偶者の会は、このような孤立しがちな配偶者を救うためにも必要である。

5 配偶者の素晴らしさ、頑張りを認めてほしい

支援者は、病気を持つ当事者と子育てをしている配偶者がいかに素晴らしいか、頑張っているかを、当事者や子ども、配偶者自身に伝えることで、配偶者のリカバリーを支えることができる。

病状によって配偶者と対立関係になってしまった場合など、当事者に伝えることが難しいこともあるが、当事者からひとこと「ありがとう」ともらえ

るだけで、配偶者は「また、頑張ろう」と思うことができる。

3）成人した子どもの立場の方への支援

　メンタルヘルス不調の親に限らず、恵まれない家庭で育った人が親になる際、いわゆる「普通の家庭」を知らない。都市部でコミュニティのつながりが希薄化していると他の家庭を知ることはない。そのため、「健全な家族というモデルがない」（平野さん）ため苦労する。安曇野さんが「十分な子育てをしてあげられる自信がない」と言っているように、自信の無さと、「自分と同じような人生を子どもに味わせたくはない」という強い想いがある。子どもの立場の人には、「普通」への憧れがある。子どもの立場の人が親になると、三島さんのように「完璧な親」「いい嫁」を目指すが、見よう見まねで育児をするため、肩に力が入りすぎており、余計に苦しむ。

　メンタルヘルス不調の親に育てられた子どもは、自身もメンタルヘルス不調のハイリスクである。そして、様々な生きづらさを今も抱えている。その生きづらさを軽くできると、育児をする際の苦労も軽減でき、育児に苦労するという世代間連鎖（虐待をするということではなく）を断ち切ることが可能だと考える。子ども達が大人になっても抱える困難には、①ありのままの自分を出せない、②誰にも頼れない生き癖をもつ、③自己肯定感が低く自信がないというものである[3]。これらの困難は、人を信頼できないから、人に相談できない、自分の辛さに気づくことができない、他の人と親しくなることが難しい、自分は駄目な親だと責める、といった状態へとつながってしまう。このような場合は育児をすることに行き詰まりやすく、孤立しがちであり、支援の必要な親になる可能性が十分に考えられる。

　育児に困難を抱えることへの予防的支援としては、メンタルヘルス不調のある親に育てられた子ども（成人）の立場のセルフヘルプ・グループが有効である。グループに参加した人は、同じ立場の子どもに初めて会った時の衝撃が忘れられないと言い、グループが終わっても名残惜しい様子を見せる。

3）　横山恵子「大人になった子どもの困難とリカバリー」横山恵子・蔭山正子『精神障がいのある親に育てられた子どもの語り』明石書店，2017.

筆者が関わっている「子ども版家族による家族学習会」という家族ピア学習プログラムがある。5回1コースであり、固定メンバー15名以内で行う小グループの体系的なプログラムである。そこでは、幼少期から自分の育ちを振り返る。他の人の体験を聴きながら、当時の記憶がよみがえり、その時に何があったか、どう感じたか、どうして欲しかったかということを話す。皆、自分もそうだったと共感の連続がおきる。それを繰り返すと、おざなりにされてきた自分自身に目が向くようになり、自分のことを大切にしようという気持ちになる[4]。

4）祖父母との協働

　共働き世帯の増加により、育児の協力者として祖父母の存在が着目されるようになった。市町村の保健センター等では、祖父母を対象とした、孫育て教室なるものが開催されるところも出てきている。メンタルヘルス不調のある親の育児の場合、その半数以上が実家から育児の支援を受けており[5]、祖父母は育児のキーパーソンになり得る。精神障がい者家族会は、全国に約1200か所あり、約3万人の家族会員がいる[6]。家族会員の約85％は当事者の親であり、高齢化した平均70歳の親が平均40歳の当事者を、同居してケアを提供しているのが日本の実態である。家族会での永遠のテーマは、「親亡き後」の子の生活である。家庭が大変な状態にあるにもかかわらず、子のために熱心に活動する意欲的な人の集まりである。

　精神障がい当事者のリハビリテーションは、就労を目指して展開されていることが多い。しかし、障がい程度が重たいと一般就労はなかなか難しい。就労という社会参加の他に、家庭をもつことや子どもの育てることを社会参加の目標の一つにあげることができると考える。当事者の親は、病状悪化を心配して当事者の恋愛・結婚・育児に消極的である場合が少なくない。しかし、恋愛・結婚・育児は人生を豊かにする。リカバリーにつながる。「親亡

4）　3）と同じ
5）　山口弘美：「精神障害者の結婚と子育て；精神医療ユーザー1000人の実態調査から」『病院・地域精神医学』49（3）：26－27，2007.
6）　みんなねっとホームページ https://seishinhoken.jp/profile

き後」の心配も軽減するだろう。家族会会員に祖父母になる意識をもってもらい、積極的に恋愛・結婚を応援していただき、子を授かった際は、協力していただきたい。そのために、将来的に祖父母になる人へアプローチすることが有効な手段であると考える。

3．支援者の態度を変える

　今回当事者である平野さんが体験談の最後に強く訴えていたのは、支援者や住民のメンタルヘルス不調にある人への眼差しや態度だった。
　支援者は、一方的な価値観（道徳・精神論・偏った正義感）を押し付けていると平野さんが書いている。

　　保育園から「お母さん大変ですね」など母視点での気遣いや傾聴はなく、むしろ日々「子どものために○○してください」と、いろいろなアドバイスが投げかけられました。助産師等、地域の専門職には「愛（抱っこ等）」「子はあなたを選んできた」「命の力強さ」等も語られました。双子の時は「一時保護（母子分離）は絶対ダメよ」と涙ながらに語られたこともあります。生い立ちや病に負い目のある私は「間違った育児」「子を愛し頑張れ」「貴方の考えはおかしい」と責められているように感じて、混乱し泣くことも多く、精神不安定になってゆきました。［p.230］

　平野さんは、「「普通の母・育児・家庭」をしようと必死になりました。」と書いている。しかし、「普通」は難しく、やがて信頼できる支援者に出会い、「普通」ではなく、自分たちなりの家族のかたちをつくろうと変わる。「無知やできないことを責めることなく、子ども（病人）扱いすることもなく、対等に尊重される」関係性でいられる支援チームに恵まれる。また、一方的な価値観ではなく、多様な家族のあり方を受け入れてくれる人たちにも出会う。里親に育てられても「ママ大好きっ子」に育った人、里親のもとで育つことも悪いことではないこと、そして、「預けるという気持ちを持てたことが、十分、親の仕事だよ。立派。」という温かい眼差しに救われていた。

家族はそれぞれの幸せがあり、かたちがある。一方的な価値観で親に対応することは、「それから外れると『人間失格』のよう」に思わせてしまう。支援者は自分のもつ家族像、価値観を親に知らず知らずのうちに押し付けていないか、確認したほうがよい。自らの価値観に気づくことがまず必要である。

　また、精神障がい者への支援者の偏見も根強くあり、それが親や配偶者への冷たく事務的な対応につながっていると考えられる。平野さんは以下のように悲痛な叫びで訴えてくれている。

　　苦しんでいるのは「子」だけでなく「家族一人ひとり」です。私達、親を悪として責め立てないで欲しい。見下すように病人扱いをしないで欲しい。理想の育児論ばかり叩きつけないで欲しい。そして精神論・道徳論をどうこうしたいのではなく、病の中、何もわからず生活に困っているのです。この社会の中、安心して相談や「助けて」と言うこと、心の扉を開くことはできません。自己認知も弱い中、ただ心が傷つき拒絶し、怯え隠れるように生活しています。[p.237]

　これらの支援者の一方的な価値観を変え、そして、精神疾患への偏見をなくすためには、精神障がい当事者、配偶者、精神疾患のある親に育てられた子どもなど、実際の体験を知ってもらうことが最も有効であろう。大勢の前で講演するには偏見もあり難しいとは思うが、実際の人物を見てもらうことは支援者の認識を大きく変え得ると体験から感じている。
　実は、私も木下さんにお会いしてお話をした際、彼女が境界性パーソナリティ障害であることを聞いて、意外で内心驚いた。その驚きは、私の中にも境界性パーソナリティ障害への偏見があったことを証明していた。自分では意識していなかったが、私は回復した境界性パーソナリティ障害の方に出会ったことがなく、木下さんが初めてだったことに気づいた。ここまで回復できる障がいであることを知り、希望をもてた。実際に障がいのある方に会って話を聴くことの重要性を改めて感じた。
　他にも私の見方を変えてくれたメンタルヘルス不調のある当事者はたくさ

んいる。その一人が本書でも数回引用した、共依存の若い男性である。彼は楽しく明るい方だが、苛酷な家庭環境に育ち、自分の生きる価値を見出せない時期が長く続いた。そして、自分の病気に必死に向き合っている。初めて会った時に、彼は1冊のノートを私に見せてくれた。そこには自分の内面に向き合い、考えたことがびっしりと書き込まれていた。そのノートは、彼が真剣に自分の生い立ちに向き合っていることを示しており、私はその姿勢に感動した。

　私も支援者として相談業務に従事していた時は、依存症や境界性パーソナリティ障害への苦手意識が強かったが、仕事を離れて、一人の人間として付き合うと全く違う見方ができた。最近は、当事者団体も増え、支援者の参加を受け入れるところもある。支援者の皆さんには業務外の自分の時間を使って、当事者と一人の人間として付き合っていただきたい。それは、支援者にとって大きな財産になる。

4．メンタルヘルスに関する知識と対応力の向上

　今回は熟達者へのインタビューだったが、支援がうまくいかなかった事例の中には、メンタルヘルスに関する対応力が不足していたと考えられた事例が散見された。それは、疾患の見立て違い、疾患特性に応じた対応の不適切さ、医療機関との連携の不十分さといったものだった。精神保健福祉担当部署の職員と連携して対応はしているものの、直接、親に接する母子保健や児童福祉の職員にも、ある程度のメンタルヘルスに関する知識と対応力が備わっていないと、その時・その場での判断が不適切になり、結果的に支援がうまくいかない。母子保健と児童福祉の職員であっても、自らの知識と対応力を高める必要がある。

　駒田さんは児童相談所に対して、何度も「疾病を理解して支援してほしい」ということをお願いしたが、「その必要は無い」と突っぱねられたと書いている。主治医に医師連絡をすることもなく、支援が進められたということは驚きである。このような考え難い対応が児童相談所内で認められてしまうのは、組織的な問題、組織の文化の問題があると考えられる。つまり、児

童虐待の枠組みやDVの枠組みで支援する際、それぞれの枠組みで対象者を捉え、対応すればそれで良いという、あえてきつく言うならば、傲慢な考え方である。専門職であるならば、たとえ法に則った枠組みの中で支援することが基本であったとしても、専門的知識と経験知を用いて、あらゆる方向から対象者に最善と思われる支援を提供しようと努力することは当たり前である。誰のための仕事をしているのか、専門職として自身に問い、自覚をもった対応をしてもらいたい。

5．家族丸ごとの支援の展開

　精神障がいのある人への医療は、医療機関への来所を中心として展開されてきた。一方、地域では保健所保健師が昭和30年代後半から精神障がいをもつ人の全戸訪問を行うなど、訪問（アウトリーチ）中心で展開されてきた。その頃は、訪問して家族丸ごとの支援が展開できていた。しかし、平成14年に障害者自立支援法が施行され、精神福祉サービスが保健所から市町村へと移行したことに伴い、精神障がいのある人への生活支援は、市町村へと移行した。そして、市町村では保健師による訪問支援が十分に展開されず、いつしか精神医療や福祉で「アウトリーチ」という新しい支援であるかのごとく訪問型の支援が展開されるようになった。同じ保健師として悔しい気持ちもあるが、保健師が昔のように訪問ができていない現実は認めざるを得ず、また、訪問看護やヘルパーなどの新しい社会資源が育つように支援体制を整えることが行政保健師としての重要な役割でもある。

　メンタルヘルス不調のある親を支援する方法としては、訪問が最も現実的で効果的であろう。継続的に訪問できる、訪問看護やヘルパーは、鍵となる重要な社会資源である。訪問看護ステーションなど地域で実践する精神保健福祉士が結成した、精神障害のある親の子育て支援を考える会（カンガルーの会）では、支援のあり方を検討している[7]。カンガルーの会が示した、訪問

---

[7]　辻本直子，栄セツコ，榎原紀子，平田はる奈「精神障害のある親の子育て支援を考える会（カンガルーの会）の活動」『精神保健福祉』47（2）：122-124，2016．

看護等の実践知として育児支援に不可欠な要素はとして以下をあげている。

① 「ストレングス」視点

　　疾病と障害の併存という障害特性や「親」という役割を持つ本人のニーズと、ライフステージを考慮した子どものニーズ、地域で暮らす「親子」という世帯のニーズを、ストレングス（本来その人がもっている強み）の視点を持って、継続的にアセスメントする。

② 生活場面での支援

　　実際の生活場面におけるアセスメントや支援が不可欠であり、タイムリーかつ臨機応変な支援をするためにもアウトリーチは不可欠な援助方法である。

③ 関係機関のマネジメント

　　子ども支援における切れ目のない連携と親支援との連携を統合的に行うケースマネジメントが必要である。

筆者はこれらに加えて、④家族の関係性への支援と⑤子どもへの状況説明への支援を重要な支援としてあげる。

④ **家族の関係性への支援**

　　夫婦という関係性は、物理的距離も心理的距離も近いため、感情的になりやすい。また、本来的には親子のような上下関係はなく、対等な関係である。しかし、メンタルヘルス不調をきたすと配偶者が養護的な役割を持たざるを得ない時期があり、関係性が変化することが珍しくない。これまで何でも話し合って一緒に決めてきたにもかかわらず、相談できる相手と思えなくなると話す配偶者は多い。しかも、子どもや生活のことなど、時間的余裕がない状況で次々と物事を決めなければならず、すれ違いは解消できないまま積みあがっていく。いつしか家庭の雰囲気が悪くなり、いつも喧嘩が絶えないようになることがしばしばある。

　　子どもと親でもすれ違いは起こる。親子関係もまた心理的距離が近い。また、本来であれば尊敬できる親が、「家で寝てばかり」「仕事にいかない」といった姿を見たり、配偶者が当事者である親に対して見下した態度をとっていたりすると、親子関係が変わってくる。体調が悪い時に親

が怒鳴ったりすれば、子どもは自分を大切に思っていないと感じてしまう。病気や障がいによって生じる問題については、第三者が親子関係を仲介する役割を担うことで関係性が改善できると考える。

　家庭で日々起きる、小さなすれ違いを無くすためにも第三者が間に入って話し合いをしたり、誤解を解くことは重要である。看護師や精神保健福祉士が定期的に訪問する中でその役割を担ってくれることを期待する。

⑤子どもへの状況説明への支援

　メンタルヘルス不調のある親に育てられた子どもは、小学校に上がる前から親の対応に不満・疑問を持ち始め、親の状況を受け入れることができないといったことが起こり得る。例えば、朝起きられない、お弁当をつくれない、怒るなどである。子どもはそれが病気からくるものだとは思っていない。小学生になると、友達の親とは違うことに気づく子どもが出てくる。子どもが感じる違和感や不満にどのように対応すればよいのか、当事者も配偶者も悩むところである。子どもの年齢にもよるが、病名だけを説明されても通常は理解できない。「疲れやすい病気だから休むことが大切なんだよ」など親に出ている症状で説明したほうが子どもには理解しやすい。また、周囲の大人から病気のことは言ってはいけないと言われたり、その雰囲気を子どもが感じてしまうと、子どもは誰にも言えずに孤立してしまう。また、自分の親が人に言ってはいけない病気であるというイメージを持たせることは、子どもを混乱させるだろう。病気をどのように伝えればよいのかは子どもの年齢によっても違う。また、タイミングも重要である。子ども向けに説明する際に活用できる絵本も出版されている[8]。子どもへの説明に関する相談にのることも重要な支援である。

---

8) 　ぷるすあるはは https://pulusualuha.or.jp/
　　トゥッティ・ソランタウス著，上野里絵翻訳『お母さん、お父さんどうしたのかな？〈〈こころの病気を抱える親をもつ子ども〉のハンドブック〉』東京大学出版会，2016.

6．子どもの支援

　オーストラリアでは子どもの5人に1人はメンタルヘルス不調のある親と住んでいる[9]。日本でも相当数の子どもがメンタルヘルス不調のある親に育てられていると考えられる。3歳児健診で全数把握が終わった後は、虐待が疑われないかぎりはなかなか支援につながることがない。小学校に入学して、洋服が汚れている、体臭がするなど明らかに虐待が疑われる場合は支援につながるが、虐待が疑われない程度に育児ができている場合は、子どもは支援を得られにくい。近年は、スクールカウンセラーによる相談を受けられるように体制整備が整っているが、子どもたちは、親の病気のことを外で話してはいけないと大人の言葉や態度から感じていたり、まわりの友達に知られることを恐れて相談しないことも多いと考えられる。成人した子どもの立場の人が、学童期の子どもにどのような支援が必要かを考えても、なかなか有効な方法を示すことができない。それほど難しい支援ではあるが、学童期の子どもをどのように支援するかは重要な課題である。

　学童期の子どもを支援するキーパーソンとしては、養護教諭が考えられる。長年養護教諭をしてきた人は、その経験から、「子どもたちが家庭のことや家族の話を自分から話すことは少ないと感じてきました。そのため、子どもたちからのサインを見逃さない」[10]ことが大切だと言う。そのサインは、登下校時のあいさつ、学校行事のお弁当などで見つけやすく、また、特段の理由がないのに保健室や相談室に立ち寄ることが続く場合は家に帰りたくないなどの理由があることがあると言う。SOSを発信することが難しい子どもたちの出すサインをいかにして見つけるかは、今後経験知から整理する必要がある。

　中学生や高校生になると部活動などで交友関係にも広がりが出て、ある程度客観的に自分の家庭を見ることができる。そうすると自分の家庭が友達の

9）Maybery, D., Reupert, A., Patrick, K., Goodyear, M., & Crase, L. (2009). Prevalence of parental mental illness in Australian families. Psychiatrist, 33（1）, 22-26.
10）上原美子「学校」横山恵子・蔭山正子『精神障がいのある親に育てられた子どもの語り』明石書店，2017.

家庭と違うことに気づく。親の精神症状が不安定な状態が継続していると夫婦関係に亀裂が入り、離婚することも珍しくない。多感な思春期に、家庭が荒れて、精神的にも経済的にも追い詰められることがある。自分の存在価値を見出せずに、非行、リストカット、過量服薬などの問題行動が表出するのもこの時期である。また、受験や文系と理系の選択など、進路選択をする時期であり、将来について考えなければいけない。進路という将来に関わる決定という本来ならば親に頼る時期に、頼れないこともある。また、勉強どころではなく、進学を諦める子どももいる。問題行動が表出された時は、それを子どもからのSOSと捉える必要がある。一方で「いい子」を演じている子は、成績が優秀であることも多い。優等生であるが内面には深い傷を負っている子もいる。

　なかなか子どものSOSをキャッチすることは難しいが、SOSをキャッチしたら、それは介入のチャンスである。その際は、親支援が必要になるため、地域の保健所や保健センターなど行政に連絡をとり、子どもには学校、親には保健師やワーカーといった役割分担をしながら支援を展開することが有効であろう。筆者が保健師として保健所で働いていた頃、中学校からの連絡を受けて支援を展開していた。学校では親の問題に踏み込むことが難しく、アセスメントも的確でなく、支援も指導的となって空回りし、何年も子どもの不登校が継続していた。しかし、保健師が家庭訪問し、親の疾患や障がいをアセスメントし、親に支援的に関わることで障がい認定、ヘルパー派遣などを進めることができていた。このような学校と地域の保健機関との連携体制は、整っている地域もあるが、未だ限られており、今後、強化が必要とされる課題である。

7．親・配偶者・子・成人した子のピアサポート

　精神疾患は、未だ世間の偏見が根強く、また、経験のない人にわかりにくい病気である。それゆえ、当事者である親、配偶者、子ども全員が孤立しやすい。社会的孤立という状況は、生きていく上で最も辛い状況かもしれない。誰にもわかってもらえないという気持ちは、時に生きる価値さえ見失わせる。

わかりあうには、同じ経験をした同じ立場の者に勝る者はいないだろう。

1）メンタルヘルス不調のある親と子のピアサポート

　メンタルヘルス不調のある親を支援者が個別に支援することは多いが、集団として支援することは未だ少ないのが現状である。訪問看護ステーションやデイケアなどで支援者が親のサポートグループを開催して支援しているところは少なからず存在する。平野さんは、親が集う場の大切さを痛感している。一時保護など辛い時に、そのつながりが娘を救ったと書いている。

　　「精神疾患の親同士で育児相談ができる場が欲しい」。多くの方のお力で、市町村の地域活動支援センターで「子育てゆんたく広場」がスタートしました。事業所のスタッフもお子さんを連れてきてカレーパーティーやピクニックを楽しむ場となり、この会の存在はのちに娘にとって大きな役割を担ってゆきます。…娘が弟たちの一時保護の場面で錯乱し、泣き叫び追いすがったことがあります。大人達で娘をおさえ連れ去って行きました。その時、最後まで残り娘のケアをしてくれたのは「子育てゆんたく広場」のスタッフでした。スタッフは会で人間関係が出来上がっています。娘とラーメンを作って一時を過ごし帰って行きました。動揺する娘にとっては大きな支えだったと思います。[p.230-231]

　その後、平野さんは、ピアサポートに関心のある人が集まる「ピアサポPark OKINAWA」の元、「子育て会」というセルフヘルプ・グループの運営をしている。しかし、疾患を抱えながら育児をする親自身がグループを運営することは難しく、その数は全国的にみても僅かである。他には、WRAP（ラップ）というプログラムで「子育てWRAP」「キッズWRAP」を行っている地域がある。「WRAP（ラップ）」とは、Wellness（元気）、Recovery（回復）、Action（行動）、Plan（プラン）の頭文字を取ったもので、精神的な困難を抱えた人達が健康であり続ける為の知恵や工夫を蓄積して作られたセルフヘルプツール、つまり、自分で作る自分のためのリカバリープランのことで、日本語では「元気回復行動プラン」と言われている。WRAPを一人でつく

ることもできるが、グループで作成することもでき、グループの場合は親子が集う場にもなっている。

　親のグループは、子ども同伴で参加できる場合が多い。育児をしているメンタルヘルス不調の親によるセルフヘルプ・グループがほとんど存在していないのは、設立・発足が難しいという理由がある。今後、メンタルヘルス不調のある親のピアサポートのあり方を検討する必要がある。

2）配偶者・パートナーと子どものピアサポート

　配偶者のセルフヘルプ・グループで最も大きいものは、精神に障害がある人の配偶者・パートナーの支援を考える会（世話人：前田直）であり、東京で隔月に集いを開催している[11]。この会は、精神障害者家族会の全国組織、全国精神保健福祉会連合会（みんなねっと）と連携している。多い時には30名ほどが集まる。疾患は双極性障害や統合失調症などであり、妻のほうが夫よりも多い。これから結婚を考えているパートナーも参加している。地域の家族会はほとんどが親の立場であり、参加してもなかなか配偶者の悩みを理解してもらうことは難しいと口を揃えて言う。親子関係とは異なる夫婦関係ならではの感情や現実的な困りごとが話される。この会では保育サービスを用意しており、配偶者は子どもを連れてくることができる。また、小学校高学年以上の子どもは、精神疾患の親を持つ子どもの会（こどもぴあ）に所属する成人した子どもが話を聴いてくれる。大人でも同じ子どもの立場で話をすることが可能であり、共感することができる。大人の姿は将来のモデルにもなり、子どもに安心感をもたらす。

　京都府、福岡県、大阪府にも配偶者の集いが開催されており、これらは精神障害者家族会連合会の事業として実施されており、函館では独自で開催している会がある。開催場所が限られるため、中には遠方からお越しになる方もいる。このような会が各都道府県に1か所設けることができればと願う。

11）　ホームページ：https://seishinpartner.amebaownd.com/

3）成人した子どものピアサポート

　成人した子どもの支援が着目されたのは、専門家が中心に活動している、精神障がいの親と暮らす「親＆子どものサポートを考える会」（土田幸子先生ら）の貢献が大きい。

　成人した子どものセルフヘルプ・グループとして最も大きいグループは、精神疾患の親を持つ子どもの会（こどもぴあ）（代表：坂本拓）である[12]。「こどもぴあ」は、家族会の全国組織「みんなねっと」と連携した活動を展開している。また、東京を活動の中心としながら、地方への展開を広げており、大阪の拠点「こどもぴあ大阪」（筆者の所属教室が事務局）が2018年3月から活動を開始している。「こどもぴあ」の主な活動は以下である。

①「子ども版家族による家族学習会」という家族ピア学習プログラムの実施：「みんなねっと」の事業である。子どもの立場の人が研修を受けてプログラムを運営・進行する。
②集い：2～3か月に1回開催。①のプログラムで進行技術を学んだ子どもが集いを進行する。
③精神に障害がある人の配偶者・パートナーの支援を考える会での子ども支援：隔月で開催される会に同伴する小学生高学年以降の子どもとグループで話を聴いている。
④普及啓発：体験発表、報道機関の取材協力、ホームページやSNSでの発信など。

　メンタルヘルス不調のある親に育てられた子どもは、わかりあえる仲間と活動をすることで、本来の力を存分に発揮していく。彼らは決して支援されるだけの存在ではない。中には自身が精神疾患を患っている方もいる。支援者の中には、子どものピアサポートを過度に心配して、支援者主導のグループを開催している人もいる。しかし、それは子どもの力を奪うことでもあると気づいてほしい。その人がもつ力を信じることは、支援者にとって欠かせない支援の姿勢である。子どもの中に精神疾患を患っている人がいても、ピアサポートへの影響は心配するほどではない。子どもは、親の精神症状に翻

12）ホームページ https://kodomoftf.amebaownd.com/

弄されてきたため、活動当初は、精神障がい当事者である子どもの立場の人を受け入れることに慎重になった時期があった。しかし、実際に精神障がい当事者の人と接することで、その心配は解消されていった。むしろ、当事者から精神疾患について体験的に学んだことで親の理解が深まるというメリットがあった。子どもという立場では、精神障がい当事者か否かは問題にならない。本当の意味で仲間になれる。成人した子どもの会では、精神障がいの偏見を超越した、子ども同士のつながりが生まれる。

成人した子どもは、今まさに子どもである人にとっては成長したモデルでもあり、メンタルヘルス不調のある親の育児に希望をもたらす存在である。「こどもぴあ」の活動を各地で展開できるよう多くの方からの支援をいただきたい。

8．地域住民の理解と協力を得る

メンタルヘルスに関しては未だ偏見が根強く、なかなか理解を得られにくいのが現実である。平野さんは以下のように書いている。

> 授業（授業参観）や行政講座等では「抱っこ（愛）されたから、あなたは生きている」「生まれてきたことが嬉しくなると未来が楽しくなる（生まれて嬉しいと思って）」といった講座や、「何か抱えている「かわいそうな」子達を助けてあげよう」と言う講師もいます。専門家に相談等をすると、そういったスタンスで返されることも多く、信頼・相談できるかも…と思っていたママ友もそれらに涙し「そうよね！　すばらしい内容！　私達が助けてあげる！」と共感する方が多いです。「私…我が家は汚れていて、かわいそうなのか…」と居たたまれない気持ちになります。そして「誰にも話したくない」と決意しがちです。[p.236-237]

> 養育支援やファミリーサポートは、家から出られない私の大きな支えになりました。けれど、負担になることもありました。私の地域では、地元の主婦などがサポーターをしています。噂話や育児論を語る方や、見た目わからない病ゆえに不適切な対応の時もありました。また、ファミサポの

方が児相への通報を担ったこともありました。娘の小学校の保護者の方で、私は錯乱状態だったと思いますし気まずい気持ちにもなりました。[p.235]

　子どもができると、親は他の親と接する機会が増え、社会の偏見にさらされ、傷つくことも増える。子どもは地域の中で他の子どもと友達として遊ぶことで成長していく。親は、生きづらい地域で、苦手なコミュニケーションをとりながら、生きていくことになる。平野さんが、「病からきているものは「辛く大変」ですが、「あぶない」「歪んでる」「かわいそう」と感じたくはないです。」と言うことは納得できる。「かわいそう」と思うのは、地域住民が社会的に弱い立場にある人を下に見ているからであろう。特に、子どもが絡むと虐待という視点が強くなる。虐待という視点では、親は悪者であり、子は被害者で「かわいそうな子」という見方になってしまう。「虐待をする親」ではなく、「育児に困難を抱えている親」という見方をしてほしい。「今、社会では「心配」という言葉や一方的な正義感のもと、「虐待」「通報」の言葉も飛び交っています。地域の方に児相通報以外の方法を知っていただきたい」と平野さんが言うように、いきなり通報をするのではなく、「どうしたの？」とお節介かもしれないが声をかけることが必要なのではないかと思う。一言声もかけずに通報をするとは、何とも表面的な対応ではないか。人間誰しも、助けを必要とする時期がある。互いに助け合いながら生きることが、地域で暮らすということではないのだろうか。そのような住民意識をどのように育むことができるのかは、地域に根付いた地道な取り組みとともに、マスメディアを通した発信を合わせて考えていく課題である。そして、最も効果的な発信の方法は、精神障がい当事者が自分の気持ちや体験を公表することであろう。人の心を動かすのは、調査研究ではなく、当事者の姿と言葉である。

子育てピアサポートグループ「ゆらいく」

「ゆらいく」は本書を出版した後、2019 年に活動を開始しました。精神障害や発達障害などの生きづらさを抱える当事者の、出産や育児の応援をコンセプトに活動するピアサポートグループです。

- **目的**：妊活・妊娠・子育てをテーマに精神疾患や発達障害など生きづらさを抱えているパパ・ママがピアサポートし合い、自らの体験や経験を語りながら相互に交流を深めていくことを目的としています。また、育児支援の研究者も加わることにより、生きづらさを抱える当事者と専門家との架け橋となることも目的としています。
- **支部**：
  （1）生きづらい子育てピアの会（ゆらいく東京）
  （2）ゆらいく in 横須賀
  （3）子育てピアサポートグループのどか（ゆらいく名古屋）
  （4）ゆらいく大阪
- **活動**：
  月 1 回 Zoom 子育てカフェを開催しています。その他、支部で実際に集まっての集いや勉強会などを開催しています。
- **ホームページ**：https://yuraiku0501.wixsite.com/yuraiku
- **連絡先（E メール）**：yuraiku0501@gmail.com

あとがき

　「メンタルヘルスが気になる親への保健師による育児支援――精神保健相談の経験を活かしたヒント」（三菱財団研究助成）を全国の市区町村に配布してから3年経った。児童虐待の研究者や実践家から、メンタルヘルス不調のある親にどうアプローチしていいかわからないという声を聞き、また、出版社からはその類の実践的な本がないと聞いた。精神保健医療福祉の知識と経験だけでも、母子保健や児童福祉の知識と経験だけでも、メンタルヘルス不調のある親への育児支援に関する実践的な本を書くには不十分であることは自明である。実践経験は少ないながらも、精神保健と母子保健の両方で保健師として経験した自分が取り組む一つの使命のように感じていた。

　メンタルヘルス不調のある親への育児支援に取り組むために、親のニーズを把握しようとしたが、育児をしている親には簡単に会うことはできず、彼らに出会う機会を探すことから始めなければならなかった。そこで、まず支援者と親の周辺にいる家族に着目した。本書で紹介した熟達者へのインタビューは、感動的だった。母子保健領域では働いたことがあったが、児童福祉領域の職員から本音で話を聴くことは初めてだった。皆、熱心に支援しており、しかも、支援技術も素晴らしかった。インタビューを終えた帰り道は、素晴らしい話を聴けた感動で、希望に溢れ、いつも足取りが軽かったことを今も思い出す。

　支援者だけでなく、周囲の人にも着目した。すでに、筆者は、埼玉県立大学の横山恵子先生を中心として、精神疾患の親を持つ子どもへの支援に関する取り組みを始めていた。その他に育児支援に欠かせない周囲の人は、配偶者である。すでに展開されている活動があれば、それを後押しして活動を広げ、研究的に取り組みたいと考えた。インターネットで検索して、「精神に障害がある人の配偶者・パートナーの支援を考える会」を見つけ、世話人の前田直氏を招き、みんなねっと（家族会の全国組織）理事とつなぎ、打ち合わ

せの場を設けた。その後も運営のサポートをしている。報道に取り上げられ、各地に活動が広がり、運営サポーターも増え、配偶者と同伴で来所する子どもへの支援も開始されるなど活動に広がりが出てきた。配偶者の集いで聴く話は、これまでの親との話とは異なり、生活基盤を揺るがす切迫した悩みであり、支援されることのなかった忘れられた存在だったことに気づき、衝撃を受けた。この配偶者を支援できれば、メンタルヘルス不調のある親が離縁されることもなく、ひとり親となったメンタルヘルス不調のある親に育てられた子どものように苦労する子どもを減らせることに気づいた。

　最後まで難しかったが、メンタルヘルス不調のある親につながって、彼らの声を聴き、彼らのニーズを知り、育児支援を考える際に中心に据えたかった。2018年1月沖縄で精神障がいの全国組織、ピアサポート協会主催の「きらりの集い in 沖縄 2018」の中で、分科会「子育てゆんたく会」があることを知り、参加した。お会いしたのは、本書に執筆してくださった、木下さんと平野さんである。

　メンタルヘルス不調のある親、配偶者、育てられた子どもという、支援の受け手である人たちの体験を是非とも支援者の方に知ってほしくて本書に盛り込んだ。私は、これまで保健師へのインタビューや体験をもとに保健師の支援技術について論文を書いてきた。その一つが「精神障がいをもつ母親への保健師による育児支援技術——病状と育児のバランスを図る」[1]である。私はこの論文でも保健師の支援技術に感動し、その支援が素晴らしいものだと疑わなかった。しかし、今回支援の受け手の方々の体験を読むと、それは独りよがりであった。支援を考える時は、支援の受け手の声を中心に据えること。当たり前のようだが、なかなかできていないことだ。私が最初に素晴らしいと感動していた支援者による支援は、確かに現状の支援システムの中では優れている。しかし、支援の受け手から見ると至らないことが多く、課題だらけとも言える支援だった。私は、これからの支援のあり方を考える上で、重要なことを彼らから学ばせてもらったと思っている。

---

1) 蔭山正子，田口敦子「精神障がいをもつ母親への保健師による育児支援技術——病状と育児のバランスを図る」『日本地域看護学会誌』16（2），47-54, 2013.

本書を読み、メンタルヘルス不調がある人の育児を積極的に応援してくれる支援者が増えることを願う。

蔭山正子

著者プロフィール
蔭山正子（かげやま・まさこ）
大阪大学高等共創研究院・大学院医学系研究科保健学専攻公衆衛生看護学教室／教授／保健師
略歴：大阪大学医療技術短期大学部看護学科、大阪府立公衆衛生専門学校を卒業。病院看護師を経験した後、東京大学医学部健康科学・看護学科3年次編入学。同大学大学院地域看護学分野で修士課程と博士課程を修了。保健所精神保健担当（児童相談所兼務あり）・保健センターで保健師としての勤務、東京大学大学院地域看護学分野助教などを経て現職。
主な研究テーマは、精神障がい者の家族支援・育児支援、保健師の支援技術。主な著書に『精神障がい者の家族への暴力というSOS』（蔭山正子編著）、『精神障がいのある親に育てられた子どもの語り』（横山恵子・蔭山正子編著）、『当事者が語る精神障がいとリカバリー』（YPS横浜ピアスタッフ協会・蔭山正子編著）［いずれも明石書店］がある。

メンタルヘルス不調のある親への育児支援
―― 保健福祉専門職の支援技術と当事者・家族の語りに学ぶ

2018 年 7 月 30 日　初版第 1 刷発行
2023 年 6 月 10 日　初版第 2 刷発行

　　　著　者　　　　　　　　　蔭　山　正　子
　　　発行者　　　　　　　　　大　江　道　雅
　　　発行所　　　　　　　株式会社　明石書店
　　　　　　　　〒101-0021 東京都千代田区外神田 6-9-5
　　　　　　　　　　　　電　話　03(5818)1171
　　　　　　　　　　　　Ｆ Ａ Ｘ　03(5818)1174
　　　　　　　　　　　　振　替　00100-7-24505
　　　　　　　　　　　　https://www.akashi.co.jp

　　　　　　　　　　装幀　　明石書店デザイン室
　　　　　　　　　　編集／組版　有限会社閏月社
　　　　　　　　　　印刷／製本　モリモト印刷株式会社

（定価はカバーに表示してあります）　　　　ISBN978-4-7503-4699-1

|JCOPY| 〈出版者著作権管理機構　委託出版物〉
本書の無断複製は著作権法上での例外を除き禁じられています。複製される場合は、そのつど事前に、出版者著作権管理機構（電話　03-5244-5088、FAX　03-5244-5089、e-mail: info@jcopy.or.jp）の許諾を得てください。

すき間の子ども、すき間の支援
一人ひとりの「語り」と経験の可視化
村上靖彦編著
◎2400円

児童養護施設 鹿深の家の「ふつう」の子育て
人が育つために大切なこと
綱島庸祐、川畑隆編 鹿深の家（代表 春田真樹）著
◎1800円

小児期の逆境的体験と保護的体験
子どもの脳・行動・発達に及ぼす影響とレジリエンス
J・ヘイズ゠グルード ほか著 菅原ますみほか監訳
◎4200円

アタッチメント・ハンドブック
里親養育・養子縁組の支援
ジリアン・スコフィールド、メアリー・ビーク著 御園生直美、岩﨑美奈子、髙橋恵里子、上鹿渡和宏監訳 森田由美、門脇陽子訳
◎3800円

日本の児童相談所
子ども家庭支援の現在・過去・未来
川松亮、久保樹里、菅野道英、田﨑みどり、田中哲、長田淳子、中村みどり、浜田真樹編著
◎2600円

周産期からの子ども虐待予防・ケア
保健・医療・福祉の連携と支援体制
中板育美編著
◎2500円

事例でわかる 子ども虐待対応の多職種・多機関連携
互いの強みを活かす協働ガイド
中板育美、佐野信也、野村武司、川松亮著
◎2500円

子どもの虐待防止・法的実務マニュアル[第7版]
日本弁護士連合会子どもの権利委員会編
◎3200円

マクドナルド化するソーシャルワーク
英国ケアマネジメントの実践と社会理論
ドナ・ダスティン著 小坂啓史、坂洋一、堀田裕子訳
◎4500円

攻撃的なクライエントへの対応
対人援助職の安全対策ガイド
ポーリン・ビビー著 清水隆則監訳
◎3200円

女性移住者の生活困難と多文化ソーシャルワーク
母国と日本を往還するライフストーリーをたどる
南野奈津子著
◎3800円

子どもアドボカシーと当事者参画のモヤモヤとこれから
子どもの「声」を大切にする社会ってどんなこと？
栄留里美、長瀬正子、永野咲著
◎2200円

子どもコミッショナーはなぜ必要か
子どものSOSに応える人権機関
日本弁護士連合会子どもの権利委員会編
◎2600円

Q&A離婚・再婚家族と子どもを知るための基礎知識
当事者から心理・福祉・法律分野の実務家まで
村尾泰弘編著
◎2200円

信仰から解放されない子どもたち
#宗教2世に信教の自由を
横道誠編著
◎1800円

ペアレント・ネイション
親と保育者だけに子育てを押しつけない社会のつくり方
ダナ・サスキンド、リディア・デンワース著 掛札逸美訳
◎1800円

〈価格は本体価格です〉

精神障がいのある親に育てられた子どもの語り
困難の理解とリカバリーへの支援

横山恵子、蔭山正子　編著

A5判／並製／224頁　◎2500円

精神障がいのある親に育てられた子どもの存在はようやく知られるようになってきたが、その生活の実態はほとんど知られていない。本書では、子どものリアルな体験を通し、当事者の困難さを知るとともに、支援の可能性と関係機関の連携の必要性を探っていく。

―●内容構成●―

第1章　精神障がいのある親に育てられた子ども／TOPIC＊家族による家族学習会とは／精神科治療につながった親に育てられた子ども／ライフサイクルに基づく子どもの体験の整理［横山恵子］／大人になった子どもの困難とリカバリー［横山恵子］

第2章　精神障がいのある親をもつ子どもへの支援のあり方
母子保健［蔭山正子］／児童相談所［ウエムラカナタ］／精神科医療［横山恵子］／保育園［岡田久実子］／学校［上原美子］／生活保護［長谷部慶章］

終章　これからの展望［横山恵子］

精神障害者が語る恋愛と結婚とセックス
当事者・家族・支援者のお悩みQ&A

YPS横浜ピアスタッフ協会、精神障害当事者会ポルケ、蔭山正子、横山恵子　編著

■A5判／並製／256頁　◎2000円

恋愛と治療、結婚と回復。症状に苦しみながら、当事者たちはどうリカバリーし、そしてパートナーと出会ったのか。恋愛や結婚に不安をもつ当事者の方、周囲で支える家族や支援者の方向けに、当事者と専門家がチームを組み、時に優しく時に真剣にアドバイスを贈る。

―●内容構成●―

第Ⅰ部　精神障害とは
統合失調症と私たち／双極性障害と私

第Ⅱ部　精神障害者の恋愛に関するお悩みにお答えします
具体的に行動していない段階／相手を見つけるまで／意中の相手を見つけて、お付き合いするまで／付き合ってから

第Ⅲ部　精神障害者の結婚に関するお悩みにお答えします
具体的に結婚に向けて行動していない段階／結婚を具体的に考える段階／結婚してからの段階／子どもをつくるか決める／子どもをつくると決めてから

第Ⅳ部　精神障害とセックス
性についての座談会

〈価格は本体価格です〉

精神障がい者の家族への暴力というSOS
家族・支援者のためのガイドブック

蔭山正子 編著

A5判／並製／288頁 ◎2500円

精神障がい者の家族が受ける暴力に関する調査研究をもとに、家庭で暴力が生まれる背景、実態、要因を明らかにする。その研究結果をふまえ、家族へのインタビューで語られた内容と支援者の実践から、家庭で暴力が生まれない支援のあり方を考察し、提言する。

●内容構成●
- 序 章 実際に起きた悲劇（Mさんの父親の語り）
- 第1章 精神障がい者から家族が受ける暴力の実態と結末
- 第2章 家族への暴力はなぜ起きるのか
- 第3章 親が暴力と闘う長い道のり
- 第4章 解決に向けてできること
- 第5章 過去に暴力があり、リカバリーに成功した事例
- 最終章 家族への暴力がない社会に向けて
- ──Miss M's Hospital Diary

当事者が語る精神障がいとリカバリー
続・精神障がい者の家族への暴力というSOS

YPS横浜ピアスタッフ協会、蔭山正子 編著

A5判／並製／240頁 ◎2500円

暴力の問題に苦闘する家族と当事者。この問題を解決するために、精神障がい当事者が自ら発信する。家族への暴力が起きる背景を、家族関係、医療での傷つき、地域社会での生きづらさの3つの視点から取り上げ、もう一方で希望としてのリカバリーに焦点を当てる。

●内容構成●
- 第Ⅰ部 精神障がい者にとって精神障がいとは
  - 第1章 病気の辛さをわかってもらえない辛さ
  - 第2章 精神障がいとは
- 第Ⅱ部 なぜ家族に暴力を向けてしまうのか
  - 第3章 わかってもらうための暴力
  - 第4章 医療での傷つき
  - 第5章 地域社会での生きづらさ
- 第Ⅲ部 希望
  - 第6章 リカバリー
  - 第7章 今後に向けて

〈価格は本体価格です〉